January 18, 1999

What do I consider my most important Contributions?

- That I early on —almost sixty years ago— realized that MANAGEMENT has become the constitutive organ and function of the <u>Society of Organizations</u> ;

- That MANAGEMENT is not "Business Management- though it first attained attention in business- but the governing organ of ALL institutions of Modern Society;

- That I established the study of MANAGEMENT as a DISCIPLINE in its own right; and

- That I focused this discipline on People and Power; on Values; Structure and Constitution; AND ABOVE ALL ON RESPONSIBILITIES- that is focused the <u>Discipline of Management</u> on Management as a truly LIBERAL ART.

Peter F. Drucker

我认为我最重要的贡献是什么？

- 早在60年前，我就认识到管理已经成为组织社会的基本器官和功能；

- 管理不仅是"企业管理"，而且是所有现代社会机构的管理器官，尽管管理一开始就将注意力放在企业上；

- 我创建了管理这门学科；

- 我围绕着人与权力、价值观、结构和方式来研究这一学科，尤其是围绕着责任。管理学科是把管理当作一门真正的综合艺术。

彼得·德鲁克
1999年1月18日

注：资料原件打印在德鲁克先生的私人信笺上，并有德鲁克先生亲笔签名，现藏于美国德鲁克档案馆。为纪念德鲁克先生，本书特收录这一珍贵资料。本资料由德鲁克管理学专家那国毅教授提供。

彼得·德鲁克和妻子多丽丝·德鲁克

德鲁克妻子多丽丝寄语中国读者

在此谨向广大的中国读者致以我诚挚的问候。本书深入介绍了德鲁克在管理领域方面的多种理念和见解。我相信他的管理思想得以在中国广泛应用，将有赖于出版及持续的教育工作，令更多人受惠于他的馈赠。

盼望本书可以激发各位对构建一个令人憧憬的美好社会的希望，并推动大家在这一过程中积极发挥领导作用，他的在天之灵定会备感欣慰。

Doris Drucker

注：本页照片和多丽丝寄语原文与亲笔签名由彼得·德鲁克管理学院提供。

德鲁克管理
思想精要

[美] 彼得·德鲁克 著

李维安 王世权 刘金岩 译

The Essential Drucker

The Best of Sixty Years of Peter Drucker's Essential Writings on Management

彼得·德鲁克全集

机械工业出版社
China Machine Press

图书在版编目（CIP）数据

德鲁克管理思想精要 /（美）彼得·德鲁克（Peter F. Drucker）著；李维安，王世权，刘金岩译 . —北京：机械工业出版社，2018.7（2020.4 重印）
（彼得·德鲁克全集）
书名原文：The Essential Drucker: The Best of Sixty Years of Peter Drucker's Essential Writings on Management

ISBN 978-7-111-60367-2

Ⅰ. 德⋯ Ⅱ.①彼⋯ ②李⋯ ③王⋯ ④刘⋯ Ⅲ. 德鲁克（Drucker, Peter Ferdinand 1909—2005）- 管理学 Ⅳ. F272

中国版本图书馆 CIP 数据核字（2018）第 136173 号

本书版权登记号：图字 01-2007-0289

德鲁克管理思想精要

出版发行：机械工业出版社（北京市西城区百万庄大街 22 号 邮政编码：100037）

责任编辑：施琳琳	责任校对：李秋荣
印　　刷：大厂回族自治县益利印刷有限公司	版　　次：2020 年 4 月第 1 版第 5 次印刷
开　　本：170mm×230mm　1/16	印　　张：24
书　　号：ISBN 978-7-111-60367-2	定　　价：89.00 元

凡购本书，如有缺页、倒页、脱页，由本社发行部调换

客服热线：（010）68995261　88361066	投稿热线：（010）88379007
购书热线：（010）68326294　88379649　68995259	读者信箱：hzjg@hzbook.com

版权所有 · 侵权必究
封底无防伪标均为盗版
本书法律顾问：北京大成律师事务所　韩光 / 邹晓东

如果您喜欢彼得·德鲁克（Peter F. Drucker）或者他的书籍，那么请您尊重德鲁克。不要购买盗版图书，以及以德鲁克名义编纂的伪书。

功能正常的社会和博雅管理

为"彼得·德鲁克全集"作序

享誉世界的"现代管理学之父"彼得·德鲁克先生自认为，虽然他因为创建了现代管理学而广为人知，但他其实是一名社会生态学者，他真正关心的是个人在社会环境中的生存状况，管理则是新出现的用来改善社会和人生的工具。他一生写了 39 本书，只有 15 本书是讲管理的，其他都是有关社群（社区）、社会和政体的，而其中写工商企业管理的只有两本书（《为成果而管理》和《创新与企业家精神》）。

德鲁克深知人性是不完美的，因此人所创造的一切事物，包括人设计的社会也不可能完美。他对社会的期待和理想并不高，那只是一个较少痛苦，还可以容忍的社会。不过，它还是要有基本的功能，为生活在其中的人提供可以正常生活和工作的条件。这些功能或条件，就好像一个生命体必须具备正常的生命特征，没有它们社会也就不成其为社会了。值得留意的是，社会并不等同于"国家"，因为"国（政府）"和"家（家庭）"不可能提供一个社会全部必要的职能。在德鲁克眼里，功能正常的社会至少要由三大类机构组成：政府、企业和非营利机构，它们各自发挥不同性质的作用，每一类、每一个机构中都要有能解决问题、令机构创造出独特绩效的权力中心和决策机制，这个权力中心和决策机制同时也要让机构里的每个人各得其所，既有所担当、做出贡献，又得到生计和身份、地位。这些在过去的国家中从来没有过的权力中心和决策机制，或者说新的"政体"，就是"管理"。在这里德鲁克把企业和非营利机构中的管理体制与政府的统治体制统称为"政体"，是因为它们都掌握权力，但是，这是两种性质截然不同的权力。企业和非营利机构掌握的，是为了提供特定的产品和服务，而调配社会资源的权力，政府所拥有的，则是维护整个社会的公平、正义的裁夺和干预的权力。

在美国克莱蒙特大学附近，有一座小小的德鲁克纪念馆，走进这座用他的故居改成的纪念馆，正对客厅入口的显眼处有一段他的名言：

> 在一个由多元的组织所构成的社会中，使我们的各种组织机构负责任地、独立自治地、高绩效地运作，是自由和尊严的唯一保障。有绩效的、负责任的管理是对抗和替代极权专制的唯一选择。

当年纪念馆落成时，德鲁克研究所的同事们问自己，如果要从德鲁克的著作中找出一段精练的话，概括这位大师的毕生工作对我们这个世界的意义，会是什么？他们最终选用了这段话。

如果你了解德鲁克的生平，了解他的基本信念和价值观形成的过程，你一定会同意他们的选择。从他的第一本书《经济人的末日》到他独自完成的最后一本书《功能社会》之间，贯穿着一条抵制极权专制、捍卫个人自由和尊严的直线。这里极权的极是极端的极，不是集中的集，两个词一字之差，其含义却有着重大区别，因为人类历史上由来已久的中央集权统治直到 20 世纪才有条件变种成极权主义。极权主义所谋求的，是从肉体到精神，全面、彻底地操纵和控制人类的每一个成员，把他们改造成实现个别极权主义者梦想的人形机器。20 世纪给人类带来最大灾难和伤害的战争和运动，都是极权主义的"杰作"，德鲁克青年时代经历的希特勒纳粹主义正是其中之一。要了解德鲁克的经历怎样影响了他的信念和价值观，最好去读他的《旁观者》；要弄清什么是极权主义和为什么大众会拥护它，可以去读汉娜·阿伦特 1951 年出版的《极权主义的起源》。

好在历史的演变并不总是令人沮丧。工业革命以来，特别是从 1800 年开始，最近这 200 年生产力呈加速度提高，不但造就了物质的极大丰富，还带来社会结构的深刻改变，这就是德鲁克早在 80 年前就敏锐地洞察和指出的，多元的、组织型的新社会的形成：新兴的企业和非营利机构填补了由来已久的"国（政府）"和"家（家庭）"之间的断层和空白，为现代国家提供了真正意义上的种种社会功能。在这个基础上，教育的普及和知识工作者的崛起，正在造就知识经济和知识社会，而信息科技成为这一切变化的加速器。要特别说明，"知识工作者"是德鲁克创造的一个称谓，泛指具备和应用专门知识从事生产工作，为社会创造出有用的产品和服务的人群，这包括企业家和在任何机构中的管理者、专业人士和技工，也包括社会上的独立执业人士，如会计师、律师、咨询师、培训师等。在 21 世纪的今天，由于知识的应用领域一再被扩大，个人和个别机构不再是孤独无助的，他们因为掌握了某项知识，就拥有了选择的自由和影响他人的权力。知识工作者和由他们组成的知识型组织不再是传统的知识分子或组织，知识工作者最大的特点就是他们的独立自主，可以主动地整合资源、创造价值，促成经济、社会、文化甚至政治层面的改变，而传统的知识分子只能依附于当时的统治当局，在统治当局提供的平台上才能有所作为。这是一个划时代的、意义深远的变化，而且这个变化不仅发生在西方发达国家，也发生在发展中国家。

在一个由多元组织构成的社会中，拿政府、企业和非营利机构这三类组织相互比较，企业和非营利机构因为受到市场、公众和政府的制约，它们的管理者不可能像政府那样走上极权主义统治，这是它们在德鲁克看来，比政府更重要、更值得寄予希望的原因。尽管如此，它们仍然可能因为管理缺位或者管理失当，例如官僚专制，不能达到德鲁克期望的"负责任地、高绩效地运作"，从而为极权专制垄断社会资源让出空间、提供机会。在所有机构中，包括在互联网时代虚拟的工作社群中，知识工作者的崛起既为新的管理提供了基础和条件，也带来对传统的"胡萝卜加大棒"管理方式的挑战。德鲁克正是因应这样的现实，研究、创立和不断完善现代管理学的。

1999年1月18日，德鲁克接近90岁高龄，在回答"我最重要的贡献是什么"这个问题时，他写了下面这段话：

> 我着眼于人和权力、价值观、结构和规范去研究管理学，而在所有这些之上，我聚焦于"责任"，那意味着我是把管理学当作一门真正的"博雅技艺"来看待的。

给管理学冠上"博雅技艺"的标识是德鲁克的首创，反映出他对管理的独特视角，这一点显然很重要，但是在他众多的著作中却没找到多少这方面的进一步解释。最完整的阐述是在他的《管理新现实》这本书第15章

第五小节，这节的标题就是"管理是一种博雅技艺"：

> 30 年前，英国科学家兼小说家斯诺（C. P. Snow）曾经提到当代社会的"两种文化"。可是，管理既不符合斯诺所说的"人文文化"，也不符合他所说的"科学文化"。管理所关心的是行动和应用，而成果正是对管理的考验，从这一点来看，管理算是一种科技。可是，管理也关心人、人的价值、人的成长与发展，就这一点而言，管理又算是人文学科。另外，管理对社会结构和社群（社区）的关注与影响，也使管理算得上是人文学科。事实上，每一个曾经长年与各种组织里的管理者相处的人（就像本书作者）都知道，管理深深触及一些精神层面关切的问题——像人性的善与恶。
>
> 管理因而成为传统上所说的"博雅技艺"（liberal art）——是"博雅"（liberal），因为它关切的是知识的根本、自我认知、智慧和领导力，也是"技艺"（art），因为管理就是实行和应用。管理者从各种人文科学和社会科学中——心理学和哲学、经济学和历史、伦理学，以及从自然科学中，汲取知识与见解，可是，他们必须把这种知识集中在效能和成果上——治疗病人、教育学生、建造桥梁，以及设计和销售容易使用的软件程序等。

作为一个有多年实际管理经验，又几乎通读过德鲁克全部著作的人，我曾经反复琢磨过为什么德鲁克要说管理学其实是一门"博雅技艺"。我终于意识到这并不仅仅是一个标新立异的溢美之举，而是在为管理定性，它揭示了管理的本质，提出了所有管理者努力的正确方向。这至少包括了以下几重含义：

第一，管理最根本的问题，或者说管理的要害，就是管理者和每个知识工作者怎么看待与处理人和权力的关系。德鲁克是一位基督徒，他的宗教信仰和他的生活经验相互印证，对他的研究和写作产生了深刻的影响。在他看来，人是不应该有权力（power）的，只有造人的上帝或者说造物主才拥有权力，造物主永远高于人类。归根结底，人性是软弱的，经不起权力的引诱和考验。因此，人可以拥有的只是授权（authority），也就是人只是在某一阶段、某一事情上，因为所拥有的品德、知识和能力而被授权。不但任何个人是这样，整个人类也是这样。民主国家中"主权在民"，但是人民的权力也是一种授权，是造物主授予的，人在这种授权之下只是一个既有自由意志，又要承担责任的"工具"，他是造物主的工具而不能成为主宰，不能按自己的意图去操纵和控制自己的同类。认识到这一点，人才会谦卑而且有责任感，他们才会以造物主才能够掌握、人类只能被其感召和启示的公平正义，去时时检讨自己，也才会甘愿把自己置于外力强制的规范和约束之下。

第二，尽管人性是不完美的，但是人彼此平等，都有自己的价值，都有自己的创造能力，都有自己的功能，都应该被尊敬，而且应该被鼓励去创造。美国的独立宣言和宪法中所说的，人生而平等，每个人都有与生俱来、不证自明的权利（rights），正是从这一信念而来的，这也是德鲁克的管理学之所以可以有所作为的根本依据。管理者是否相信每个人都有善意和潜力？是否真的对所有人都平等看待？这些基本的或者说核心的价值观和信念，最终决定他们是否能和德鲁克的学说发生感应，是否真的能理解和实行它。

第三，在知识社会和知识型组织里，每一个工作者在某种程度上，都

XI

既是知识工作者，也是管理者，因为他可以凭借自己的专门知识对他人和组织产生权威性的影响——知识就是权力。但是权力必须和责任捆绑在一起。而一个管理者是否负起了责任，要以绩效和成果做检验。凭绩效和成果问责的权力是正当和合法的权力，也就是授权（authority），否则就成为德鲁克坚决反对的强权（might）。绩效和成果之所以重要，不但在经济和物质层面，而且在心理层面，都会对人们产生影响。管理者和领导者如果持续不能解决现实问题，大众在彻底失望之余，会转而选择去依赖和服从强权，同时甘愿交出自己的自由和尊严。这就是为什么德鲁克一再警告，如果管理失败，极权主义就会取而代之。

第四，除了让组织取得绩效和成果，管理者还有没有其他的责任？或者换一种说法，绩效和成果仅限于可量化的经济成果和财富吗？对一个工商企业来说，除了为客户提供价廉物美的产品和服务、为股东赚取合理的利润，能否同时成为一个良好的、负责任的"社会公民"，能否同时帮助自己的员工在品格和能力两方面都得到提升呢？这似乎是一个太过苛刻的要求，但它是一个合理的要求。我个人在十多年前，和一家这样要求自己的后勤服务业的跨国公司合作，通过实践认识到这是可能的。这意味着我们必须学会把伦理道德的诉求和经济目标，设计进同一个工作流程、同一套衡量系统，直至每一种方法、工具和模式中去。值得欣慰的是，今天有越来越多的机构开始严肃地对待这个问题，在各自的领域做出肯定的回答。

第五，"作为一门博雅技艺的管理"或称"博雅管理"，这个讨人喜爱的中文翻译有一点儿问题，从翻译的"信、达、雅"这三项专业要求来看，雅则雅矣，信有不足。liberal art直译过来应该是"自由的技艺"，但最早的繁体字中文版译成了"博雅艺术"，这可能是想要借助它在中国语文中的褒义，我个人还是觉得"自由的技艺"更贴近英文原意。liberal 本身就是自由。art 可以译成艺术，但管理是要应用的，是要产生绩效和成果的，所以它首先应该是一门"技能"。另一方面，管理的对象是人们的工作，和人打交道一定会面对人性的善恶，人的千变万化的意念——感性的和理性的，从这个角度看，管理又是一门涉及主观判断的"艺术"。所以 art 其实更适合解读为"技艺"。liberal——自由，art——技艺，把两者合起来就是"自由技艺"。

最后我想说的是，我之所以对 liberal art 的翻译这么咬文嚼字，是因为管理学并不像人们普遍认为的那样，是一个人或者一个机构的成功学。它不是旨在让一家企业赚钱，在生产效率方面达到最优，也不是旨在让一家非营利机构赢得道德上的美誉。它旨在让我们每个人都生存在其中的人类社会和人类社群（社区）更健康，使人们较少受到伤害和痛苦。让每个工作者，按照他与生俱来的善意和潜能，自由地选择他自己愿意在这个社会或社区中所承担的责任；自由地发挥才智去创造出对别人有用的价值，从而履行这样的责任；并且在这样一个创造性工作的过程中，成长为更好和更有能力的人。这就是德鲁克先生定义和期待的，管理作为一门"自由技艺"，或者叫"博雅管理"，它的真正的含义。

邵明路

彼得·德鲁克管理学院创办人

跨越时空的管理思想

20多年来，机械工业出版社华章公司关于德鲁克先生著作的出版计划在国内学术界和实践界引起了极大的反响，每本书一经出版便会占据畅销书排行榜，广受读者喜爱。我非常荣幸，一开始就全程参与了这套丛书的翻译、出版和推广活动。尽管这套丛书已经面世多年，然而每次去新华书店或是路过机场的书店，总能看见这套书静静地立于书架之上，长盛不衰。在当今这样一个强调产品迭代、崇尚标新立异、出版物良莠难分的时代，试问还有哪本书能做到这样呢？

如今，管理学研究者们试图总结和探讨中国经济与中国企业成功的奥秘，结论众说纷纭、莫衷一是。我想，企业成功的原因肯定是多种多样的。中国人讲求天时、地利、人和，缺一不可，其中一定少不了德鲁克先生著作的启发、点拨和教化。从中国老一代企业家（如张瑞敏、任正非），及新一代的优秀职业经理人（如方洪波）的演讲中，我们常常可以听到来自先生的真知灼见。在当代管理学术研究中，我们也可以常常看出先生的思想指引和学术影响。我常常对学生说，当你不能找到好的研究灵感时，可以去翻翻先生的著作；当你对企业实践困惑不解时，也可以把先生的著作放在床头。简言之，要想了解现代管理理论和实践，首先要从研读德鲁克先生的著作开始。基于这个原因，1991年我从美国学成回国后，在南京大学商学院图书馆的一角专门开辟了德鲁克著作之窗，并一手创办了德鲁克论坛。至今，我已在南京大学商学院举办了100多期德鲁克论坛。在这一点上，我们也要感谢机械工业出版社华章公司为德鲁克先生著作的翻译、出版和推广付出的辛勤努力。

在与企业家的日常交流中，当发现他们存在各种困惑的时候，我常常推荐企业家阅读德鲁克先生的著作。这是因为，秉持奥地利学派的一贯传统，德鲁克先生总是将企业家和创新作为著作的中心思想之一。他坚持认为："优秀的企业家和企业家精神是一个国家最为重要的资源。"在企业发展过程中，企业家总是面临着效率和创新、制度和个性化、利润和社会责任、授权和控制、自我和他人等不同的矛盾与冲突。企业家总是在各种矛盾与冲突中成长和发展。现代工商管理教育不但需要传授建立现代管理制度的基本原理和准则，同时也要培养一大批具有优秀管理技能的职业经理人。一个有效的组织既离不开良好的制度保证，同时也离不开有效的管理者，两者缺一不可。这是因为，一方面，企业家需要通过对管理原则、责任和实践进行研究，探索如何建立一个有效的管理机制和制度，而衡量一个管理制度是否有效的标准就在于该制度能否将管理者个人特征的影响降到最低限度；另一方面，一个再高明的制度，如果没有具有职业道德的员工和管理者的遵守，制度也会很容易土崩瓦解。换言之，一个再高效的组织，如果缺乏有效的管理者和员工，组织的效率也不可能得到实现。虽然德鲁克先生的大部分著作是有关企业管理的，但是我们可以看到自由、成长、创新、多样化、多元化的思想在其著作中是一以贯之的。正如德鲁克在《旁观者》一书的序言中所阐述的，"未来是'有机体'的时代，由任务、目的、策略、社会的和外在的环境所主导"。很多人喜欢德鲁克提出的概念，但是德鲁克却说，"人比任何概念都有趣多了"。德鲁克本人虽然只是管理的旁观者，但是他对企业家工作的理解、对管理本质的洞察、对人性复杂性的观察，鞭辟入里、入木三分，这也许就是企业家喜爱他的著作的原因吧！

德鲁克先生从研究营利组织开始，如《公司的概念》（1946年），到研究非营利组织，如《非营利组织的管理》（1990年），再到后来研究社会组织，如《功能社会》（2002年）。虽然德鲁克先生的大部分著作出版于20世纪六七十年代，然而其影响力却是历久弥新的。在他的著作中，读者很容易找到许多最新的管理思想的源头，同时也不难获悉许多在其他管理著作中无法找到的"真知灼见"，从组织的使命、组织的目标以及工商企业与服务机构的异同，到组织绩效、富有效率的员工、员工成就、员工福利和知识工作者，再到组织的社会影响与社会责任、企业与政府的关系、管理者的工作、管理工作的设计与内涵、管理人员的开发、目标管理与自我控制、中层管理者和知识型组织、有效决策、管理沟通、管理控制、面向未来的管理、组织的架构与设计、企业的合理规模、多角化经营、多国公司、企业成长和创新型组织等。

30多年前在美国读书期间，我就开始阅读先生的著作，学习先生的思想，并聆听先生的课堂教学。回国以后，我一直把他的著作放在案头。尔后，每隔一段时间，每每碰到新问题，就重新温故。令人惊奇的是，随着阅历的增长、知识的丰富，每次重温的时候，竟然会生出许多不同以往的想法和体会。仿佛这是一座挖不尽的宝藏，让人久久回味，有幸得以伴随终生。一本著作一旦诞生，就独立于作者、独立于时代而专属于每个读者，不同地理区域、不同文化背景、不同时代的人都能够从中得到启发、得到教育。这样的书是永恒的、跨越时空的。我想，德鲁克先生的著作就是如此。

特此作序，与大家共勉！

南京大学人文社会科学资深教授、商学院名誉院长

博士生导师

2018 年 10 月于南京大学商学院安中大楼

彼得·德鲁克与伊藤雅俊管理学院是因循彼得·德鲁克和伊藤雅俊命名的。德鲁克生前担任玛丽·兰金·克拉克社会科学与管理学教席教授长达三十余载，而伊藤雅俊则受到日本商业人士和企业家的高度评价。

彼得·德鲁克被称为"现代管理学之父"，他的作品涵盖了 39 本著作和无数篇文章。在德鲁克学院，我们将他的著述加以浓缩，称之为"德鲁克学说"，以撷取德鲁克著述在五个关键方面的精华。

我们用以下框架来呈现德鲁克著述的现实意义，并呈现他的管理理论对当今社会的深远影响。

这五个关键方面如下。

（1）**对功能社会重要性的信念**。一个功能社会需要各种可持续性的组织贯穿于所有部门，这些组织皆由品行端正和有责任感的经理人来运营，他们很在意自己为社会带来的影响以及所做的贡献。德鲁克有两本书堪称他在功能社会研究领域的奠基之作。第一本书是《经济人的末日》（1939 年），"审视了法西斯主义的精神和社会根源"。然后，在接下来出版的《工业人的未来》（1942年）一书中，德鲁克阐述了自己对第二次世界大战后社会的展望。后来，因为对健康组织对功能社会的重要作用兴趣盎然，他的主要关注点转到了商业。

（2）**对人的关注**。德鲁克笃信管理是一门博雅艺术，即建立一种情境，使博雅艺术在其中得以践行。这种哲学的宗旨是：管理是一项人的活动。德鲁克笃信人的潜质和能力，而且认为卓有成效的管理者是通过人来做成事情的，因为工作会给人带来社会地位和归属感。德鲁克提醒经理人，他们的职责可不只是给大家发一份薪水那么简单。

对于如何看待客户，德鲁克也采取"以人为本"的思想。他有一句话人人知晓，即客户决定了你的生意是什么，这门生意出品什么以及这门生意日后能否繁荣，因为客户只会为他们认为有价值的东西买单。理解客户的现实以及客户崇尚的价值是"市场营销的全部所在"。

（3）**对绩效的关注**。经理人有责任使一个组织健康运营并且持续下去。考量经理人的凭据是成果，因此他们要为那些成果负责。德鲁克同样认为，成果负责制要渗透到组织的每一个层面，务求淋漓尽致。

制衡的问题在德鲁克有关绩效的论述中也有所反映。他深谙若想提高人的生产力，就必须让工作给他们带来社会地位和意义。同样，德鲁克还论述了在延续性和变化二者间保持平衡的必要性，他强调面向未来并且看到"一个已经发生的未来"是经理人无法回避的职责。经理人必须能够探寻复杂、模糊的问题，预测并迎接变化乃至更新所带来的挑战，要能看到事情目前的样貌以及可能呈现的样貌。

（4）**对自我管理的关注**。一个有责任心的工作者应该能驱动他自己，能设立较高的绩效标准，并且能控制、衡量并指导自己的绩效。但是首先，卓有成效的管理者必须能自如地掌控他们自己的想法、情绪和行动。换言之，内在意愿在先，外在成效在后。

（5）**基于实践的、跨学科的、终身的学习观念**。德鲁克崇尚终身学习，因为他相信经理人必须要与变化保持同步。但德鲁克曾经也有一句名言："不要告诉我你跟我有过一次精彩的会面，告诉我你下周一打算有哪些不同。"这句话的意思正如我们理解的，我们必须关注"周一早上的不同"。

这些就是"德鲁克学说"的五个支柱。如果你放眼当今各个商业领域，就会发现这五个支柱恰好代表了五个关键方面，它们始终贯穿交织在许多公司使命宣言传达的讯息中。我们有谁没听说过高管宣称要回馈他们的社区，要欣然采纳以人为本的管理方法和跨界协同呢？

彼得·德鲁克的远见卓识在于他将管理视为一门博雅艺术。他的理论鼓励经理人去应用"博雅艺术的智慧和操守课程来解答日常在工作、学校和社会中遇到的问题"。也就是说，经理人的目光要穿越学科边界来解决这世上最棘手的一些问题，并且坚持不懈地问自己："你下周一打算有哪些不同？"

彼得·德鲁克的影响不限于管理实践，还有管理教育。在德鲁克学院，我们用"德鲁克学说"的五个支柱来指导课程大纲设计，也就是说，我们按照从如何进行自我管理到组织如何介入社会这个次序来给学生开设课程。

德鲁克学院一直十分重视自己的毕业生在管理实践中发挥的作用。其实，我们的使命宣言就是：

> 通过培养改变世界的全球领导者，来提升世界各地的管理实践。

有意思的是，世界各地的管理教育机构也很重视它们的学生在实践中的表现。事实上，这已经成为国际精英商学院协会（AACSB）认证的主要标志之一。国际精英商学院协会"始终致力于增进商界、学者、机构以及学生之间的交融，从而使商业教育能够与商业实践的需求步调一致"。

最后我想谈谈德鲁克和管理教育，我的观点来自 2001 年 11 月 *BizEd* 杂志第 1 期对彼得·德鲁克所做的一次访谈，这本杂志由商学院协会出版，受众是商学院。在访谈中，德鲁克被问道：在诸多事项中，有哪三门课最重要，是当今商学院应该教给明日之管理者的？

德鲁克答道：

> 第一课，他们必须学会对自己负责。太多的人仍在指望人事部门来照顾他们，他们不知道自己的优势，不知道自己的归属何在，他们对自己毫不负责。

> 第二课也是最重要的，要向上看，而不是向下看。焦点仍然放在对下属的管理上，但应开始关注如何成为一名管理者。管理你的上司比管理下属更重要。所以你要问："我应该为组织贡献什么？"

> 最后一课是必须修习基本的素养。是的，你想让会计做好会计的事，但你也想让她了解其他组织的功能何在。这就是我说的组织的基本素养。这类素养不是学一些相关课程就行了，而是与实践经验有关。

凭我一己之见，德鲁克在 2001 年给出的这则忠告，放在今日仍然适用。卓有成效的管理者需要修习自我管理，需要向上管理，也需要了解一个组织的功能如何与整个组织契合。

彼得·德鲁克对管理实践的影响深刻而巨大。他涉猎广泛，他的一些早期著述，如《管理的实践》（1954 年）、《卓有成效的管理者》（1966 年）以及《创新与企业家精神》（1985 年），都是我时不时会翻阅研读的书籍，每当我作为一个商界领导者被诸多问题困扰时，我都会从这些书中寻求答案。

珍妮·达罗克

彼得·德鲁克与伊藤雅俊管理学院院长

亨利·黄市场营销和创新教授

美国加州克莱蒙特市

　　德鲁克一生以"旁观者"自居，以"除非能改变人们的生活"作为从事学术研究的重要法则，运用其睿智的才思及远见卓识，带着一双"热眼"去观察和感知世事运行的规则与规律。作为"一个走在信息时代前面的人"，"他集丰富的知识、广泛的实践经验、深邃的洞察力、精辟的分析和拨云见日般的常识于一身"，在政治、法律、社会、管理、历史等多个学科领域都留下了精辟的见解和耐人寻味的启示，成为"当代最经久不衰的管理思想家"。德鲁克凭其扎根于实践基础之上的30余部著作所带来的深远影响，奠定了他在现代管理学上的开创者地位，被世人尊称为"现代管理学之父""大师中的大师"。

　　本书摘录于德鲁克业已出版的10本经典著作，集德鲁克毕生著作的精华于一身，浓缩了德鲁克几十年来关于管理、个人和社会的思考。可以说，这一著作的出版，为正在寻求快速领会德鲁克思想精髓的读者找到了一条捷径。

　　本书由"管理篇""个人篇"和"社会篇"三部分构成。

　　在"管理篇"中，德鲁克从回答管理的内涵入手，在对管理的维度、企业的宗旨和使命进行分析的基础上，论述了非营利组织给企业可能带来的影响及存在的社会问题、管理的新范式、管理人员需要获得的信息、目标管理与自我控制、选拔人才的原则等问题。同时，针对未来社会的发展趋势，提出了"企业家企业"和"新企业"等概念，指出了关注市场、建立高层管理团队、企业家战略的必要性。

在"个人篇"中，德鲁克将所关注问题的视角转向了管理者和知识工作者个人，指出卓有成效是务必要学会的，有效的管理者一定要把注意力放在"贡献"上，知识工作者不仅要了解自身的优势和价值观，而且还要学会"掌握自己的时间"、做"有效的决策""发挥沟通的作用"、做一个具备领导能力的"领导"，并把握"创新的原则"。同时，为了应对"21世纪的管理挑战"，管理者也要学会"管理未来"。德鲁克预言，在当今社会向知识社会转变的过程中，最大的变化将是知识领域的变化，包括知识的形式、内容、含义、责任以及关于做一个知识型人才内涵的变化。

在"社会篇"中，德鲁克进一步指出，由于知识工作者的出现，将会引领21世纪出现一场不同于以往社会的变革，当福利国家时代已成为往事之后，"企业家社会"可能就会到来。他同时又一次预见性地指出，在"后资本主义社会"，通过社会部门来获取公民权将越来越重要。同时，他用一定的篇幅论述了为面对即将出现的"新现实"，应该具备怎样的价值观。

总体而言，本书所囊括的三部分既浑然一体，又可以独立成文，读者可以根据兴趣和需要有选择性地阅读。在本书中，读者找不到"削足适履"的标准化条目，也找不到主流理论界所强调的"数理模型"和"实证分析"。读者所能看到的是，大师融社会学、历史学、哲学和经济学等领域的知识为一体，把微观管理学置于宏观世界之中，对管理问题所做的根本性思考。其中所体现的"管理是一种实践，其本质不在于'知'，而在于'行'；其验证不在于'逻辑'，而在于'成果'"的理念，正是管理经验学派的魅力所在。

德鲁克在本书中所体现出的管理理念对目前中国的企业改革也具有十分重要的理论意义和现实意义。众所周知，随着中国企业改革的深化，现代企业制度建设已经进入了由治"标"到治"本"、由"违规"到"合规"的新阶段。经验表明，决定这场改革成败的关键正是取决于曾被描述为"同一枚硬币的两面"的"治理"和"管理"能否基于中国具体环境的变化得到创新发展，而本书所揭示的管理思想恰恰道出了个中方向。从公司治理的角度来看，德鲁克让我们思考，上市公司治理应该从"非营利组织"中借鉴什么；对知识型社会中的管理者而言，如何通过公司治理制度安排使其做到"卓有成效"；随着企业家社会的到来，公司治理机制如何设计才有利于企业家精神的培育；在利益相关者等问题日益成为公司治理框架内不可或缺的一部分的今天，如何把握"企业社会责任的限度"，等等。就管理视角而言，德鲁克启发我们，伟大的企业之所以伟大，是因为企业能够了解自己的责任和使命，认清自己该做什么，不该做什么；卓有成效的管理者之所以能够做到卓有成效，是因为他能够认识到自身的优势和劣势，能够进行有效的沟通、决策，并充分发挥领导能力。此外，德鲁克还提醒我们，随着知识社会的兴起，企业家社会的到来，企业及其管理者应该早做准备，以应对未来的挑战，等等。当然，本书给我们所带来的启发绝不仅限于此，相信通过对这一著作的细心研读，将会使"德鲁克迷"轻而易举地打开德鲁克的思想之门，"以大师之道"感悟到更多的管理真谛。

综上所述，本书既是一本面向实践管理者的系统化管理读本，又是一本面向在校学生与致力于管理工作的仁人志士的经典教材。如今历时半载，这本著作的译稿终于与广大读者见面了，诚惶诚恐中有一种如释重负之感。值此之际，首先，我们要感谢南开大学商学院、东北大学工商管理学院的领导与同事的支持及鼓励。其次，为了使德鲁克先生这一经典著作更加完美地呈现给读者，真实、准确地展现大师的管理思想，在翻译过程中我们参考了本书中所涉及的德鲁克作品的一些已有译作，在此，对这些与我们同样怀着践行德鲁克先生"管理理念"的译者和出版社谨致谢忱。最后，在本书翻译过程中，机械工业出版社华章公司的吴亚军编辑做了大量的协调工作，并提出了很多有益的建议，在此一并表示感谢。

鉴于时间和译者水平有限，书中不当之处在所难免，敬请广大读者批评指正。

李维安

管理学博士、经济学博士

南开大学商学院院长

教育部长江学者特聘教授

编写本书的起因和目的

本书是从我 60 年的管理工作经历和作品中精心挑选并编写而成的。它始于《工业人的未来》（1942），止于 1999 年的《21 世纪的管理挑战》（至少目前是这样）。

本书的编写有两个目的：其一，我希望它能够为读者提供一种关于管理学连贯的并且易懂的入门介绍；其二，希望它能够为我所有关于管理方面的作品做一个总结，同时，还要回答一个我及我的编辑已经被问过很多遍的问题："我应该从哪里开始读德鲁克先生的作品，哪些才是他作品的精髓？"

我多年的好友上田惇生先生首先对本书进行了构思。他本人在日本管理界声名显赫，在 60 岁时，他开始了第二份工作，那就是东京一所新建的技术大学的创始人和主要管理者。他作为我在日本的翻译和编辑长达 30 年之久。当我的作品开始在日本发行的时候，他就翻译了我的多部作品，他对我的作品的熟悉和把握甚至超过了我本人。因此，他越来越经常地被邀请去参加日本的一些学术会议和论坛，这些会议和论坛的主题都是关于我的作品的，而且他发现他总是一次次地被人们，尤其是那些年轻人，其中包括许多学生和刚刚开始工作的管理者问及同样的问题："我应该从哪里开始读德鲁克先生的作品？"

这使上田惇生先生重新研读了我的作品，并从中挑选出最相关的章节，经过精简，使它们读起来好像是一部紧凑而完整的作品。他最终完成的《德鲁克管理思想精要》包括 3 卷，一共有 57 章：第 1 卷是关于组织的管理；第 2 卷是关于组织社会中的个人；第 3 卷是关于社会。2000 年的夏秋两季这本《德鲁克管理思想精要》首先在日本发行，并获得巨大成功。《德鲁克管理思想精要》同时也在中国台湾、中国大陆、韩国以及阿根廷、墨西哥、巴西发行。

上田惇生所编写的版本也曾被用在《德鲁克管理思想精要》在美国和英国的版本中。但这些版本仅有 26 章，还不及上田惇生原版日文译本的一半，而且分别还有一些不同的侧重点。美国哈珀 – 柯林斯出版公司的小卡斯·坎菲尔德（Cass Canfield, Jr.）先生是我的老朋友，作为我在美国的编辑也有 30 多年了，他在几年前也认为有必要为我 60 年来关于管理的作品做个介绍或总结。同时，他清楚地看到这本书在美国和英国（可能也涵盖了西欧国家）的读者可能会比日文译本的读者更加广泛，但是他们的关注点也更加集中。更加广泛是因为在西方，一批非管理者的人数正在增加，他们把管理当作一种公众的兴趣来了解；同样，在大学及学院中的学生人数也在不断增加，他们并非管理专业的学生，将管理课程仅看成一般性的教育；最后，大量中层管理者和专业人员的人数也在迅速增长，无论在大学或他们工作的公司里，他们都热衷于先进的管理课程。然而，他们的关注点也可能比较集中，因为对于另外一些读者而言，理想中的德鲁克作品应该少些介绍或总结，他们想要一本简洁的、通俗易懂的并且重点明确的管理学作品，而且要仅限于管理学。因此，在我的大力支持下，小卡斯·坎菲尔德使用上田惇生编辑和精简过的日本版本，并将其编辑成一本综合全面、条理清晰，又自成一体的管理学作品。其中，管理包括对企业的管理和个人自身的管理，不管是一个管理者还是一个专业人员，无论是在一个企业之中还是在运用管理的组织社会中都是如此。

我及我的读者都应该对上田惇生和小卡斯·坎菲尔德二人抱有深切的感激之情。他们二人为本书的出版付出了难以置信的努力，并做出了巨大的贡献。一些作者的最终作品不一定是对他们自己著作的最好介绍。但是，我仍然确信，这本包括管理的基本原则、关注重点及面临的问题、挑战和机遇的书是真正的、条理清晰又自成一体的管理学作品。

如前所述，本书也是对我本人管理作品的一个总结。读者可能想知道在我的哪些书里能够找到他们所感兴趣的某个主题或者领域，以便于进一步研究。因此，在这里，我将本书中 26 章的出处做简单介绍。[⊖]

第 1 章和第 26 章来源于《管理新现实》(*The New Realities*，1989)。

第 2、3、5、18 章来源于《管理：使命、责任、实践》(*Management：Tasks，Responsibilities，Practices*，1973)。

第 4 章和第 19 章来源于《管理未来》(*Managing for the Future*，1992)，它们首次分别发表于《哈佛商业评论》(1989) 和《华尔街日报》(1988)。

第 6、15、21 章来源于《21 世纪的管理挑战》(*Management Challenges for the 21st Century*，1999)。

第 7 章和第 23 章来源于《巨变时代的管理》(*Managing in a Time of Great Change*，1995)，它们首次分别发表于《哈佛商业评论》(1994) 和《大西洋月刊》(1996)。

第 8 章来源于《管理的实践》(*The Practice of Management*，1954)。

第 9 章来源于《管理前沿》(*The Frontiers of Management*，1986)，首次发表于《哈佛商业评论》(1985)。

⊖ 以下书籍的中文版已全部由机械工业出版社出版。——译者注

第 10、11、12、20、24 章来源于《创新与企业家精神》（*Innovation and Entrepreneurship*，1985）。

第 13、14、16、17 章来源于《卓有成效的管理者》（*The Effective Executive*，1966）。

第 22 章和第 25 章来源于《后资本主义社会》（*Post-Capitalist Society*，1993）。

以上提及的这些书在美国以及大部分国家都已印刷发行。

本书中没有从我其他 5 部重要的管理作品中做任何摘录，它们分别是：《工业人的未来》（*The Future of Industrial Man*，1942）；《公司的概念》（*Concept of the Corporation*，1946）；《为成果而管理》（*Managing for Results*，1964，这是第一本涉及"战略"这一主题的书，40 年前，"战略"一词在商业界还无人知晓）；《动荡时代的管理》（*Managing in Turbulent Times*，1980）；《非营利组织的管理》（*Managing the Non-profit Organization*，1990）。这些重要的书籍目前仍然被人们广泛阅读和使用。但是，由于它们所涉及的主题相对于本书摘录的章节来讲过于专业化，在某种程度上也过于专门化，因此不得不将它们省去。

彼得·德鲁克

2001 年春

1

管　理　篇

THE ESSENTIAL
DRUCKER

作为一种社会功能
与人文艺术的管理

在人类发展的历史长河中，管理出现的速度之快和影响范围之大是其他体制所无法比拟的。在不到 150 年的时间里，管理就已经改变了世界上发达国家的社会与经济的组织形式。它创造了一种全球性的经济模式，并为各个国家平等参与这种经济制定了新规则。同时，管理自身也在不断发生着变化，而管理者中却很少有人意识到管理所具有的巨大影响力。事实上，很多人都像莫里哀（Molière）的《贵人迷》剧中的主人公汝尔丹（Jourdain）先生一样，尚未发觉自己已经拥有了高雅的谈吐，管理者也没有觉察到自己正在从事或违背管理，因此会在面临巨大挑战时表现出一种无能为力的状态。管理者所面临的真正重要的问题是由成功的管理本身所造成的，而并非来自技术与政治，这些问题并非产生于管理与企业之外。

由此可以确定，管理的基本任务仍然没有改变，依旧是：使人们能为了共同的目标、带着共同的价值观，在适当的组织内，通过培训和开发共同开展工作以及对外界变化做出相应的反应。但是，这一任务的含义本身却发生了变化，因为管理的运转已将劳动力的构成由非技术工人转变为具有受过高等教育的知识工作者。

管理的起源与发展

在第一次世界大战前夕，少数思想家开始意识到管理的存在。但是，即使在最先进的国家也没有人与管理打过交道。现在，美国人口统计局提到的"管理与专业人员"已经成为劳动力大军中最为庞大的一个团体，占劳动力总数的1/3还要多。管理已经成为促成这一转变的主要因素。在人类历史上，管理首次解释了为什么我们能够在生产领域中雇用大量的知识工作者与技术人员，使得生产效率有了很大的提高，这在以往的任何一个社会中都无法做到这一点。事实的确如此，以往的社会无法容纳如此众多的人员。即使在不久以前，仍然没有人知道如何把具备不同技术与不同知识的人集合在一起，以实现一个共同的目标。

18世纪的中国是西方知识分子向往的地方，因为中国为受过教育的人提供的工作机会超过了所有欧洲国家——每年约有2万个就业机会。而如今，美国的人口与那时中国人口的数量相差无几，美国每年有100万名大学生毕业，绝大多数大学生都能找到待遇优厚的工作，正是管理给他们提供了这些有利的工作机会。

知识，尤其是那些高等知识，总是会趋向于被专业化。知识本身并不能够产生什么东西。但是，一个现代企业（不仅是大型企业）却可以雇用上万个具有高等知识的人，他们代表着60多个不同的知识领域。各个领域的工程师、设计师、市场专家、经济学家、统计学家、心理学家、计划人员、会计师、人力资源管理者，都在一个共同的企业中工作。如果不是身处一个处于管理中的企业，那么任何人都无法发挥自身的效用。

究竟是过去 100 年中的知识爆炸先出现，还是把知识应用于生产领域的管理先出现？无论答案是什么，我都觉得这个问题毫无意义。如果没有发达社会赖以生存的知识基础，那么无论是现代管理还是现代企业都无法生存。同样，正是管理（事实上也只有管理）才使得知识与知识分子能够发挥他们自身的作用。正是由于管理的出现，才使得知识从社会的装饰物与奢侈品转变成为一切经济实体的真正资本。

回溯到 1870 年，也就是大型企业刚刚出现雏形之时，能预测到这种发展趋势的企业领导人并不多见。其原因不在于他们缺乏远见，而在于缺少先例。当时，唯一的庞大而永久的组织就是军队。因此，对于那些建设洲际铁路、钢铁工厂、现代银行和百货公司的人来说，军队的"命令－控制"结构就是一种模式，这也就不足为奇。在这种模式中，高高在上的少数人发号施令，位于下层的大多数人按照命令办事。这种模式一直延续了近百年。然而，在这漫长的时间里，它并非一成不变。恰恰相反，在各种各样的专业知识注入企业之后，它立即发生了巨大的变化。

弗里德里希·冯·赫夫纳 – 阿尔滕耐克（Friedrich von Hefner-Alteneck）是大学培养的第一个制造业工程师，于 1867 年被德国的西门子公司雇用，他用了将近 5 年的时间建立了一个研究部门。此后他又创建了其他专业部门。到第一次世界大战爆发时，制造商公认的职能已经确立：研究与设计、制造、营销、金融与财会，此后又出现了人力资源（或人事）开发。

在当时，另一种管理导向的出现及其发展对企业和整个世界经济的影响更大。这种发展就是采用培训的方式，对体力劳动实施管理。在过去 40 年的时间里，培训是战争时期的必要产物，推动了整个世界经济的变革，因为它使那些低收入的国家做到了传统经济理论认为不可能发生的事：几乎在一夜之间成为高效率的竞争者，但工资仍然保持在较低的水平上。

亚当·斯密（Adam Smith）曾经指出，生产和销售棉纺织品或小提琴都需要体力与管理上的技能。对于一个国家或一个地区来说，这种技能和劳动力传统的开发可能会需要几百年的时间。

然而在第一次世界大战期间有了很大的转折，大量非技术、前工业化时代的劳动力几乎转眼之间就成为生产者。为了满足这种管理上的需要，美国与英国的企业开始采用弗雷德里克 W. 泰勒（Frederick W. Taylor）在1885～1910年所提出的科学管理理论，大规模地对蓝领工人进行系统培训。它们分析了任务后，使之分解成单个非技术性的操作，而这种操作是很快就能被学会的。在第二次世界大战中，培训又有了进一步的发展，它首先为日本人所应用，20年后又被韩国人采纳。日本人和韩国人对培训的应用成为它们国家经济腾飞的基础。

到了20世纪二三十年代，管理已经逐渐地被应用于制造业中更多的领域和方面。例如，管理中的分散化经营使一个企业集大规模与小规模经营的优点于一身。会计从简单的"簿记"发展成为分析与控制。计划产生于1917年和1918年的"甘特图"（Gantt Chart），并发展成为战时生产制订计划；逻辑分析与统计分析也被用于制订战时生产计划，它们用定量分析的方法使经验与直觉转变为定义、信息与判断。由于管理概念被应用于分配与销售，市场营销获得了很大的发展。此外，早在20世纪20年代中后期和30年代初期，美国一些管理学的开拓者开始对制造业的组织方式提出质疑。这些先驱者包括国际商业机器公司（IBM）初创时的老托马斯·沃森（Thomas Watson Sr.）、西尔斯·罗巴克公司（Sears Roebuck，简称"西尔斯公司"）的罗伯特 E. 伍德（Robert E. Wood）和哈佛商学院的乔治·埃尔顿·梅奥（George Elton Mayo）。他们认为，装配线只是一种短期问题的解决方式。虽然装配线能带来很高的生产率，但是它在经济上却不尽如人意，因为它缺乏灵活性，对人力资源的利用率低，而且工程技术的水平也比较低。他们开始思考并试验，从而最终导致了"自动化"的出现，并使之成为组织制造业生产过程的主要方式。他们的思考和试验还产生了集体协作、质量中心以及以信息为基础的组织，并且还使组织成为管理人力资源的方式。所有这些管理上的创新都是把知识应用于工作之中，都意味着以系统与信息替代猜测、体力以及繁重的劳动。用泰勒的话说就是，这些创新都标志着以"更聪明地工作"代替了"更勤奋地工作"，脑力在一定程度上取代了体力。

　　这些变化的重要影响在第二次世界大战时变得尤为明显。直到第二次世界大战接近尾声，德国人仍然在战略方面表现得技高一筹。由于内部战线较短，他们只需要较少的后援部队就能取得与对手相同的战斗能力。然而，最后还是同盟国赢得了胜利——他们靠管理取得了胜利。美国的人口只有其他交战国人口总和的 1/5，军队的数量也仅占其他交战国军队总和的 1/5 左右，但它生产的战争物资超过了其他交战国生产量的总和。它可以把作战物资运送到中国、苏联、印度、非洲和西欧这些遥远的前线。难怪在大战结束之时，整个世界都充满了管理意识，或者说，管理已成了一种公认的特殊工作，它完全可以被研究，可以发展成一门独立的学科——这在战后时期享有经济领导地位的国家中是有目共睹的事实。

　　第二次世界大战结束之后，我们开始认识到，管理不再只是局限于企业管理，它涉及的领域越来越多。它与努力有联系，这种努力把其他拥有不同知识与技术的人集合在一个组织中。它有必要被应用于所有"第三部门"，如医院、大学、教会、艺术团体和社会服务机构。自从第二次世界大战以来，第三部门在美国的发展比商业部门或政府机构的发展要快得多。尽管加强对志愿人员的管理和进行募捐的必要性可能会使非营利组织的管理者与营利组织的管理者有很大的不同，但是两者之间仍然有许多责任是相同的，如制定正确的战略与目标、开发与培养人才、衡量工作成果与绩效，以及推销各自组织的服务。世界范围的管理已经成为一种新的社会职能。

管理与企业家精神

在管理学及其管理实践中的一个重要进步就是它们现在都包含着企业家精神和创新。目前，一场毫无意义的争论把"管理"与企业家精神对立起来，甚至是使其"相互"排斥。这如同把小提琴家拨弦的手与拉弓的手视为"对立"或"互相排斥"一样。事实上，二者都是必要的，而且总是同时被需要的，二者应互相配合和互相协调才能表现出更好的绩效。任何一个既存的组织，无论是企业还是教会、工会或医院，如果不能创新，那么它将会如一潭死水，没有什么发展前途。同样，任何一个新组织，无论是企业还是教会、工会或医院，如果没有管理，那么它也会分崩离析，毫无组织秩序和发展可言。疏于创新是既存组织日趋萎缩的唯一重要原因，而不懂得如何管理则是新的组织走向失败的唯一重要原因。

然而，大多数关于管理的书籍很少重视企业家精神与创新，这其中一个重要的原因在于，在第二次世界大战以后（大部分管理书籍是在这一时期出版的），管理的主要任务在于管理既存的组织，而非创造新的、不同的组织。在此期间，大部分组织是按既定的模式发展的，是沿着 30 年或 50 年以前已经确定的轨道发展的。如今，这种情况已发生了巨大的转变。我们再一次进入了一个创新的时代，而这种创新并不局限于"高技术"或一般意义上的技术。事实上，社会创新（正如本章试图阐明的那样）将会比任何科学与技术的发明产生更大的重要意义与更加广泛的影响。进一步讲，我们现在已经有企业家精神与创新这门"学科"。⊖它既是管理的一个组成部分，又以众所周知的、已经被验证过的管理原则为基础；它既适用于既存的组织，又适用于新创造的组织；它既适用于企业，又适用于非企业组织，包括政府部门等。

⊖ 有关企业家精神与创新的更多内容，请参见本人在 1985 年出版的拙著《创新与企业家精神》中的论述。

管理的责任

管理书籍倾向于把重点放在组织内部的管理功能上，而很少有人注意到管理的社会功能。然而，正是因为作为一种社会功能的管理十分普通，所以管理面临着极其严峻的挑战。管理对谁负有责任，为什么要负责，管理的权力建立在什么基础之上，其合法性从何而来？这些都是要解决的问题。

这些问题既不是什么商业问题，也不是什么经济问题，而是政治问题。但是，这些问题是有史以来，管理面临的最猛烈的攻击（即敌意的接管）的基础，这种攻击要比工会的攻击猛烈得多。这种企业接管首先是一种美国现象，此后逐渐遍及其他发达国家。它之所以会出现，是因为雇员退休基金使雇员成为公共企业有控制权的股东。从法律上讲，拥有退休基金的雇员是"所有者"；从经济上讲，他们是"投资者"，而且确实还是"投机者"，他们对企业与企业的福利并无兴趣。事实上，这些退休基金的所有者是"受托人"，他们只关心如何才能迅速获得金钱上的利益，除此之外别无他求，至少在美国是这样的。这种接管的企图是以这样一种假设为基础的：企业的唯一功能是向股东提供尽可能多的短期利益。在缺乏管理和企业的其他正当经营的理由的情况下，试图接管其他企业的"攻击者"总能获胜——常常在短时间内就瓦解或掠夺了正常运转中的企业，并且以牺牲长期创造财富的能力来换取短期利益。

管理必须为自身的业绩承担责任，不仅仅在商业企业中必须做到这一点，在其他组织中也是如此。但是，如何确定其业绩？如何衡量其业绩？如何实施衡量标准？管理应对谁负责？能否回答这些问题本身也是经理面临的一个难题。他们尚未正视这样一个事实，即管理象征着权力，而权力本身意味着负有责任，意味着需要合法性。他们没有认识到这一点，即管理具有举足轻重的地位。

管理是什么

管理到底是什么呢？它是装满技巧与智谋的锦囊，还是装有商学院讲授的那些分析工具的宝袋？可以肯定的是，上述工具的重要性就如同温度计与解剖学对于内科医生那样重要。但是，管理的历史与发展演变（包括其成功的方面与存在的问题）告诉我们，管理最初只建立在为数不多的几条基本原则之上，具体来说如下。

1. 管理是关于人类的管理。其任务是使人与人之间能够协调配合，扬长避短，发挥最大的集体效益。这就是组织的全部含义，也是管理能成为一个关键和决定性因素的主要原因。实际上，现在我们每一个人都受雇于或大或小的商业或非商业的机构，在这些机构中都必不可少地存在着管理。可以说，我们的生计依赖于管理，我们为社会做出贡献能力的大小既取决于我们自己的技术、奉献与努力，也依赖于我们所在工作单位的管理水平。

2. 因为管理涉及人们在共同事业中的整合问题，所以它被深深地植根于文化之中。管理者所做的工作内容在联邦德国、英国、美国、日本或巴西都是完全一样的，但是他们的工作方式千差万别。因此，发展中国家的管理者所面临的一个基本挑战就是，如何发现和确定本国的传统、历史与文化中哪些内容可以用来构建管理，确定管理的方式。日本经济的成功与印度经济的相对落后之间的差别就在于：日本的管理者成功地把国外的管理观念植入本国的文化土壤之中，并使之茁壮成长，而印度却没有做到这一点。

3. 每一个企业都有责任坚定不移地树立一个共同的目标与统一的价值观，如果没有这种责任，企业将会成为一盘散沙，也就谈不上存在企业。企业必须拥有简明扼要、清晰明了而又独一无二的宗旨。组织的使命是必须拥有很高的透明度和足够大的规模，以便能够提供一种共同的愿景。包含这种愿景的目标必须清楚、公开，而且要时常加以强调。管理面临的首要任务在于思考、制定和说明这些宗旨、价值观与目标。

4. 管理必须根据需要与机会的变化而变化，以此促使企业及其成员能够得到更好的发展。每个企业都是一个学习与进行教育的机构组织，培训与发展必须落实到所有管理层次之中——培训与发展都是没有止境的。

5. 每个企业内部都拥有具备不同技术与知识、从事不同工作的员工。企业必须建立在交流与个人责任之上。所有人都需要仔细地考虑他们的目标是什么，并且要保证让那些与自己有关的人明白和了解这个目标；所有人都需要仔细地考虑他们要为别人做些什么，并使别人理解这一点；所有人都需要仔细地考虑别人能够为自己做什么，并且还要使人知道这一期望。

6. 无论是产品的数量还是净收益或净损失本身，都不足以衡量管理与企业的工作业绩。企业在市场上的地位、创新、生产率、人才开发、质量和财务状况等对一个组织的业绩与生存都是至关重要的。非营利组织也需要一些与其任务息息相关的衡量标准，正如评估一个人的健康与行为需要多种标准一样，评估一个组织的状况与业绩也并非只用唯一的标准就能做到。业绩应被纳入企业与管理之中，必须能够被有效衡量（至少要能够加以评估），并且要得到不断的改进。

7. 最后，对所有企业来讲，我们都应该记住的最重要的一点就是：结果只存在于企业的外部。商业经营的目标是让顾客满意；医院的目标是治愈病人；学校的目标是使学生学到一些在 10 年后参与的工作中能使用的知识。而在企业的内部，只有成本。

一个管理者只有能够理解这些原则与功能，才能成为一个不断获取成功、成绩斐然的管理者。

管理是一种人文艺术

30 多年前，英国科学家与小说家 C. P. 斯诺（C. P. Snow）谈到了现代社会的"两种文化"。然而，管理既不是斯诺所说的"人文文化"，也不是他所称的"科学文化"。管理是涉及行动与应用的学科；评价管理的标准应该是成效。这使管理成为一种艺术。然而，管理还涉及人和人的价值观、成长与发展，这又使它成为一种人文科学。所以，它确确实实关注并影响着社会和社区的结构。正如每一个长期与不同类型组织的管理者打交道的人（如作者本人）所知道的那样，管理与精神上的关心有着密切的关系，如人的本性、善与恶。

因此，管理就是传统意义上的人文艺术，之所以被称为"人文"，是因为它涉及知识、自我认知、智慧与领导艺术等基本要素；之所以被称为"艺术"，是因为管理是一种实践与应用。管理者从人文科学和社会科学（心理学和哲学、经济学和历史、伦理学）以及自然科学中吸取所需要的知识与见识。但是，他们必须把这些知识集中到效益与结果上——医院要把注意力集中在治愈病人上，学校要把精力集中在培养学生上，桥梁铸造公司要把重心集中在建造桥梁上，计算机公司则要注重设计并出售"用户满意"的软件。

由于上述种种原因，管理将会逐渐发展成为一门学科和一种实践；通过这一学科和实践，管理作为"人文科学"将凭借其影响力和实用性再次获得人们的认可。

管理的维度

商业企业及公共服务机构都是社会的重要器官。它们并不是仅仅为了自身的目的而存在，而是为了实现某种特殊的社会目的，并旨在满足社会、社区或个人的某种特别需要而存在。就其自身而言，它们本身并不是目的，而是手段。关于商业企业和其他公共服务机构提出的正确问题不应该是"它们是什么"，而应该是"它们应该做些什么，它们的任务是什么"。

与之相应，管理也是组织机构的重要器官。

接下来，我们要回答的问题应该是"管理是什么"。首先，我们必须通过管理任务或者在管理任务中来界定管理是什么。

为了使组织机构能够正常运转，并做出应有的贡献，管理必须完成三项同等重要而又极为不同的任务：

● 设定组织机构的特定目标和使命（无论它是商业企业，还是医院或大学）；

● 确保工作富有生产力，并且使员工有所成就、产生效益；
● 管理组织机构产生的社会影响和应承担的社会责任。

使　命

任何一个组织机构都是为了某种特殊目的、使命和某种特殊的社会职能而存在的。对于商业企业而言，这些目的与使命就意味着产生经济绩效。

在考虑这项首要任务——经济绩效上，商业企业与非商业机构是不同的。相比较而言，在考虑其他各项任务方面，它们却是极为相似的。但是，只有商业企业才把经济绩效作为其特殊使命。从商业企业的定义中我们可以看出它就是为了经济绩效而存在的。在所有其他各种组织机构中，如医院、教会、大学或军队，经济因素只是一项约束条件，而在商业企业中，经济绩效是其存在的理由和目的。

因此，商业企业的管理必须始终把经济绩效放在首位，而且在每一项决策和行动中都要以经济绩效作为出发点。只有立足于经济绩效，通过自己在经济方面取得成果，管理才能证明自身有存在的必要性，进而才能证明自身的价值。如果一家企业在经济成效方面没有获得理应的成功，那么理所当然地，它也就是失败者；如果一家企业未能以消费者愿意支付的价格向消费者提供他们所需要的商品和服务，那么它就是不成功的企业；如果一家企业没有提高或者至少没有能够维持自身所拥有的经济资源的物质生产能力，那么，可想而知，我们也不能称之为成功的企业。上面的论述意味着不论一个社会的经济或政治结构或思想意识形态是怎样的，企业都有责任获得利润，取得经济绩效。

员工的成就

接下来，我们来考虑管理的第二项任务：确保工作富有生产力，并且使员工有所成就、产生效益。商业企业（或其他任何组织机构，如医院、学校等）只拥有一项真正的资源：人。管理的第一个任务是靠人来实现的，管理工作的目的，就是要使人力资源更富有生产力。通过员工完成工作，管理也同时完成了自己的任务。因此，使工作更富有生产力，是管理的重要职能。但与此同时，在当今社会里，这些组织机构也日益成为个人维持生计并取得社会地位、与人交往、实现个人成就和满足个人需求的必要手段。所以，使员工有所成就显得越来越重要，并成为衡量组织机构绩效水平的重要指标。由此可见，使员工有所成就，逐渐成为管理的一项重要任务。

按照自身的逻辑来组织工作，仅仅只是管理的第一步。第二步比第一步困难得多，它要使工作与人相互匹配起来，而人的逻辑与工作的逻辑存在明显的差异。要使员工有所成就，意味着要把人看成是一种有着特殊的生理与心理特点、能力、缺陷以及拥有不同行为模式的有机体，还意味着要把人力资源看成是活生生的人而不是物。

社 会 责 任

管理的第三项任务是：管理组织机构产生的社会影响和应承担的社会责任。社会中的任何组织机构都不仅仅是为了自身而存在的，也不是以自身为目的的。任何一个组织机构都是社会的一个器官，而且是为了社会而存在的，商业企业也不例外。自由企业不能根据对商业的影响来评定其好坏，只能根据它对社会产生的影响来进行评价。

商业企业之所以会存在，就是为了要向顾客提供满意的商品和服务，而不是为了给员工和管理者提供工作机会，甚至也不是为了给股东赚取利益和发放股息。医院之所以存在，并不是为了医生和护士，而是为了病人。而病人的唯一愿望就是治好病以后离开医院，并且以后也不愿意再次重返医院，所以医院就是为了提供治疗病人的服务而存在的。无论是从心理、地理、文化角度，还是从社会等角度来看，组织机构都必须是社会的一个组成部分、一个重要器官。

　　为了履行义务、实现工作目标以及向顾客提供商品和服务，商业企业必然会对人、社区和社会产生影响。这样，它就不得不对人（如员工）拥有权力和权威，而员工自己的目标和目的并不是由企业来规定的，也不是包括在企业之中的。作为邻居与提供工作和税收收入的来源，同时也是废物和污染物的来源，企业必然会对社区产生影响。而且，在这个由各种组织所构成的多元化社会中，除了对生产的数量（即经济商品和服务）重点关注以外，企业还必须要关心生活的质量，也就是说要关注现代人和现代社区的自然环境、人际环境和社会环境。

企业的宗旨和使命

对于"企业是什么"这个问题，商业界人士典型的回答可能会是："企业是一种以盈利为目的的组织。"类似地，典型的经济学家可能也会这样回答。但是，这种回答不仅是错误的，而且还答非所问，人们不能用利润来说明或界定企业的概念。

有关企业使命及其行为的主导经济理论，即利润最大化（它只不过是用复杂的方式来表述"贱买贵卖"这句老话），也许可以恰如其分地说明理查德·西尔斯（Richard Sears）本人是如何经营的，但却不能说明西尔斯公司或任何其他企业是如何经营的，也不可能说明应该如何经营企业。事实上，利润最大化这一概念是毫无意义的。而且，它的危险在于它使盈利性变成了企业追逐的唯一目的。

但是话又说回来，对社会来讲利润和利润率还是极为重要的，甚至比对个体企业的意义还要大。但是，盈利性却不是企业和商业活动的最终目的，它只是其中的一个限制性因素。利润并不是企业的行为和决策的解释、原因或其合理性的依据，而是对其有效性的一种考察。如果坐在董事会宝座上的不是一些商业者，而是一些大天使（archangels），那么尽管这些大天使他们个人对于获得利润完全没有兴趣，却也仍旧不得不关心利润率。这个道理同样适用于那些远非大天使的个人。

产生这种混乱的根源在于这样一种错误的观念，即认为一个人的动机（所谓商业界人士的利润动机）是对其行为的解释或促使其采取正确行动的向导。实际上，到底是否存在利润动机，是非常值得怀疑的。利润动机一词是由古典经济学家创造出来的，目的是用于解释其静态均衡理论所无法解释的那些经济事实。到目前为止，从来就没有什么证据表明的确存在利润动机之说，并且我们早已经找到了经济变革和增长的真正原因，而最初人们都是用利润动机来解释这些现象的。

不论是否真的存在一种利润动机，对于理解企业行为、利润和利润率是没有任何作用的。吉姆·史密斯（Jim Smith）为了谋利而从事商业活动，这一事实只同他本人和他所经营的录音天使（Recording Angel）有关。实际上，并没有什么能够告诉我们，吉姆·史密斯做了些什么以及他是怎么做的。如果有人告诉我们，一个人到内华达大沙漠去寻找铀矿只是为了发财，仅凭此话我们对他的工作仍然是一无所知；如果有人告诉我们，一位心脏专家是为了谋生或是试图造福人类，此时我们对他的工作也是一无所知。利润动机以及由此衍生而来的利润最大化，与我们所理解的企业职能、企业宗旨以及对其进行的管理工作之间是没有丝毫关系的。

事实上，自从有了利润动机和利润最大化这一概念，它比过去"没有丝毫关系"还要差，它会带来其他一些危害。它是在社会中使人们对于利润的性质形成误解，并深刻仇视利润的一个主要原因，而这是工业社会中最危险的弊病之一。在美国和西欧，由于未能理解企业的性质、职能和宗旨，在公共政策方面产生了一些严重的错误，其根源也在于此。此外，还有一种普遍的看法，即认为利润和公司做出社会贡献的能力之间存在固有矛盾。实际上，形成这种观念的根源，也主要是由于利润动机和利润最大化这一概念。事实上，只有在获得很高利润的情况下，公司才能对社会做出贡献。说得更直接一些，一家破产的公司并不是人们为之工作的理想企业，也不可能成为一个好邻居或社区中的好成员——尽管目前有些社会学家似乎并不是这样认为的。

我们必须从企业的宗旨入手来理解"企业是什么"。然而，企业的宗旨必须是存在于企业自身之外的。因为企业是社会的一种器官，所以企业的宗旨必须存在于社会之中。实际上，企业的宗旨只有一种适当的定义，那就是创造顾客。

众所周知，市场不是由"上帝"、大自然或各种经济力量所创造的，而是由商业界人士所创造的。在获得能够满足其需要的商品之前，顾客可能已经感觉到企业能够满足他的某种需求。就好像饥荒年代中对食物的需求一样，这种需要可能在顾客的生活中占据着主导地位，并且充斥着他的需求意识，但在商业人士把这种潜在需求变成实际供给之前，它仅仅还是一种潜在需求。而且，只有在成功地将其转变成实际需求以后，才会出现顾客和市场，在此之前，潜在顾客可能并没有感觉到自己的需要。例如，在静电复印机或电子计算机出现之前，谁也想不到顾客需要一部复印机或一台计算机。在企业采取创新、信贷、广告或推销等方法创造出需求以前，关于特定商品的需求可能并不存在。以上所讲的每一种情况，都是由企业的活动创造出顾客的。

"企业是什么"是由顾客决定的。只有当顾客对一种商品或一种服务有付款意愿时，才能使经济资源转化成财富，使物品转化成商品。顾客所购买的，并认为有价值的东西，绝不是一件实实在在的产品，而始终是"效用"，即一件产品或一项服务可以为该顾客做些什么、带来什么影响。顾客是企业的基础，是使其持续存在、发展的动力源泉。只有顾客才能提供就业机会，正是为了满足顾客的要求和需要，社会才把创造财富的资源交给企业，创造所需的产品或服务，以此在社会上创造了就业机会。

企业的宗旨

因为企业的宗旨是创造顾客，所以企业具有两项职能，而且只有这两项基本职能：市场营销和创新。

尽管已经开始重视市场营销和具体的市场营销方法，但对于许多企业来讲，市场营销并没有得到有效的实施，而仅仅是停留在口头上。"消费主义"（consumerism）[⊖]就证实了这一点。消费主义对企业提出一系列要求，即要求企业实实在在地进行市场营销。它要求企业从顾客的需求、实际情况和价值观念入手，把满足顾客的需求作为其目标，把对顾客的贡献作为其取得报酬的依据。在口头上畅谈市场营销 20 年之后，消费主义发展成为一股强有力的群众性力量，表明了市场营销在当时并没有得到有效的实施。消费主义，实际上是市场营销的一种辱没。

但是，消费主义同时也为市场营销的实现提供了机会，它促使企业不仅只是在口头上，而且还要在行动上真正地做到以市场为中心。

尤其重要的是，消费主义有助于消除企业在思想上的混乱。在很大程度上，这些思想上的混乱，是造成真正缺乏市场营销的主要原因。当管理者讲到市场营销时，他们通常是指有组织地完成所有销售活动。但是，这仍然是企业的销售，仍然是从"企业的产品"出发，所追求的仍然是"企业的市

⊖　消费主义是一种社会经济与文化现象，消费主义不以商品的使用价值为消费目的，而是主张追求消费的炫耀性、奢侈性和新奇性，追求无节制的物质享受与消遣，以此求得个人的满足，并将此作为生活的目的和人生的终极价值。——译者注

场"。而真正的市场营销，应该像西尔斯公司那样，以顾客为中心，从顾客的人口统计、顾客的实际情况、顾客的需要、顾客的价值观念出发。市场营销所提出的问题，不是"企业要销售些什么"，而是"顾客想要购买什么"。追求的不是企业的供给，而是顾客的需求。它不强调"企业的产品或服务有这样一些效用"，而强调"这些就是顾客所追求、所重视和所需要的满足"。

事实上，销售和市场营销的意义是互相对立的，而不是同义词，甚至也不是互相补充的。

有人可能会想，销售的产品和提供的服务总是人们需要的。但是，市场营销的目标正是要使这种销售变得不再必要。市场营销的目标是对顾客有很充分的了解，确保产品和服务完全适合顾客的需要，从而很自然地销售出去。

但只有市场营销，还不能算是一个真正完整的企业。在静态经济中，并不存在什么企业，甚至也不存在商业界人士。静态社会中的中介人，是一种以佣金方式收取报酬的经纪人或是不创造任何价值的投机者。

只有在扩张经济中，通过不断地发展，才存在企业。换句话说，至少在把变革看成既是自然的又是可以接受的经济之中，才存在企业。企业是增长、扩张和变革中的一种特殊组织。

因此，企业的第二项职能就是创新——满足顾客提出的不同经济需求。对企业来说，只提供经济商品和服务是远远不够的，它还必须提供更好、更多的经济商品和服务：企业本身未必一定要变得规模更大、实力更强，但它必须能够持续地改进，以期变得更好。

创新活动可以促使商品价格降低，这是经济学家最关心的问题。之所以如此，其原因很简单，那是因为价格降低是唯一可用定量工具进行处理的。但是，创新的结果也可能是产生一种新的、更好的产品，或是创造出一种新的便利性，抑或是一种新的需求。

　　我们可以这样来看待创新：最富有创造性的创新，是一种能够形成新的潜在需求，并与以前的产品或服务不同，而且也不是在原有产品或服务的基础上进行的改进。一般来说，这种新的、与以前不同的产品，往往要花费更高的成本，但其总的效果是使生产更加富有效率。例如，现在的抗生素药剂的价格要比过去医生用来治疗肺炎的冷敷的价格贵得多。

　　创新也可能是为原有的产品寻找到新的用途。一个成功地向因纽特人销售了电冰箱以防止食物冻坏的销售员，就好比他创造了一种全新的生产过程或新产品一样，毋庸置疑他也是一位创新者。向因纽特人销售电冰箱以便冷藏食物，这的确是找到了一个新的市场，而销售电冰箱以便使食物不至于冷冻过度，事实上是发明了一种新产品。当然，从技术上讲，仍然是同样的老产品，但从经济上和用途上来讲的确是一种创新。

　　最重要的是，创新不等同于发明。创新是一种经济上的术语，而不是技术上的术语，并非技术创新（社会创新或经济创新），但它至少与技术创新是同等重要的。

　　在企业组织中，创新正像市场营销一样，也不能只看成是一项独立的职能。它不仅仅局限于工程部门或研究部门，而是涉及整个企业、所有职能和所有活动。而且，它也不局限于制造业。在整个分销系统中，创新的重要性与制造业中的创新一样大，在保险业和银行业中，创新也起着同等重要的作用。我们可以赋予创新这样的界定：所谓创新，就是一种使人力资源和物质资源拥有新的、更大的创造财富能力的工作。

　　管理者必须能够把种种社会需求转化成为有利于企业盈利的各种机会，实际上，这也是关于创新的一种定义。今天，当我们已深切地体会到社会、学校、卫生保健系统、城市和环境的各种需要的时候，更要加强这方面的能力。

　　现在的企业（或现在的医院、政府机构）与过去的企业有太多的不同之处。实际上，在组织（包括现在的医院以及政府机构）的每一层级，都聚集着许多拥有高级知识和技能的人，而高级知识和技能则意味着会对如何从事工作和解决哪些实际问题的决策产生影响。不论企业采取什么样的正式组织形式，这些有高级知识和技能的人肯定要做出风险很大的决策——企业决策。

在通常情况下，这会导致影响整个企业以及影响企业取得成就的能力的各种决策，都是由组织中的所有阶层，甚至包括相当低的阶层做出的。时至今日，在企业（特别是大型企业）的现实生活中，每天由一批较低阶层的人员，常常是并没有传统的领导头衔或地位的人员，如研究专家、设计工程师、产品计划员和税收会计师，做出风险很大的决策——做什么和不做什么，继续做什么和放弃什么，哪些产品、市场或技术要重点关注，哪些产品、市场或技术可以不予理睬。

在上述人员中，每一个人都以某种企业理论（即使是模糊的理论）作为其制定决策的依据。换句话说，每一个人都对"我们的业务是什么和它应该是什么"这一问题有着自己的不同答案，所以，除非企业本身（或者说企业的高级管理者）仔细思考了这一问题并且找到了一个或多个答案，否则企业中上上下下的各个决策者将会在不同的、互不相容的、互相矛盾的企业理论的基础上做出各种决策并采取行动。他们将把企业拖向各个不同的方向，而自己本身甚至没有意识到这种分歧的存在。同时，他们也会以把企业引向歧途的错误理论为基础做出决策并采取行动。整个组织的共同意愿、共同看法以及方向和行动的一致性，都要求明确界定"我们的业务是什么和它应该是什么"。

似乎没有什么比"弄清一家企业的具体业务是什么"更简单或更显而易见的了。钢铁厂制造钢铁；铁路公司用铁路运载乘客和货物，提供运输服务；保险公司承保火险；银行发放贷款，提供金融服务。可事实上，"我们的业务是什么"几乎总是一个很难回答的问题，而且正确答案绝不是那么轻易就可以找到的。

寻找"我们的业务是什么"这一问题的答案，是企业高层管理者的首要责任。这也就涉及了企业的宗旨和使命的问题。

企业遭到挫折和失败的最重要原因，也许就是缺乏对企业的宗旨和使命足够的思考。相反，在美国电话电报公司和西尔斯公司这样的杰出企业中，其成功在很大程度上就是由于明确而有意识地提出了"我们的业务是什么"这一问题，并在深思熟虑之后明确地给出了答案，对企业的使命和宗旨有了明确的界定。

从定义企业的宗旨和使命的角度来看，这里的中心论题与出发点只有一个，即顾客。是顾客定义了企业的业务，确定了业务的范围。企业所经营的业务，不是由公司的名称、规章制度或条例来界定的，而是由顾客购买商品或服务时所要满足的需求来定义的。满足顾客的需要，就是每个企业的宗旨和使命。因此，对于"我们的业务是什么"这一问题，只有从外部、顾客、市场的视角来看，才能找到答案。顾客想要知道的只是特定的产品或服务会满足他的哪些需求，他只关心自己的价值观念、自己的需求和自己的实际情况。就是仅仅由于这个原因，任何想要试图表述"我们的业务是什么"这一问题的努力，都必须以顾客，以及顾客的实际情况、顾客的地位、顾客的行为、顾客的期望和顾客的价值观念为出发点。

当定义企业的宗旨和使命时，"谁是顾客"是首先要回答的，并且也是一个关键的问题。但是，这并不是一个容易回答的问题，更不是一个显而易见的问题。如何正确回答这一问题，在很大程度上决定了企业将如何定义自己的业务。

消费者，即一种产品或服务的最终使用者，就是企业的顾客。但他永远不会是唯一的顾客，通常至少有两种，有时甚至有更多的顾客。每个顾客都对经营业务有不同的定义、不同的期望和价值观念，也会选择购买不同的商品和服务。

对于绝大多数企业而言，至少都有两种顾客。例如，地毯工业有建筑承包商和住房所有者这两种顾客。如果要完成一项交易，就必须使这两种顾客都愿意购买它们生产的产品。对于某一品牌的消费品制造商而言，它们也常常面临着至少两种顾客来源：家庭主妇和杂货店。如果能够设法增强家庭主妇对某种商品的购买欲，但杂货店却没有这种品牌的存货的供给；或者相反，如果设法使杂货店有供给，在货架上把某种商品很醒目地陈列出来，而家庭主妇却不想购买，销售效果当然就可想而知了。

另外，询问"顾客在哪里"这一问题也同样重要。西尔斯公司在20世纪20年代取得成功的秘诀之一就是该公司发现原来的顾客现在已经在转向其他领域：农民已经拥有了私人汽车并且开始进城购买物品。

接下来的一个问题就是："顾客购买什么产品或服务？"

凯迪拉克汽车公司（Cadillac）的员工说，他们自身是生产汽车的，他们的业务部门叫作通用汽车公司（General Motors）凯迪拉克汽车事业部。但是，那个花了7000美元买一部新的凯迪拉克汽车的人，是为了买一种交通工具，还是主要为了体现相应的声望呢？凯迪拉克汽车公司是在同雪佛兰汽车公司（Chevrolet）、福特汽车公司（Ford）、德国大众汽车公司（Volkswagen）竞争吗？在20世纪30年代的萧条时期，出生在德国的尼古拉斯·德雷斯塔特（Nicholas Dreystadt）接管了凯迪拉克汽车公司，他指出："凯迪拉克汽车实际是在同钻石和貂皮大衣竞争。凯迪拉克汽车的买主，购买的不是一种'交通工具'，而是一种体现'地位'的产品。"这一回答使正趋于没落的凯迪拉克公司重新获得新生。在此后大约两年的时间里，尽管当时经济社会仍然处于萧条时期，但凯迪拉克汽车公司已经进入了主要的经济增长期，有了蓬勃的发展。

对于绝大多数的管理者而言，当需要提出"我们的业务是什么"这一问题的时候，可能是在公司正处于困境的时候提出的。当然，到那个时候也必须要提出这一问题。而且，那个时候提出这一问题，的确可能产生某种神奇的效果，甚至可能扭转那些看来似乎难以挽回的下降颓势，扭亏为盈。可是，等到一个企业或一个行业陷于困境时才提出这一问题，就像玩俄罗斯"轮盘赌"[⊖]一样，是一种不负责任的管理。实际上，应该是在企业的初创时期就提出这一问题。对于拥有雄心壮志，期望能取得市场领导者地位的企业而言，尤其是这样。我们的建议是，这类企业最好从明确的企业家精神理念出发，在企业获得成功的时候提出"我们的业务是什么"这一问题是最佳时机。

成功的实现总是使"促进成功的那些行为"成为"过时的行为"，这正符合一种发展的理念。成功总是会产生一些新的实际情况，而且更为重要的是：总会产生一些自身特有的不同问题。这就是现实。而只有在童话故事的结尾，才会出现"从今以后，他们永远幸福地生活下去"这样的完美结局。

即使对于成功企业的管理者来说，提出"我们的业务是什么"也并不容易。在那个时候，企业中的每一个人都认为这一问题的答案是多么的浅显，是不值得大家花费时间去讨论的。就已经取得的成功展开讨论和"捣乱"，向来都没有说服力，都是不能够深得人心的。

在"我们的业务是什么"这一问题的所有回答中，即使是最正确的答案，迟早也会有过时的那一天。关于企业的宗旨和使命的定义，很少有能

⊖　一种赌者打赌转动盘上旋转的小球将停止于盘上哪一个槽内的赌博游戏。——译者注

够维持 30 年以上的，更不用说 50 年了。一般而言，往往只能维持 10 年左右。

因此，管理层在提出"我们的业务是什么"的时候，还有必要增加这类问题，即"我们的业务将来会是什么；在周围环境的变化中，哪些变化是我们可以辨别的，哪些变化可能对我们企业的特点、宗旨和使命产生重大影响；现在我们需要思考的是，应该如何把这些预测应用到企业理论、企业目标、企业战略和工作安排中去"？

同样地，我们仍旧需要以市场、市场潜力和发展趋势为出发点。在假定顾客、市场结构或技术方面不会发生什么根本性变化的前提下，我们的业务在 5 年或 10 年之内预计会有多大市场？有哪些因素能够证实这些预测的正确性或证实这些预测有误？我们必须认真思考这些问题。

在这些发展趋势中，最重要的是人口结构和人口动态的变化趋势。而对此，很少有企业给予足够的重视。在以前，商业界人士往往追随在经济学家身后，假定人口统计是一项常数。从历史上看，这是一种合理的假设。在过去，除非发生世界大战或重大灾荒这样的大灾难，否则人口的变化往往很缓慢，但是，现今情况已经有很大不同了。目前，不论是在发达国家，还是在发展中国家，人口都有可能时时发生变化，而实际上的确正在急剧地发生着变化。

对于人口统计的重视，不仅仅体现在人口结构对购买力和购买习惯的影响上，还体现在其对劳动力规模和劳动力结构的影响上。人口的变动，是我们唯一可能对未来进行准确预测的依据。

管理者需要对市场结构的变革进行有效预测，而市场结构的变化是由经济变化、时尚或偏好变化和竞争对手所采取的行动等因素引发的。企业必须始终按照顾客购买商品或服务的观念来定义竞争，并一定要把直接竞争和间接竞争都包括在内。

最后，管理者还必须识别出在顾客的各种需求之中，有哪些需求还没有被目前所提供的产品与服务充分满足。提出这一问题并予以正确回答十分重要，这常常是区分一家企业到底是不是成长型企业的关键所在。其中，与成长型企业相对的是使其成长依赖于整个经济或产业部门的上升潮流的企业。但是，这些满足于仅仅随着潮流而成长的企业，也必将随着潮流的逝去而衰落。

我们的业务应该是什么

提出"我们将来的业务会是什么"这一问题的目的在于使企业能够适应预期的变化，以便适时调整、扩充和开发现有的、正在经营的业务范围。

但是，还有必要提出"我们的业务应该是什么"这一问题。为了实现企业的宗旨和使命，企业面临着哪些机会，或者可以创造出什么机会，可以把现有业务改造成哪些不同的业务吗？

一些未能提出这一问题的企业，很可能会在不久之后错失重大机会。

在回答"我们的业务应该是什么"这一问题的时候，除了考虑社会、经济和市场中的各种变化以外，还要考虑的下一个因素当然就是本企业和其他企业的创新活动了。

与有计划地创新同样重要的是，要有计划地淘汰那些不再适合企业宗旨与使命，以及驱除不再能够为顾客带来满足并做出卓越贡献的"旧事物"。

因此，在确定"我们的业务是什么、将来会是什么以及应该是什么"的过程中，极为重要的一个步骤是：对现有产品、服务、生产过程、市场、最终用途和分销渠道进行系统的分析。它们是否仍然可行，它们看起来是否继续可行，它们是否仍然能够给顾客带来价值上的满足，它们在未来还能为顾客带来价值吗，它们仍然适应人口和市场的现状以及技术与经济发展的现实状况吗？如果答案是否定的，那么我们如何才能更好地淘汰它们，或者至少不再进一步投入更多的资源和努力呢？除非认真而系统地提出这些问题，并愿意依据其答案而采取行动，否则有关"我们的业务"的最佳定义与描述，也只不过是一句空话，毫无意义。如果把一个企业有限的精力全部投入捍卫过去的事物当中，坚守着老一套，那么人们就没有时间、资源或意愿来把握今天的机会，更谈不上开创美好的未来了。

定义企业的宗旨和使命，是一项艰巨、痛苦并带有风险的工作。但是，只有明确地对此定义，才能帮助企业确定目标、制定战略、集中资源，并且致力于企业的下一步发展。只有如此，才能对企业进行管理并取得杰出的绩效。

从企业本身来讲，做到这些仍然是不够的，还必须努力把有关企业及其宗旨和使命的基本定义转化成各种具体的目标。否则，它们仍旧是永远不会产生成果的假想、良好的愿望和优美的警句而已。下面来看一下企业的具体目标。

1. 企业的各项目标必须源于"我们的业务是什么、它将来会是什么和它应该是什么"。它们不是抽象的，而应是对行动的承诺，是实现企业使命的一种投入。同时，它们也是一种用以衡量工作绩效的标准。换句话说，目标就是代表着商业企业的一个基本战略。

2. 企业的目标必须具有可操作性，即必须能够转化为具体的小目标和具体的工作安排。同时，目标还必须能够成为工作与工作成就的基础和激励因素。

3. 企业的目标必须使各种资源和努力能够集中起来。它们必须能在企业的各项目标中找出基本目标，以便能够把人员、资金和物资设备等重要资源集中起来，完成最重要的目标。所以，目标必须是要有选择性的，而不是涵盖一切、包罗万象的。

4. 企业必须要设定多种目标而不是唯一的目标。目前，有关目标管理的激烈讨论中，关注的大都是追求"唯一正确的目标"。这种追求不仅像寻找"点金石"那样不会有任何结果，而且还是非常有害的，往往使人误入歧途，不会引领企业朝更好的方向发展。管理企业，就是要在各种各样的需要和目标之间进行权衡，而这首先就要求企业要有多种目标。

5. 在影响企业生存的各个关键领域中，都需要设定明确的目标。各项具体的小目标（每一目标领域中的目的）取决于各个企业的不同战略方案。但是，所有商业需要制定目标的领域却全都是一样的，因为所有企业的生存都取决于一些相同的因素。

企业首先必须能够在市场中创造出顾客。因此，这就需要有市场营销目标。企业必须能够创新，否则，竞争对手的发展就会使它成为落伍者。这就需要有创新目标。所有企业都依赖于经济学家所强调的三项生产要素，即人力资源、财务资源和物质资源。所以，必须为这些资源的供应、使用和开发制定目标，必须以富有效率的方式来运用这些资源。而且，如果企业要生存下去，则还要必须不断地提高这些资源的生产效率，这就要求企业需要有生产率目标。既然企业生存于社会和社区之中，就必须要承担相应的社会责任，至少要对自己对环境所产生的影响负责。因而，需要为企业制定社会责任目标。

当然，上面谈到利润最大化和利润率的问题，即使这不能作为唯一的目标，企业也还要有利润，否则，任何一项目标都没有实现的可能。这些目标的实现都要求企业为之做出努力，即要花费成本、消耗资源，而这些目标的资金来源只能是利润。同时，这些目标都具有一定的风险性，因而都要求有利润来弥补可能发生损失的风险。利润不是一项目标，而是由企业、企业战略、企业需要和企业风险等因素客观决定的一种必要条件。

因此，我们必须要在以下 8 个领域中设定具体目标：

- 市场营销
- 创新
- 人力资源
- 财务资源
- 物质资源
- 生产率
- 社会责任
- 利润要求

目标是工作和安排工作的基础。

目标决定着企业的结构及必须从事的主要活动。特别重要的是，目标还决定了人员的安排，以便各司其职。可以说，目标既是设计组织结构的基础，又是设计各个单位和各个管理者工作的基础。

在上述 8 个关键领域中，一般都需要有特定的目标。没有特定目标的领域将会被忽视。除非我们围绕某个领域确定了应该衡量什么，制定了相应的衡量标准，否则该领域将不会为我们所注意。

可是，对于企业的上述 8 个关键领域的衡量标准，通常还带有一些主观任意性。除了"市场地位"以外，我们甚至还没有合适的概念，当然更谈不上衡量标准了。对于像利润率这样重要的领域，我们也只有一个弹性很大的"橡皮尺度"，而完全没有一个真正可以用来确定需要多少利润率的工具。讲到创新，我们几乎只知道我们在这方面应该有所作为，其他则一无所知；关于生产率，则更是如此。在其他一些领域（包括物质资源和财务资源），我们只有关于期望的一些陈述，而没有在这些方面应该达到的目标和衡量标准。

但是，据我们所知，无论如何在每一个领域中至少已经可以提供一份进度报告，足以据此搞清楚该企业是否在朝着既定目标的实现而努力。

关于企业的目标，我们还应该知道的一点是：如何应用这些企业的目标，使之发挥作用。

如果这些目标只是一些良好的愿望，那么它们就毫无价值可言，我们必须把目标转化为各项具体的工作。而工作始终是具体的，始终有（或应该有）清楚、明晰、可以衡量的绩效、完成的期限和责任的具体分配。

但是，成为企业发展障碍的目标则是十分有害的。目标始终是以期望为依据的，而期望至多只是一些有意识的猜测。目标表示的是对各种因素的一种评价，而这些因素大都存在于企业之外并不受企业的控制，同时世界并不是静止不动的。所以，这会导致存在很大的不确定性。

应用企业目标的正确方式，应该如同航空公司应用航空班次和飞行计划那样。航空班次原定上午 9 时从洛杉矶起飞，并于下午 5 时到达波士顿。但是，如果那天在波士顿有大风暴，飞机就将在匹兹堡降落，等待风暴过去。飞行计划原定在 3 万英尺⊖的高空飞越丹佛和芝加哥。但是，如果途中遇到强大气流或强逆风，飞行员就会要求飞行控制中心允许他再升高 5000 英尺，并选择明尼阿波利斯 – 蒙特利尔（Minneapolis-Montreal）的航线。虽然如此，绝对没有"无航空班次和飞行计划"的飞行。航空班次和飞行计划中的任何变动，都将立即反馈给控制中心并及时编制出新的航空班次和飞行计划。除非 97% 左右的飞行是按原定班次和计划进行的，或只有更小的出入，否则，经营良好的航空公司就会另外聘请精通自身工作的业务经理了。

企业的目标不是命运，而是方向；不是命令，而是承诺。目标并不能决定未来，而只是为了创造未来而配置企业资源和能量的一种手段。

⊖　1 英尺 = 0.3048 米。——译者注

市场营销目标

市场营销和创新是企业设定目标过程中的两个基础领域。企业正是在这两个领域中取得了其主要成果。顾客所为之支付的，正是在这两个领域中所取得的绩效和做出的贡献。所有目标都必须是绩效目标，以行动为目标，而不只是良好的愿望。在所有其他目标领域中，行动的目的就是使市场营销和创新这两个领域中的目标得以实现。

如果只讲市场营销的一项目标，则很容易使人产生误解。完成市场营销绩效需要有若干个目标的实现，这些目标主要包括：

- 当前市场上已有的产品和服务。
- 产品、服务及市场方面的"淘汰更新"。
- 面向现有市场的新产品和新服务。
- 新市场。
- 分销组织系统。
- 服务标准和服务绩效。
- 信用标准和信用绩效。

已经有许多著作论述过这些领域中的每一领域。但是，几乎从来没有人强调指出：只有在集中经营决策和市场地位决策这两个关键性决策做出以后，才有可能在这些领域中确定目标。

古希腊伟大科学家阿基米德（Archimedes）曾经说过："给我一个支点，我可以撬起整个地球。"这是一句耳熟能详的至理名言。其实，他所说的支点就是当今企业中集中经营的中心业务。实际上，就是集中经营的中心业务给企业提供了一个杠杆，使它可以发挥更大的作用。因此，集中经营决策是极为重要的一项决策。在很大程度上，它可以成功地把"我们的业务是什么"的定义转化为有意义的经营投入，转化为企业的具体运作，使企业有可能为目的、宗旨和使命而努力工作，从而构成有效战略的基础。

构成市场营销目标基础的另一项重要决策，是关于市场地位的决策。一种常见的方法宣称："我们要成为市场上的领跑者、主导力量。"还有一种常见的方法："只要销售额在不断扩大，我们就不用去关心所占有的市场份额有多大。"这两种方法看起来似乎都有道理，但其实都是错误的。

很显然，并不是任何企业都可以成为市场领跑者。一方面，企业必须确定在哪个细分市场上、在哪种产品的经营上、在哪种服务的提供上以及在何种价值的交付方面，自己应该成为领跑者，成为主导力量；另一方面，如果一个企业的市场份额下降了，而当时市场的扩张速度快于企业销售额的增长速度，那么即使该企业的销售额比原来有所上升，也未必一定给企业带来好处，未必是企业发展的表征。

如果一个企业只占有很小的市场份额，它最终必将在市场地位上处于边缘状态，因而极易受到来自其他企业的攻击和危害。

因此，不管销售曲线呈现出何种状态，市场地位都是极为重要的一个因素。从销售量或市场份额的角度来看，供应商处于边缘状态的"哪一点"，会因行业的不同而存在差异。但是，当制造商临近边缘状态时，其长期的持续生存就会存在危险。上述有关结论，不论是对于一家百货公司、一家银行、一家航空公司，还是一家保险公司而言，与制造企业一样，也都是适用的。

同时，获得市场地位还存在一个最高限度，如果超过这个限度，就可能不是一个明智的选择，这符合边际递减，即使没有反托拉斯法[⊖]，也是如此。市场主导地位往往容易使领跑者感到高枕无忧。实际上，独占企业所犯的错

⊖ 反托拉斯法即反垄断法，是国际间或涉外经济活动中，用以控制垄断活动的立法、行政规章、司法判例以及国际条约的总称。——译者注

误，往往在于它自己的松懈和自满、盲目自大，而不是来自公众的反对。市场主导地位往往会在企业内部对创新产生激烈的反抗，从而更难以适应变化，导致在某种程度上陷入危险的境地。并且，它通常还意味着过于孤注一掷，就如同"把所有鸡蛋放在同一个篮子里"，以致很容易受到经济波动所带来的影响。

所以，在市场上人们常常会反对过分依赖某一家占据主导地位的供应商，这是有充分理由的。无论是制造企业的采购员、空军的采购官员，还是家庭主妇，没有一个人愿意受独占供应商的任意摆布。

在一个迅速扩张的市场，尤其是在新兴市场中，占据支配地位的供应商的绩效表现，很可能比不上该企业与另外一两家大型主要供应商或有竞争力的供应商共享该市场时的绩效表现。这看起来似乎自相矛盾，而且绝大多数商业界人士都难以接受这一点。但事实上，一个新的市场，特别是新的重要市场，在同时有几家供应商共同竞争的时候，往往比只有一家供应商的时候扩张得更快，市场潜力更大。对于市场上一家供应商来说，如果享有80%的市场份额，那就足以满足它的虚荣心。但是，当市场只是由某一家供应商来控制货源时，市场不会像由两家供应商提供货源时那么快速地扩张，那么该供应商的收入和利润也可能要大大低于由两家供应商共享快速扩张的市场时的情况。很显然，100中的80%，肯定比250中的50%要少得多。当只有一家供应商供货时，一个新的市场的容量很可能会稳定在100的水平上，并处于静止状态。它将受到唯一供应商的想象力的限制，这是因为该供应商总是自认为清楚自己提供的产品或服务不能用于或不应该用于什么地方。但如果同时有几家供应商，它们很可能会发现和促进新的市场与新的最终用途的产生，而那些新的用途可能是只有一家供应商时从来都没有想到过的。如果真是那样的话，现在的市场需求就有可能迅速扩张到250。

杜邦公司（Du Pont）就似乎很好地把握了这一点。在杜邦公司绝大多数成功的创新中，只把新产品在市场上的独占地位（独占的供应商）保持到收回其原始投资时为止。然后，杜邦公司就开始着手销售其创新的专利权，从而有意识地培养一批竞争对手。结果，一些富有雄心壮志的企业，开始为这种产品开发新的市场和新的用途。通过这种方法创造了更大的市场需求。如果没有杜邦公司支持这种竞争，尼龙产品的开发肯定要推迟一段时间。即使尼龙产品的市场需求仍在增长，但如果没有竞争存在的话，很可能在20世纪50年代早期（当美国的孟山都公司（Monsanto）和联合碳化物公司（Union Carbide）、英国的帝国化学公司（Imperial Chemicals）和荷兰的AKU公司推出新的合成纤维时）就走向衰落了。

企业所应该达到的市场地位，不应该是最大限度，而应该是最优限度。

创 新 目 标

通过创新目标，一家公司可以使其在"我们的业务应该是什么"的定义上具有较高的可操作性，并能够在实际应用中发挥作用。

在每个企业中，基本上都存在三种主要的创新领域：产品或服务方面的创新、市场与消费者行为及价值方面的创新，以及各种技能与活动的创新——制造产品和提供服务并把它们推向市场时所需要的各种技能和活动的创新。上述领域的创新可以分别叫作产品创新、社会创新（如分期付款方法）和管理创新。

在设定创新目标的过程中，存在的主要问题是：难以找到衡量各种不同创新的相对影响和重要性的标准。但是，我们怎么才能确定以下两者哪一个更为重要呢？是 100 项可以立刻应用到产品包装上的小改进重要，还是一项经过 10 多年的艰苦工作研究出来的以后可能会彻底改变本企业性质的重大化学发明重要？对于一家百货公司和一家制药厂而言，它们对这一问题的答案可能不尽相同，但是，即使是两家不同的制药厂也可能会有不同的回答。

资 源 目 标

有些企业的目标同自身开展工作所需的各种资源的种类和质量、资源的供应、资源的应用和生产率休戚相关。

200 年来，经济学家一直都在讲，所有经济活动都需要三种资源：土地，即自然资源；劳动力，即人力资源；资本，即投入未来的资金。企业必须能够吸引这三种资源，并把它们投入富有生产率的生产之中。因此，每个企业在这三个领域中都必须设定目标，而且还要制定有关这些资源的生产率目标。同时，在这三个领域中，每一个领域都要求有多种，而不只是单纯的一种目标。一个不能够充分吸引人力资源和财务资源的企业是没有能力持续发展的。

当某一行业失去对合格的、能干的、有进取心的人的吸引力的时候，也就是某一行业开始衰落的时候。例如，美国铁路工业的衰落并不是在第二次世界大战以后才开始的——那时只不过是衰落的趋势变得更加明显和无法挽回的时候。事实上，美国铁路工业的衰落开始于第一次世界大战期间。在第一次世界大战以前，铁路工业对人才有很大的吸引力，美国工程院校中有能力又勤奋的毕业生都希望在铁路工业找到一份工作。第一次世界大战结束以后，由于某种原因，铁路工业对年轻的工科毕业生或受过教育的年轻人再也不具有吸引力了。

因此，在人力资源供应和资本供应这两个领域中，需要有真正的市场营销目标。"为了吸引并挽留所需要的工作人员，我们的工作职责应该是什么？在劳务市场上，有些什么样的人员供应？为了吸引这些人员，我们需要做些什么？"还有一个类似的问题："我们必须采取一些什么样的投资方式（如银行贷款、长期债券或股票），才能吸引并挽留住企业所需要的人力资源？"

企业的资源目标必须通过一种双向流程来制定。其中的一个出发点是预测企业未来的需求，然后自内而外地推及土地、劳动力和资本市场；另一个出发点是这些"市场"本身，然后推及企业的组织结构、发展方向和计划。

生产率目标

把各种资源吸引过来并使之投入企业的经营过程当中，这只是经营企业的开始。企业的任务在于使各种资源富有生产率，通过有效的组织产生更大的产出效益。因此，每一家企业都需要有生产率目标，需要为三种主要资源（土地、劳动力和资本）中的每一种设定生产率目标，还要为生产率本身设定总体目标。

对生产率的衡量标准，是对同一企业内部各个单位的管理以及不同企业的管理进行比较的最佳尺度。这是因为生产率包括企业所贡献的全部努力，并把企业所不能控制的要素全部排除在外。可以说，生产率是体现管理能力的第一个衡量要素。

所有企业都可以获得几乎相同的一些资源。除了极为罕见的独占情况以外，在特定领域中把一家企业与另一家企业区分开来的唯一标准，就是企业中所有层次的管理质量。对这个极其重要的因素进行衡量的首要标准就是生产率，即各种资源的利用程度及其产生的收益。

管理的最重要任务之一，就是要不断提高劳动生产率。但这也是最困难的一项工作，因为生产率是各种不同因素之间的一种平衡，而这些因素很难界定或很难明确地加以衡量。

劳动力只是生产三要素中的一项。如果劳动力生产率的提高是以牺牲其他资源的生产率为代价而获得的，那么这实际上是整体生产率的损失，得不偿失，必须要综合考虑各要素的生产率。

生产率是一个难以定义和衡量的概念，但又是一个核心概念，很难找到一个恰当的衡量标准。如果没有生产率目标，企业就会失去方向；如果没有生产率的衡量，企业就会失去控制。

社会责任目标

仅仅在几年以前，管理者和经济学家还认为企业的社会维度是如此不可捉摸，以至于不可能为其确定绩效目标。但现在我们知道：实际上，不可捉摸的社会维度完全有可能转化成为有形的目标。以消费主义或由于工业对环境的破坏所引起的攻击为代表的教训，往往意味着要花费很大的代价。这些教训使我们懂得：企业必须深入思考其影响和应承担的责任，并在这两个方面设定具体的目标。

社会维度是关系企业生死存亡的一个维度。这是因为企业存在于社会和经济之中。在某个组织机构之中，人们常常会认为该机构独立存在于真空之中，而管理者也不可避免地从内部来看他们经营的企业。但是，企业是社会和经济的产物，社会或经济可以在一夜之间就使任何该企业不复存在。只有在社会和经济容许的条件下，企业才能存在并发展，而且只有当社会和经济认为企业是在从事工作，在做必要的、有价值的、有较高生产率的工作时，该企业才能存在。

我们需要将目标纳入企业的战略之中，而不仅仅把它们视为一种良好愿望的陈述。这些目标之所以需要，并不是因为管理者对社会负有责任，而是因为管理者需要对所经营的企业负有责任。

利润既是必要条件又是限制因素

只有在对上面所论述的 7 个关键领域进行深思熟虑，并设定了相应的目标以后，企业才能来解决"我们需要多大的利润率"这一问题。要达到上述这些目标中的任何一项，都需要承担较高的风险，并要求为之努力，这就意味着要付出成本。因而存在这样的要求，即用利润来为企业达到目标支付费用。由此可见，利润是企业生存的一个条件，是未来的成本，是继续维持其经营活动的成本。

有足够多的利润来满足其在各关键领域中目标需要的企业，才可以称得上是一家拥有生存手段的企业，而一家没有足够多的利润来满足其关键领域中目标需要的企业，则是一家处于边缘状态和危险状态之中、前途未卜的企业。

对利润进行规划是必要的，但这是一种对必需的最低利润率的规划，而不是那种毫无意义的对"利润最大化"的盲目追求。这个必需的最低利润率，也可能使实际上获得的利润比许多企业设定的利润目标高得多，更不用说实际的利润结果了。

非营利组织带给
商业界的启示

　　我们的非营利组织，像女童军[⊖]、红十字会、教区教会等，正在成为美国管理界的领导者。在组织战略和董事会有效性这两个方面，非营利组织正在做着那些美国商业界提及而没有做到的事情。在至关重要的领域（对知识工作者的激励与如何提高其生产率），非营利组织是真正的先驱者，它们的实践和策略值得商业界将来学习。

　　鲜为人知的是：非营利组织目前是美国最大的雇主。每两个成人中就有一个（总数超过 8000 万）是以志愿者的身份为一家或多家非营利组织工作的，他们平均每周工作约 5 个小时，总和相当于 1000 万份全职工作的时间。如果这些志愿者领薪水的话，即使按照最低工资计算，其工资总量也会高达 1500 亿美元，占美国国民生产总值（GNP）的 5%。而且，志愿者的工作变化非常快。当然，许多此类的工作不要求你有什么特殊的技能或判断能

　　⊖　美国女童军是世界上最大的专门服务于女孩的组织。——译者注

力，例如，每年花一个星期六的下午募集社区公益金（Community Chest），陪着年轻人挨家挨户兜售女童军小甜饼，开车送老人去医院，等等，这并不需要特殊知识技能。现在的趋势是，越来越多的志愿者成为"不领报酬的职员"，他们开始在非营利组织中负责专业工作与承担管理任务。

当然，并不是所有非营利组织都经营得有声有色、有条不紊，有很多社区医院目前处于困境之中，运行得不够理想。传统的教堂和各种犹太教（自由派、保守派、福音教派、正统基督教）都在逐渐失去它们原有的信徒，更不用提吸引新的教徒了。实际上，在过去 10 ～ 15 年的时间里，从募集的资金额（经过通货膨胀调整）或志愿者人数来看，非营利组织在整体上并没有扩大。不过，如果从生产率、工作范围和对美国社会的贡献上来看，非营利组织在过去 20 年的时间里获得了巨大的发展。

我们熟知的救世军（Salvation Army）⊖就是一个典型的例子。佛罗里达州首次入狱的罪犯中大多是一些贫困的黑人和西班牙裔的年轻人，现在每年 25 000 人左右可以获得假释，由救世军负责监护。统计数据显示：如果这些青年人被送进监狱，大部分将极有可能会变成惯犯。但是，通过一项主要由志愿者从事的非常严格的监护活动，救世军挽救了 80% 的罪犯，而与将这些初犯者关进监狱相比，这项活动的成本根本就是微不足道的。

对管理的重视

在救世军的这项活动以及其他非营利组织的许多有效活动的背后，我们

⊖ 救世军是一个国际救助和慈善组织，由卜威廉（William Booth）于 1865 年建立，1878 年定名为救世军。——译者注

看到的是它们对管理的重视。20 多年前，对于非营利组织的人来说，管理还是个让人鄙视的字眼，因为他们认为管理意味着商业与利润，非营利组织以自己不受铜臭影响和超脱于利润束缚而骄傲。现在却有了很大的变化，他们大多会认识到，非营利组织甚至比商业企业更需要管理，这恰恰是因为它们不受利润指标的约束。当然，非营利组织仍然在致力于做不求回报的善事，不过它们也认识到，一片好心并不能代替组织与领导，也不能替代责任、绩效和成果。这些都要求强化管理，而管理来源于组织的使命。

从组织使命及其要求着手，这一点也许是商业企业可以从成功的非营利组织身上学习的第一课。组织使命和组织要求使非营利组织能够聚焦于行动，制定实现组织关键目标所需的各种具体策略，创建有纪律的组织。这也能使非营利组织避免常见的企业病，尤其是大企业病，即将有限的资源分配给"有兴趣的"或者似乎"有利可图"的工作上，而不是集中用于少数能够产生成果的工作上。

最成功的非营利组织投入大量的精力去界定组织的使命，它们不会对良好的愿望泛泛而谈，而是注重组织目标，从而使组织成员（既包括正式员工也包括志愿者）能够明确自己的工作方向和任务。例如，救世军的目标是将被社会抛弃的人（酒鬼、罪犯、流浪汉）进行教育并使之转变为正常的公民。女童军的目标是帮助女孩成长为自信的、能干的、尊重自己也尊重他人的女青年；大自然保护协会⊖则是为了保护自然界动植物的多样性。非营利组织以环境、社区和未来"顾客"为出发点，而美国商业企业则与之有很大的不同，它们倾向于从企业内部开始，即以组织自身或利益回报为出发点。

⊖　美国大自然保护协会成立于 1951 年，是总部设在华盛顿的非政府、非营利的国际生态环境保护组织。——译者注

坐落于伊利诺伊州芝加哥市外南巴灵顿地区的柳树溪社区教会（Willowcreek Community Church），在其成立后的短短 15 年内，已经发展成为美国最大的教会——拥有多达 13 000 名教众。而它的创始人比尔·海波斯（Bill Hybels）在创建该教会时才刚刚 20 岁出头。他针对当地人口增长很快，教堂也很多，但是经常做礼拜的人相对较少的现实，挨家挨户地访问："为什么你不去教堂呢？"然后根据调查的结果，他设计了一座能够满足潜在居民需求的教堂。例如，选择在星期三晚上做礼拜，因为很多上班的父母亲要陪他们的子女过星期天。比尔·海波斯还进一步倾听所提出的意见，并及时做出回应。牧师布道时会有人录音并迅速复制成录音带，以便教众在离开教堂时可以带走一盘，因为比尔·海波斯不止一次听到别人说："我想随时听这些布道，不论是在开车回家或开车上班的时候，以便将这些信念注入我的生命中。"同时他也听说："布道总是宣称要改变自己的生活，但是从没有说过怎样去改变。"于是，比尔·海波斯每一次布道总会以一个具体的行动建议来结束。

界定清晰的组织使命能够起到不断提醒的作用，提醒大家要向外看，不仅是寻找"客户"，还要寻找获得成功的方法。在非营利组织中，人们很容易满足于"我们的事业是一种善事"，因此，用良好的出发点代替了具体的成果。恰恰是因为这一点，成功的、表现良好的非营利组织学会了清楚地界定组织外部的哪些变化是组织追求的"成果"，并将精力集中在这些变化上面，这些变化也正是商业企业所缺乏的。

美国西南部有一家大型天主教连锁医院，它的发展经历可以说明："明确的使命与成果的聚焦会带来相应的成效。"尽管过去 8 年以来政府大幅度削减了医疗保障费用，但是这家连锁医院的收入却依旧增长了 15%（并因此实现了盈亏平衡），同时大幅度扩展了服务范围，提高了为患者提供护理和治疗的水平。之所以能够做到这一点，是因为担任首席执行官（CEO）的修女明白：她和她的员工从事的是提供卫生保健（尤其是对穷人）的事业，而不是经营医院。

10 年前，出于医疗需要的原因并非经济原因，卫生保健服务从医院中分离出来，此时，这家连锁医院推动了这一发展，而不是反对这一趋势。它建立了流动的手术中心、康复中心、X 光机与实验室网络、健康维护组织⊖等。它的口号是："一切从患者的需求和利益出发，只有我们把工作做好，人们才会付费。"不可思议的是，此项策略让这家连锁医院逐渐发展壮大起来，它是如此受欢迎，以至于许多病人愿意转到此处就诊。

当然，这与日本成功的商业企业的营销战略并没有什么不同，但是却和大多数西方企业的思维和经营方式截然相反。关键就在于这位天主教修女以及日本企业家以组织使命为出发点，而不是先考虑自身的回报问题，他们首先考虑如何为组织外部的市场对象做贡献，这很自然地会带来回报。

最后，一个清晰界定的组织使命有助于创意的产生，使他人理解组织存在的理由——不管它多么背离传统。这方面可以看看幼童军（Daisy Scouts）的例子，几年前女童军发起了一项面向 5 岁孩童的活动。75 年以来，小学一年级一直是加入女童军的最低年龄，许多女童军的领导人也想一直固守这样一个传统。但是，另外一些人看到了人口结构的变化，发现越来越多的上班族母亲无暇照顾自己的孩子，不得不将小孩锁在家中。他们也对这些儿童进行了调查研究，发现这些小孩远远比他们上一代的儿童要成熟得早（这主要是电视造成的）。

⊖ 健康维护组织（HMO）是同管理医疗保健一同诞生和发展起来的。特别是自 1973 年美国颁布了《健康维护组织法》以后，各州都建立了大量的 HMO，到 1995 年已达到 593 个，参保的人数达 5300 万。——译者注

今天，幼童军已经有了 10 万人的规模，并且还在快速壮大。到目前为止，这已成为 20 年以来面向学龄前儿童开展的项目里最为成功的一个，而且比那些成本高昂的政府项目要成功得多。另外，这也是迄今为止唯一一个发现了人口结构发生重要变化及儿童长时间看电视并将其视为机遇的项目。

对董事会的有效利用

现在，许多非营利组织有着商业企业还不具备的东西——一个行使职责的理事会。它们还有商业界更为缺乏的东西——一个明确向理事会负责的 CEO，理事会下设的委员会每年对 CEO 进行一次绩效考核，评定其工作绩效。它们还有企业界最为缺乏的东西——根据事先确定的绩效目标每年都要被评估的董事会。对理事会的有效运用是企业界可以从非营利组织中学习的第二个重要领域。

在美国法律中，董事会仍然被看作公司的"管理"机构。管理评论家和学者一致认为，强有力的董事会是极为重要的，20 多年来，他们就此写了不少著作进行论证。尽管如此，半个多世纪以来，美国大公司的高级管理人员却一直在削弱董事的作用、权力和独立性。在最近几十年，每一桩大公司失败的案例中，董事会都是最后一个知道公司出问题的，也就是说董事会在公司的运营中并未起到应有的作用。要想找到一个运行真正有效的董事会，你最好去非营利组织中找，而在上市公司中无论怎样耗费精力，都不见得能够找到。

在某种程度上，可以把这种差异看作历史的产物。从传统上看，理事会在非营利组织中就是主要的管理者，或者努力争取做到这一点。事实上，因为非营利组织规模太庞大、结构太复杂，根本无法让每个月只见面三两个小时的外部兼职人员来参与管理，所以许多非营利组织只能转向求助于专业人员管理。美国红十字会也许是世界上最大的非政府机构，肯定也是结构最复杂的机构之一。它负责在全世界范围内实行灾难救济活动，管理着医院中的数千个血库、骨髓库和皮肤组织库，它还负责全美范围的心血管和呼吸系统急救培训，并在若干所学校中负责开设急救课程。但是，直到 1950 年，它才有了首位领取薪金的 CEO，直到里根总统执政时期才出现了第一位职业化的 CEO。

但是现在，不论职业化管理是否普及，在绝大多数非营利组织以及所有大型非营利组织中，职业化的 CEO 随处可见。通常来说，非营利组织的理事会不会像许多商业企业的董事会那样无所作为。不管非营利组织的 CEO 多么希望不劳而获、掌控理事会（相当一部分肯定会这样想），非营利组织的理事会都不要变成他们的"橡皮图章"。资金是产生这一差异的重要原因。上市公司的董事中很少有人是该公司的重要股东成员，而非营利组织的理事会成员往往为该机构捐助了大量款项，并且以后还会期望吸引来更多的捐款者。此外，非营利组织的理事会成员通常对于该组织的事业有一种个人忠诚感。只有对宗教或者教育有着特殊感情、给予深切关注的人，才会参加教堂的委员会或学校的理事会。此外，非营利组织的理事通常在成为理事成员之前已经以志愿者的身份为组织服务了许多年，因此对本组织有着深刻的了解，这与商业企业的外部董事形成了鲜明的对照。

恰恰是因为非营利组织的理事会成员对工作是如此负责，并表现得如此积极与活跃，所以他们与 CEO 的关系通常高度紧张，随时都有可能发生冲突。CEO 抱怨理事会"多管闲事""越权管理"，反过来，理事抱怨经理层"篡夺"了理事会的权力，认为 CEO 干涉他们的工作。这使越来越多的非营利组织认识到：理事会成员和 CEO 都不是"老板"，他们只是合作同事，工作目标相同，只是职责分工不同而已。而且，他们认为应当让 CEO 去界定各自的职责范围，包括理事会的职责以及他自身的职责。

理事会能够有效运作的关键，不在于讨论它的职能是什么，而在于如何去组织好完成它的工作。越来越多的非营利组织也正是这样做的，这其中有6家中等规模的文科院校、1家比较领先的神学院以及几家大规模的研究型医院和博物馆等。

有很多专家预言，大公司董事会管理职能的弱化不但不会加强公司的管理，反而会削弱管理，不利于公司的发展。这会减轻管理层对公司绩效及经营成果所承担的责任。实际上，大公司的董事会很少会根据事先确定的企业目标评估管理层的绩效。可以预计，董事会的弱化将使高级管理人员受到攻击时失去有效而可靠的支持。这些预测在最近的恶意收购狂潮中得到了充分的印证。

为了重新恢复管理层的管理能力，我们首先要做的是让董事会恢复其有效性，这应该被看作 CEO 的一项重要责任。现在我们已经开始采取行动了，大多数公司设立的审计委员会不再是虚职，而是有了真正的实权。许多公司（虽然到目前为止还没有什么大公司）设立了专门负责高级管理人员接任（succession）和能力开发的小型董事委员会，定期与高级管理人员会面，评定他们的绩效，商讨他们的计划。但是据我所知，到目前为止尚且没有一家公司制订了完整的董事会工作计划，并且对董事会的绩效进行有效的评估，也没有哪家公司像大型非营利组织那样去系统地、有组织地培训和提拔新的理事会成员。

提供有意义的成就感

过去，非营利组织的管理者常说："因为我们不给志愿者支付报酬，所以我们不能向他们提出更多的要求。"现在，他们很可能会说："恰恰是因为志愿者不要报酬，所以他们才必须从成就中获得更大的满足感，必须做出更大的贡献。"志愿者正在逐渐由出于善心的业余人员向训练有素的、不要报酬的专业化职员转变，这是非营利组织最有意义的发展变化，同时也对未来的商业界产生了非常深远的启示。

位于美国中西部的一个天主教教会在这方面可能走得最远，也做得最好。现在，它的牧师和修女数量还不到 15 年前的一半，但是，相关宗教活动范围却得到了极大的扩展，活动的程度也有了很大的发展。在有些方面，如帮助无家可归的人和吸毒者等，其发展程度超过了过去的两倍。教会现在仍然有很多传统的志愿者，如做插花工作的圣坛协会（Altar Guild）成员。但是，现在也有约 2000 名免费兼职员工经营天主教会的慈善事业、管理教会学校、组织年轻人的活动、发展大学中的纽曼社，甚至开办一些收容所等。

发生在弗吉尼亚州里士满市的第一浸礼会教堂（First Baptist Church）的发展是另一个类似的变革的例子，它是美国南部浸礼会中最大和最古老的教堂之一。作为一家典型的老式城区教堂，这家教堂多年来经营一直不景气。5 年前，彼得·詹姆斯·弗莱明（Peter James Flamming）博士开始主持该教堂时，仍然很萧条。而发展到现在，该教堂重新拥有了 4000 名教众，除了完成全套的教堂内部事务之外，它同时还运作着 12 个教堂以外的项目。教堂只有 9 名全职领薪的职员，但是在 4000 名教友中，却有 1000 名在教堂免费供职，辛苦工作。

类似这样的发展绝不仅仅局限于宗教团体。美国心脏协会（American Heart Association）在美国各个城市中都设有分会，但是领薪的职员仅限于几个总部的员工，以及少数几个往返于各地协调解决问题的职员。志愿者管理着各个分会，他们全权负责社区健康教育和资金募集活动。

这些变革是对大众需求的回应，是顺应潮流的。由于美国已经有近一半的成年人成为志愿者，这个总数不大可能再有大幅增长了，而在资金总是短缺的状况下，非营利组织也不能再增加领薪的职员。如果它们希望扩展活动（因为需求仍然在增长），它们必须让志愿者的工作更有效率，让他们承担更多的工作和职责。不过，志愿者角色转变的最大推动力还是来自志愿者自身。

越来越多的受过教育的人士成为志愿者，从事管理或专业工作，他们中有一些是50多岁即将退休的人员，而更多的是出生于"婴儿潮"时期，年纪在35岁上下或40岁的人士。这些志愿者并不满足于只做帮助别人的工作。因为他们在实际工作中是知识工作者，所以他们希望在对社会有所贡献的同时（也就是志愿者工作），还是一个知识工作者的身份。如果非营利组织要吸引并招纳他们，就必须让他们在工作中充分发挥其能力，运用自身的知识，使其能够做出巨大的成就。

培训、培训，还是培训

现在，许多非营利组织都在有系统地招纳这类人才。经验丰富的志愿者被派去挑选新人——教堂或者犹太教会的新成员、为红十字会筹款的邻居，寻找那些具有领导天赋的人，并劝说他们接受并参与更具有挑战性的工作。然后，组织中的高级职员（全职领薪人员或者富有经验的志愿者）对新进入者进行面试，评估他们的能力并据此给他们安排合适的工作岗位。组织也会为新志愿者安排一个指导老师和一个主管，帮助他们了解业务、制定业绩目标。通常由两个不同的人分别担任这样的指导老师和主管人员，并且他们通常也是志愿者。

女童军大约有73万名志愿者，其中只有6000名领薪的雇员，他们的服

务对象是 350 万女孩成员，这种工作和管理方法就符合上述方式。志愿者的
起步工作通常是每星期用车送孩子参加一次聚会。然后，有经验的志愿者会
带领她们参加其他工作——陪着女童军挨家挨户地卖小甜饼，协助幼童军负
责人组织野营。通过这样一步一步的成长，选出地方性的志愿者理事会，直
到最后选出女童军的管理机构——全国理事会。每一步（即便是第一步）都
有必修性质的培训课程，这些课程通常由一位女志愿者来传授，而且每一步
都有具体的绩效标准和绩效目标来衡量。

　　人们不禁要发出这样的疑问：这些不领薪酬的人到底想要什么呢？是什
么让他们坚持在这里工作呢？答案是因为他们随时可以离开。他们首要的也
是最重要的需求是：非营利组织要有一个明确的使命，这个明确的使命能够
推动该组织的各项工作顺利开展。一家大型区域性银行的高级副总裁有两个
年幼的孩子，这位副总裁刚刚被选为大自然保护协会当地分会的主席，这个
协会主要寻找、赎买和管理濒临灭绝的生物。当我问她为什么愿意承担这样
沉重的额外工作时，她回答："我热爱我的工作，虽然银行也有其理念，但
是它并不真正知道自己能做什么贡献，而在大自然保护协会却不同，我在这
里工作，知道我们是为了什么而工作。"

　　对于这一新兴群体的第二项需求就是培训、培训，更多的培训。其实反
过来看，激励和保持老员工最有效的办法就是充分认可他们自身的特长，对
他们的努力予以认可，并鼓励他们去培训新成员。这样，此类知识工作者就
需要被赋予一定的职权，他们要充分考虑，并设定自己的绩效目标。他们希
望有人咨询自己，并且希望参与制定能够影响自身工作以及整个组织发展的
决策。同时，他们也希望有更多的发展机会，即承担更多富有挑战性的任务
和适应其绩效表现的更大责任。这就是许多优秀的非营利组织为志愿者建立
职务晋升制度的原因。

　　支撑非营利组织的这些活动的是责任制度。当前，许多知识型志愿者坚

持至少每年一次，将自己的绩效与预定目标进行对照评估。他们更希望组织能将绩效不佳者辞退，或者给他们委派更适合其能力的新任务，或者建议他们离开该组织。负责管理美国中西部教区志愿者的牧师说："虽然这里比海军陆战队的新兵训练中心要差一些，但我们还是有400名在等待培训的候选人。"美国中西部有一家发展很快的大型艺术博物馆，要求志愿者（包括理事会成员、筹款人、讲解员以及新闻宣传人员）每年设定自己的工作目标，每年按照这些目标进行自我评估，如果连续两年达不到设定的目标就要辞职。在大学校园里，一家中等规模的犹太组织也是这样做的。

目前，这些专业的志愿者在数量上还只是一个小群体，但是，它是一个重要的群体——占整个志愿者队伍的1/10左右。这个群体的数量仍在不断地增长，更重要的是，它对非营利组织的影响越来越大。正像一家大教堂的牧师所说的（越来越多的非营利组织也这样认为）："在这个教堂里没有外行，都是牧师，只不过少数人拿薪水，大多数人不要报酬而已。"

给企业界的一个警示

也许在当今美国社会最为重要的变化就是，从非营利组织的志愿者发展为领取薪水的专业人员这一转变。我们听过许多关于家庭与社区的退化和分裂以及道德、价值观沦丧的讲述。当然，我们应该密切关注这些，但是非营利组织却正在发动一场强有力的纠偏运动。它们正在塑造新的社区认同感，促使大家对公民权利、社会义务和价值观承担起新的责任。非营利组织对志愿者的认可和志愿者对非营利组织做出的贡献同等重要。实际上，它极有可能与非营利组织给社区提供的宗教、教育、福利等服务同等重要。

这种发展也给商业企业带来一个重要的启示。美国管理界面临的另一大挑战就是：如何管理知识工作者并提高其生产率。而非营利组织恰恰可以告诉我们应该怎样去做。要想做到这一点，我们要有明确的目标、周密的人员安排、持续的学习与培训、目标管理和自我控制，并根据相应的责任提出高标准要求，以及建立关于绩效和成果的责任制度。

　　然而，志愿者工作的转变同样也给美国商业界一个警示。在我授课的中高层管理者培训班中，有来自各个不同行业的学员，如银行业与保险公司、大型零售连锁店、航空公司与计算机公司、房地产开发公司以及许多其他行业。不过，他们大部分都在非营利组织做志愿者，包括某个教堂、母校的理事会、童子军负责人、基督教青年会（Young Men's Christian Association，YMCA）[⊖]、社区福利基金或当地交响乐团。当我问他们为什么要做志愿者工作时，大多数人的回答是一样的：我的本职工作不富有挑战性，体会不到足够的成就感，没有足够的责任感，也没有一定的使命感，它只是一种谋生的手段而已。

　　⊖　基督教青年会，1844 年创立于英国伦敦，而后再逐渐扩展至世界各地。——译者注

社会影响和社会问题

　　无论是一个商业企业、一家医院还是一所大学，它在社会中所要承担的责任可能产生于以下两个领域。其一，所承担社会责任可能产生于机构对社会的影响；其二，社会责任也可能来源于社会本身的问题。在这两个领域中所产生的问题都同管理息息相关。这是因为管理者所管理的机构，必须生存于社会和社区之中。但从其他方面来讲，这两个领域的产生的问题又是不同的。第一个领域所涉及的是一个机构对社会做了些什么贡献；第二个领域所关注的是一个机构能够为社会做些什么贡献。

　　现代组织之所以存在，就是因为它能够向社会提供某种特殊的服务，所以它必须存在于社会之中，存在于社区之中，并与其他机构和人和谐相处，在一定的社会环境中开展组织活动。同时，它还必须雇用人员来为其工作。组织对社会的影响，不可避免地会超出它的存在所做出的特定贡献。

　　前面提到过，医院存在的目的，不是为了雇用护士和厨师，而是为了提供医疗服务，医治病人。但是，为了医治病人，就必须雇用护士和厨师。而一旦有了护士和厨师，他们就形成了一个工作团体，就有了本团体所应承担的任务和存在的问题。

铁合金工厂之所以存在，不是为了制造噪声或排放有毒气体，而是为了向顾客提供高质量的金属产品。但是，为了达到这个目的，不可避免地会产生噪声、高温并排放出有毒气体。

从组织的目的来讲，组织对社会的这些影响是附带的、是偶然产生的，但是从很大程度上来讲，却又是不可避免的。

相比之下，社会问题与社会影响不同，它不是组织及其活动对社会产生的影响，而是由社会的机能失调引起的。

因为机构只能在社会环境之中才能存在，事实上也构成了社会的一个器官，所以这种社会问题会影响到各个机构。虽然社区本身还没有发现这些问题，并抵制任何解决问题的企图，机构还是必须要关注这些问题。

一个健康的企业、一所健全的大学和医院，不能在一个病态的社会中谋求生存，并获得发展。虽然社会弊病并不是由机构管理层的行为引起的，但是从管理层本身的利益来讲，也需要有一个健全的社会对产生的社会影响承担责任。

对社会影响负责

无论这些社会影响是有意造成的，还是无意造成的，组织都必须要对它们所造成的影响承担责任，这是第一条规则。毫无疑问，管理层必须要对其所在的组织造成的社会影响承担责任，这属于管理层必须要解决的事务。

如果仅仅是说"但公众并不反对"这句话，那显然是不够的。更为重要的是，如果准备用来解决某个问题的一种措施不受欢迎，是会受到同事和同伴"反对"的，并且这种措施也是我们所不需要的，等等，诸如此类的说法是远远不够的。社会迟早会认清这种影响是对社会安全的一种侵犯，会向那些对此不负责任，没有努力消除这种影响，或找出解决办法的人索取高昂的代价。

下面就是关于此问题的一个典型例子。

在20世纪40年代后期和50年代早期，有一家美国汽车公司试图让美国公众有安全意识。于是，福特汽车公司推出了一种在座位上配有安全带的汽车，但该公司的销售量却一落千丈。福特汽车公司不得不停止销售这种带有安全带的汽车，并放弃了整个创意。而在15年以后，当美国驾驶汽车的大众已经有了安全意识的时候，就开始大肆攻击汽车制造商"完全不注意安全问题"，是"索命徒"。由此，制定了许多有关惩治汽车公司的法规，这同保护公众的法规一样多。

因此，管理的第一项工作就是要严肃而现实地确认和预测对社会产生的影响。"我们做的恰当吗？"这个问题是没有任何意义的，正确的问题应该是，"社会和消费者认同我们所做的工作吗？"

对社会影响的处理

如何正确处理各种社会影响？确定一个机构附带产生的各种影响，只是第一步。但是，管理层应该如何应对这些影响呢？目标是明确的：应该把不属于机构的宗旨和使命的各种影响（包括对社会、经济、社区和个人所产生的影响）维持在尽可能低的范围之内，而且最好能够予以消除。无论这种影响是在机构内部，还是存在于社会环境，或是对物质环境产生的影响，都是越少越好。

如果能通过取消那种产生影响的活动来消除其影响，这才是最好的，而且实际上这也是唯一真正有效的解决办法。

在绝大多数情况下，不能取消那种产生这种影响的活动。因此，必须采用系统性的工作去消除这种影响（或至少使这种影响尽可能减少），同时又能使现有这种活动继续下去。最理想的办法是把这些影响转化为对商业企业有利的机会。在这方面最典型的一个例子是在美国处于领先地位的大型化学公司陶氏化学公司（Dow chemical）。近 20 年来，该公司解决空气污染和水污染的办法就比较经典。在第二次世界大战以后不久，陶氏化学公司就认为空气污染和水污染会对社会产生了极为不好的影响，应该予以消除。早在公众激烈反对环境污染以前，陶氏化学公司就在其工厂中采取了完全消除污染的措施。在那个时候，该公司就采取了系统的步骤，把烟囱和水道中排放出来的有毒气体和有毒物质转化成可以销售的产品，变废为宝，并为这些产品创造出各种新的用途和市场。

另外一个例子是杜邦工业毒物实验室。早在 20 世纪 20 年代，杜邦公司就已经意识到它的许多产品都存在明显的毒副作用，并开始着手消除这些有毒物质的副作用。从那时起，杜邦公司就着手消除这种影响，而当时其他化学公司都认为这种负面影响是理所当然的。后来，杜邦公司又决定把控制工业产品有毒物质的业务发展成为一家独立的企业。杜邦工业毒物实验室不仅为杜邦公司服务，而且还在为不同的顾客提供服务，为他们开发各种无毒的化合物，检验它们产品的毒性等。结果，通过把一种影响转化为企业的机会而再次消除了这种负面影响。

商业企业始终应该力求把对社会产生的不良影响转化为对本企业有利的机会。但是，在许多情况下，商业企业却做不到这一点，更为常见的情况是，消除一种不良影响就意味着需要增加投入的资本量。这对一般公众来讲是"额外"支付的东西，而对商业企业自身来讲就是成本。因此，除非本行业中的每个商业企业都接受同一规则，否则就会成为竞争中的不利因素。在绝大多数情况下，只有通过制定规章条例，才能做到使每一家企业都接受，而那就意味着要通过某种形式的公众活动来实现。

当只有通过增加成本才能消除这种不良影响的时候，管理层必须预先考虑并拟定出解决某项问题的计划，以便能够以最少的成本使公众和企业得到最大的利益。然后，管理层要努力使恰当的规章成为法规。

管理层，包括许多非商业企业的管理层，却一直在逃避这方面的责任。传统的态度一直是"没有规章制度就是最好的规章制度"，但这只适用于能够把不良影响转化为商业企业机会的情况。当消除不良影响需要一种限制时，制定规章就符合商业企业的利益，特别是符合那些责任心强的企业利益。不然的话，企业就会遭受惩罚而被冠以"不负责任"、不道德、贪婪、愚蠢和搜刮钱财之名。

如果一个商业企业期望在这方面没有规章可循，那么它就是故意对该企业产生的社会影响视而不见。

认为"公众目前还没有看出问题"，并不能成为一种逃避的理由。事实上，正如上面各个例子中所提到的情况，即使公众目前对有远见的商业企业领导人防止危机的做法采取强烈反对的态度，也不能成为一种对产生的社会影响置之不理的理由，否则，最终还是会发生类似的丑闻事件。

任何旨在解决影响问题的办法都要求进行权衡。对某种不良影响的消除，如果超过了一定的限度，就会花费更多的资金或精力、更多的资源或生命，而所得的利益却不足以补偿所花费的成本。因此，必须在成本和利益之间做出最优平衡的决策。这种情况通常只有在某一行业内部的人才能理解，而外界人士却无法明白，所以，外界人士所提出的解决方案，常常忽视权衡问题。在认识到遭受损失以后，他们才来采取补救办法。

对社会影响的责任是管理层的一项责任，这并不是因为它是一项社会责任，而是因为它是商业企业的一项责任。最理想的情况是把不良影响转化为商业企业的一种机会。在做不到这一点的时候，管理层的责任就是要在进行最优权衡的基础上，制定出有效的规章制度，同时公众也要对问题进行讨论，并促使企业能够采取最好的规章办法。

把社会问题看作商业的机会

社会问题是由社会的机能失调引起的，并且至少可以看作国家的潜在退化弊病。它们的确是一些弊病，但是对于各种机构的管理，尤其是对于商业企业的管理者来说，它们也是一些挑战，是商业机会的主要来源。这是因为商业企业的职能就是通过把社会问题转化为商业发展的机会来满足社会需要的，同时也为本机构服务。与商业企业相比，这一观点在一定程度上也适用于其他性质的主要机构。

企业的职责就在于把变革转化为创新，即转化为新的业务。如果认为创新只限于技术，那么他只能是一个不太高明的商业人士。从商业企业的发展历程来看，社会变革和社会创新至少与技术创新具有同样的重要性。19世纪的一些主要产业部门，在很大程度上都是把新的社会环境（工业城市）转化为商业机会和市场的结果。照明（开始用煤油，以后用电力）、电车、城市间交通、电话、报纸和百货公司，都是由此而兴起的，这只是所列举之中的几个例子。

因此，在把社会问题转化为商业机会的过程中，最有意义的机会可能不在于开发新技术、新产品和提供新服务，而在于对社会问题的解决，即社会创新。这种社会创新会直接或者间接地使公司或行业获取利益并得到强化。

在过去，有一些颇为成功的商业企业，它们在很大程度上就是社会创新的产物。

在第一次世界大战之前不久的那些岁月里，美国劳工均处于极不稳定的状态，工人的生活日益困苦，而且失业率也很高。在许多情况下，技术工人每个小时的工资可能低到 15 美分。当时，正是在这种背景下，福特汽车公司于 1913 年年末宣布它将保证一天付给每个员工 5 美元，是当时标准工资的 2～3 倍。詹姆斯·卡曾斯（James Couzens）当时担任该汽车公司的总经理，他迫使那个不愿意的合伙人接受自己的这一决定。亨利·福特完全知道他的公司的工资总额会在一夜之间几乎成了原来的 3 倍，但他最终还是确信这样做是有好处的。由于当时工人的生活很艰苦，只有采取重大而明显的行动才能取得效果。卡曾斯还希望，福特汽车公司的工资率虽然增加到原来的 3 倍，但其实际的人工成本却会下降，而发展状况不久就证明了他的正确性。福特汽车公司的这一做法，改变了美国的整个劳动经济。在此以前，福特汽车公司员工的离职率很高，以至于在 1912 年为了保证公司有 1 万名工人，必须雇用 6 万名工人。在实行新的工资率以后，离职率几乎趋于零。它所节约下来的雇用费是如此之大，以至于在以后的几年时间里，虽然所有材料成本都在急剧上升，但是福特汽车公司还是能够以较低的成本制造 T 型汽车，并以低价销售，而它仍然可以从每一部汽车中获得较多的利润。正是由于急剧提高工资带来了人工成本的节约，福特汽车公司才在汽车市场上占据了主导地位。福特汽车公司的这一行动，还改变了美国的工业社会格局，使美国工人基本上步入了中产阶级。

社会问题在通过管理层的行动而转化为商机以后，就不再是问题了。但是，还有一些其他问题，即使不是"退化弊病"，也很可能成为"慢性疾病"。

当然，并不是每一个社会问题都可以转化为做出贡献和取得成就的机会，事实上，最严重的社会问题往往不可能通过采取这种办法予以解决。

那么，对这些成为慢性疾病或退化弊病的社会问题，管理层又该承担些什么样的社会责任呢？该采取什么措施呢？

这些社会问题主要是管理层的问题，商业企业的健康发展也是管理层的主要责任，而健康发展的企业同病态的社会是格格不入的。健康发展的企业要求有一个健康的或至少能行使其职能的社会与之匹配。同时社区的健康性，也是商业企业获得成功和健康成长的一个先决条件。

那种认为只要不去正视问题，这些问题就会自行消失的想法简直就是荒谬至极。只有在人们对问题认真分析，有针对性地采取相应的措施之后，这些问题才有可能消失。

对于既不是由商业企业或其他机构的影响而产生，又无法转化为取得成就的机会（有助于实现其宗旨和使命）的问题，人们应该在多大程度上期望商业企业或其他有特殊目标的机构来加以处理呢，而这些机构、企业、大学或医院，又在多大程度上可以担负起这方面的责任呢？

目前的讨论一般都忽略了上述问题，纽约的林赛市长指出："这里存在黑人贫民区问题，但是没有人知道怎样来解决这一问题。无论政府、社会工作者或社区采取什么行动，似乎只会使情况变得更糟糕。因此，最好由大型企业来承担起这项责任。"

我们可以理解林赛市长之所以殷切地盼望着能有人来主动承担起这项责任的原因。而这个令他困扰的问题，看来也的确是令人绝望的，对他所在的城市、美国社会和西方世界都是一种主要的威胁。但是，把黑人贫民区问题看作管理层的社会责任，是不是就万事大吉了呢？或者说，企业的社会责任有哪些限度，这些限度又是什么以及如何界定？

社会责任的限度

管理者是仆人，而在他所管理的机构中则是主人。因此，管理者的首要职责就是对他所在的机构负责。他的首要任务就是使他的机构，无论是企业、医院、学校还是大学，能够执行其职能并做出应有的贡献。他的机构正是因为这种职能和贡献才存在的。如果一个大型机构的负责人利用其在机构中的地位而成为公众人物，并在应对社会问题方面处于领导地位，但是却忽略了他所负责的公司或大学，以致使之衰落下去，那么这个人不能算是一个政治家，而是不负责任，有负于机构对他的信任。

机构完成它的特殊的使命，同样也是社会的第一需要和利益所在。如果机构完成其特殊任务的能力减弱或受到损害，那么社会也就不再能够得到收益而必定会遭受损失。机构的首要社会责任就是执行其职能，如果它不能认真负责地执行其职能，它就无法提及做到任何其他事情。一家破产的企业不会是一个令人向往的雇主，也不大可能成为社区的好邻居。它也不能为未来的工人创造出更多的就业岗位和机会所需要的资本。一所大学，如果没有为未来培养出领导者和专业人员，无论它做了多少所谓的"好事"，也不能说是对社会负责。

尤其重要的是，当管理层在做出自己决策的时候，必须要弄清楚商业企业为了弥补风险和承担未来的责任所要求的最低利润率。同时，在向他人

（政治家、新闻工作者和社会大众）解释其决策方案时，也需要提供这方面的信息。如果管理层对利润的客观需要和职能还一无所知，即还是用"利润动机"来思考和辩论，他们就既不能在社会责任方面做出合理的决策，也不能在商业企业内部和外部成功地向别人说明这些决策。

不管在任何时候，只要商业企业忽略了经济绩效这一限制条件，并承担了它没有经济支持的社会责任，那么它很快就会陷入困境。

非经济机构所承担的社会责任也有同样的限度，管理者也要对维持他所负责的机构的绩效潜能承担责任。如果这种绩效潜能遭到破坏，无论管理者的动机多么高尚，都是不负责任的表现。这些机构是社会的资产，而社会对其绩效也有很大的依赖性。

很显然这是一种很不得人心的立场。诚然，成为一个"发展的"机构，会更受人欢迎。但是管理者，特别是社会关键机构的管理者，不能拿了工资去做大众媒体上的英雄，而要为取得杰出绩效承担起责任。

一个人承担在此方面缺乏能力的工作，这是一种不负责任的行为，这对他们自身来说也是很残酷的。它总是使人抱有很大的希望，然后又免不了陷于失望之中。

一个机构，尤其是一家商业企业，必须要具备对自己造成的影响承担责任所必需的全部能力。但是，在那些不是由自身因素造成的影响所产生的社会责任领域，其行动的权利和义务却要受其能力的限制。

这里要特别说明的是，一个机构最好不要开展那些同其价值系统不相适应的工作。技能和知识是比较容易获取的，但个性却很难改变，没有哪个人会在他不关心的领域中干得很出色。如果一家商业企业或其他任何机构由于一种社会需要而在特定的领域中工作，那么它就不大可能把有能力的人放在该项工作上，也不会给予大力的支持。它不大可能理解该项工作到底包括什么，可以断言，它正在做些不正确的事。可想而知，结果也只会造成损失而不会带来收益。

　　因此，管理层至少应该弄清楚自己及其所在的机构在哪些方面是真正无能为力的。作为一种惯例，商业企业通常在一个"无形的"领域中是完全无能为力的。企业的长处在于量化和可测性，即有关于市场测试、生产率衡量和利润率等方面的要求，凡不属于这些领域的，基本上就不是企业的优势，也不在企业的基本同情范围之内，即不属于企业自己的价值系统。如果衡量绩效的标准是无形的，如"政治的"观点和情感、社区的批准或否决、社区力量的动员和权力关系的结构，那么商业企业就会感到很不适应。在很大程度上，企业不大可能会关心那些有关系重大的价值，因而很可能不具备那方面的能力。

　　但是，在这些领域中，企业常常可以为某些特殊的工作制定明确的、可以衡量的目标。虽然一个问题在企业的能力范围之外，但常常可以把它的一些部分转化为适合于企业的能力和价值系统。

　　在美国对长期失业的黑人青少年进行培训，并使之获得工作和职位这一方面，没有人做得非常好。但是企业所做的，并不比其他机构（如学校、政府的训练班和社区机构等）做得差。可以对这项工作加以识别并使之明确化，制定出相应的目标，并衡量其工作绩效，于是企业就可以在这方面有所作为了。

职权的限度

　　在社会责任方面，最重要的限度就是职权的限度。法学家认为在政治词典中并不存在"责任"这个词，而存在"责任和职权"。任何人要求享有职权，就必须要承担相应的责任，而任何人要承担责任，也就是要求享有一定的职权。这两者是同一问题的两个方面，缺一不可。因此，承担社会责任始终意味着要享有职权。

同样，作为社会责任的职权限度问题，也不是产生于对某个机构的影响。这是因为影响是行使职权的结果，而不管它是有意还是无意或是附带，因而都必须承担起相应的责任。

但是，当组织型社会中的企业或任何其他机构接到要求，需要承担社会或社区中某个问题或弊病的社会责任时，其管理层必须认真考虑一下：对自身而言，这项责任所包含的职权是否合法。假如不是，那这项社会责任就是篡权和不负责任。

在任何时候，当要求企业承担这项或那项责任时，人们应该问一下："企业享有这种职权吗？它应该有这项职权吗？"如果企业没有而且不应该有这项职权（在很多领域中，企业是不应该有职权的），那么由企业来承担责任就大可怀疑了。我们可以认为那不是在承担责任，而是在贪求权力。

美国的消费主义者拉尔夫·纳德（Ralph Nader）一直认为自己是大型企业的敌人，也被企业和公众认为是大型企业的敌人。当纳德要求企业应该对产品的质量和安全负起责任时，他所提及的肯定是企业的合法责任，即取得绩效和做出贡献的责任。

但是，纳德还特别要求大型企业应该在产品和服务以外的许多领域中承担责任。如果接受了他的建议，只能导致大型企业的管理层在许多本来应该属于其他机构的领域中成为最高的权力当局。

这正是纳德和其他倡导企业承担无限社会责任的人的论点很快会看到的结果。1972年，纳德的一个追随者发表自己的见解，对杜邦公司及其在特拉华这个小州（杜邦公司的总部在该州，并是该州的一个主要雇主）担当的角色进行批评。该报告甚至都没有涉及杜邦公司在经济方面的绩效。在普遍发生通货膨胀的时期，杜邦公司能够使其产品的价格持续下降，而其产品在许多领域都是美国经济的基本材料来源，该报告根本不提及这种情况，似乎这与社会毫不相干，却尖锐地攻击杜邦公司没有运用其经济力量来迫使该州公民着手解决种族歧视、卫生保健和公立学校等社会问题。由于没有承担起特拉华州的社会、政治和法律等方面的责任，杜邦公司被粗暴地指责为没有承担社会责任。

这件事还有让人感到具有讽刺意味的一点。多年以来，传统的自由派或左翼分子对杜邦公司的批评却与之恰恰相反，他们批评杜邦公司运用它在一个小州中的巨大影响，"干预并统治"特拉华州并行使"不法的职权"。

对于那些损害企业绩效潜能或对企业产生消极影响的社会问题，管理者必须拒绝对其承担责任（包括大学或医院也是如此）。在有关承担责任的要求超出机构的能力范围时，也应该拒绝这种要求。当一种责任实际上是在要求非法的职权时，也必须予以拒绝。我们必须学会说"不"。但是，如果的确存在一种现实问题，最好经过仔细考虑并提出另外一种替代方法。如果问题的确很严重，最终必须通过某种方式予以处理，那也需要考虑承担起这一责任。

由于上述原因，包括商业企业在内所有主要机构的管理层，都必须关心社会的那些严重弊病。只要有可能，他们就应该把这些问题转化为取得杰出绩效和做出贡献的机会，并以此来解决这些社会问题。至少，他们要认真思考这是一些什么性质的问题，以及怎样才能够予以解决。管理层不得不关心这些问题，因为在这个组织型社会里，没有其他人关心这些真实的问题了。在这样的社会里，各个机构的管理者就是领导群体。

但是，我们也清楚地知道：一个发达社会需要各种取得杰出绩效的机构，这些机构都有自治性的管理层。发达社会不可能像极权主义社会那样行使职能。发达社会的一个特点，实际上也是真正使它成为发达社会的特点，正是在于它的绝大部分社会职责是在各种有组织的机构之内，并通过这些机构来实现的，而这些机构又都有各自的自治性管理层。这些组织，包括绝大多数政府机构，都是有着特殊目标的机构。它们是社会中的各种器官，在特定领域中谋求特定的绩效。它们所能做出的最大贡献以及最大的社会责任，就是在其职能范围内取得杰出的绩效。相比较而言，对社会最大的不负责任，就是由于承担了超出其能力范围的责任，或以承担社会责任之名篡夺权力，以致损害了这些机构取得绩效的潜能。

基于责任的伦理

关于企业的伦理或商业界人士的伦理，有着无数种说法和出版刊物，但是，其中绝大多数论述却与企业无关，而且也很少同伦理有关。

伦理涉及的一个重要主题就是：人们普遍的、日常生活中表现出来的正直与诚实。我们被郑重地告知：商业界人士不应该欺骗、盗窃、撒谎、贪污或行贿。其他任何人也都不应该这样，不能因为他们特殊的工作或职位而有权力违背个人的行为规范。他们不应该由于担任了副总经理、市长或学院院长就不再是普通人了。不过，总会有一些人欺骗、盗窃、撒谎、贪污或行贿，这是有关个人、家庭和学校的道德价值观念和道德教育的问题。但是，不仅不存在解决这一问题的独立的企业伦理，而且也没有必要这样做。

所需要做的就是应该对那些抵挡不住引诱的人，不管是企业的经理人员，还是其他人加以严惩。

另外，在讨论企业的伦理问题时，还有一个日常的主题同伦理无关。企业有严格要求的领导者的确是件好事，但是事与愿违，严格要求的领导者在领导群体中并不多见。不论是国王和伯爵、牧师或将军，还是文艺复兴时期的画家和人道主义者这样的"知识分子"，或有中国传统的"文人"，都是这样。能严格要求自己的人所能做的，只是让自己从那些违背其自尊心和志趣的活动中退出来。

　　近来，除了这些传统的说法以外，又加上了第三个主题（特别在美国，更是这样）：管理者应该有一种"伦理责任"，应该在其所在的社区中发挥积极的、建设性的作用，为社区的事业服务，把时间精力用于社区活动等。

　　但是，任何时候都不应该强迫管理者去参加这些活动，也不应该依据他们对自愿活动的参与对其进行评价，给予报酬或提升。命令或迫使管理者参与这类活动，就是滥用组织职权，是非法的。

　　虽然管理者参与社区活动是符合社会需要的，但是这同伦理无关，也很少同责任有什么关联，那只是一个人作为邻居和公民所做出的贡献，是在他的工作和管理责任之外的发生事情。

　　由以下事实引发了管理者特有的一个伦理问题：在各个机构中的管理者是以集体的形式构成组织型社会中各个领导群体的。如果仅从个体的角度来看，一位管理者只不过是另一个同事而已。

　　因此，把管理者说成是领导者并不妥当。他们只是"一个领导群体中的成员"，而整个领导群体的确拥有显赫、有权威的地位，因而它也就需要承担责任。

　　那么，这些责任是什么呢？作为领导群体的成员，个别管理者的伦理又是什么呢？这些也是必须要思考的问题。

　　从本质上讲，如果成为某个领导群体中的一员，那么就是成了传统意义上所讲的"专业人员"。某个领导群体中的成员身份就意味着地位、职位、声望和权威，因而也会有责任。期望每一个管理者都是领导者，是不切合实际的。在一个发达国家里，即使没有成百万的管理者，也有成千上万，但领导权通常都是极少数的例外，并是极少数人所拥有的特权。但是，管理者既然是领导群体中的一员，他就必须要符合专业人员的伦理要求，符合对责任的伦理要求。

绝不明知其害而为之

早在 2500 年以前就已经在希腊医师希波克拉底（Hippocratic）[⊖]的誓言中明确指出了：专业人员的首要责任是什么，即"绝不明知其害而为之"。

不论是医生、律师，还是管理者，没有一个专业人员能够保证他一定能为顾客带来利益。他所能做到的，只是尽力而为而已，但是他能够保证自己知其害而不为之。反过来说，顾客必须相信专业人员能够知其害而不为，否则，就根本谈不上信任专业人员了。专业人员必须要有自主权，能够独立自主地运用自己的知识和判断来做出合理的决定，不能由顾客来控制、监督或命令。但是，他所享有的自主权的基础，事实上就是自主权存在的依据，必须是"把公众利益放在首位"。换句话说，一个专业人员拥有自主权并且不受政治或思想意识上的控制，从这个意义上讲是独立自主的。但是，他的言行又必须受到其顾客利益的制约，从这个意义上讲则是公开的。"绝不明知其害而为之"，是专业人员的基本伦理准则，同时也是公共责任伦理的基本准则。

许多管理者（特别是企业管理者）还没有认识到，为了能够保持独立自主，他们必须要在一些重要领域中承担起专业人员的伦理责任。同时，他们还必须懂得：他们的职责在于仔细检查自己的一言一行，以保证做到"绝不明知其害而为之"。

如果管理者由于担心自己在"俱乐部"中"不受人们欢迎"而不对企业所造成的社会影响深入思考并找出相应的解决方案，他就是明知故犯，故意让癌细胞生长，助长邪恶力量的滋生，这是极为愚蠢的，最终对企业或行业所造成的损害，比暂时的一点"不愉快"所造成的损害还要大得多。而且，这也严重违反了专业人员的伦理。

⊖ 希波克拉底，古希腊著名医师，欧洲医学奠基人，被西方尊为"医学之父"。——译者注

　　但是，也必须关注这个问题的其他方面。美国的管理者更是时常在以下一些方面违反"绝不明知其害而为之"这一准则：

- 管理人员的报酬；
- 用福利计划给公司雇员戴上"金镣铐"；
- 有关利润的巧辩。

　　管理者在这些领域中的一举一动很可能会造成社会的分裂。他们往往倾向于隐瞒现实状况而造成社会的病态，或者至少造成社会的忧郁症。他们往往还会引起误导并妨碍相互之间的了解。这才是对社会的严重危害。

　　在美国社会中，收入的日益平等化这一事实是极为明显的，但是给公众的印象却是贫富收入差距日益扩大。这是一种错觉，并且是一种具有腐蚀性危险的错觉。它破坏了那些必须在一起生活和工作的群体之间的相互信任，最终导致各种政治措施的出台，而这些政治措施对任何人而言都不是有利的，只能对社会、经济和管理者产生损害。

　　总经理在大型公司所得到的 500 000 美元年薪中，大部分只是一种"象征性的金钱"，其作用主要是显示他地位的高低，而不是收入的多少。无论律师怎么去寻找税法上的漏洞以此寻找避税措施，其年薪的绝大部分还是会立即被税务部门征收，所谓的"额外"报酬，只不过是试图把经理人员收入的一部分纳入税收较低的等级中。换句话说，这些做法在经济上并没有太大的作用，但在社会和心理上却是"明知其害而为之"的表现。

　　但是最为有害的是不平等的错觉，导致这一错觉的基本原因是税法。不过，管理者愿意接受这种反社会的税制结构，并在其中搞些小动作，这也是造成不平等现象的一个重要原因。除非管理者认识到这违背了"绝不明知其害而为之"的准则，否则他们最终将会成为主要的受害者。

　　到目前为止，管理者没有遵守"绝不明知其害而为之"这一准则的第二个领域，是同报酬密切相关的一个领域。

退休金、额外报酬、奖金和股票认购权等全都是取得报酬的各种形式。从企业的角度，而且还得从整个经济的观点来看，不管在这些方面贴上什么样的标签，都是"人工成本"。当管理层坐下来同工会进行谈判的时候，也是把这些作为人工成本来处理的。但是，由于税法的偏差，人们越来越倾向于用这些福利把一个员工束缚在特定的雇主那里。这些福利取决于在同一个雇主那里工作时间的长短。换句话说，往往要等待许多年以后才能享受到这些福利。同时，按照现在的福利政策，如果一个员工离开一家公司，就会受到很严厉的惩罚，实际上丧失了这些福利，而这些福利是他已经挣得的，并且实际上是他以往工作期间工资的组成部分。

"金镣铐"并不能强化公司的管理，而只能导致员工的"消极选择"。那些知道自己在目前工作中不能取得成就的人（即那些显然被安排在不恰当位置上的人），常常不愿意调动而继续留在他们明知对自己不太适合的岗位上。因为他们知道，一旦离开的话，他们所受到的惩罚实在是太大了。他们只有选择继续留下来，但会抵制这种不合理的制度并且感到怨恨。他们知道自己被收买了，而自己过于软弱，以致无法拒绝这种不合理的制度。在以后的工作中，他们通常都会伴随着抑郁、悔恨、痛苦的感觉。

养老金、绩效奖金和利润分配等，都是员工已经"挣得的"，是应该得到的，我们不应该限制他作为一个公民、一个个体和一个人所应该享受的权利。还有，管理者必须努力使税法做些必要的修改。

最后，通过自己的辩解，管理者使公众更加难以了解经济的现实情况。这违背了下述要求，即作为领导人员的管理者，不应该明知故犯。这种情况在美国特别严重，也同样适用于西欧。在西方，管理者仍然经常在谈论利润动机，而且他们仍然把企业的目标确定为利润最大化。他们不去强调利润的客观职能，也不谈论风险，或只是偶尔才提及。他们不去强调对资本的需求，几乎从来不提资本的成本问题，更不要求一个企业必须生产出足够的利润，以便用最低的成本去获得它所需要的资本。

管理者经常抱怨社会公众对利润持有敌对态度，他们很少认识到，正是他们自己有关利润的辩护，才造成了这种敌对态度。在与公众交流时，管理者所谈话的内容事实上并没能证明利润的正当性，也没有说明为什么要有利润，更没有表明利润在企业发展中所起的作用。他们所谈到的，只是利润动机，即某些不知姓名的资本家追求利润的欲望，而社会为什么对其他欲望（如重婚）不予纵容，而对这个利润欲望却予以纵容？对此从来都没有加以说明。可是，利润率却是经济和社会极其需要的。

与目前有关社会责任的宣言中充满了日益响亮的"政治家风度"的口号相比，"绝不明知其害而为之"可能显得很温和。但是，正如古希腊医师很久以前所发现的那样，这并不是一条容易遵守的准则。也恰恰是因为"绝不明知其害而为之"的朴实和自我约束，才使它成为管理者所遵循的伦理要求以及有关责任的伦理的恰当准则。

管理的新范式

有关事实的基本假设是像管理学等社会科学业已盖棺论定的范式。这些假设通常存在于学者、作家、教师和社会科学工作者的潜意识当中，并且已经与他们各自不同的学科领域融合在一起。同时，这些假设在很大程度上决定了这些学科领域的学者、作家、教师和其他社会科学工作者对事实的认知。

对事实的基本假设决定了这些学科的研究方向。基本假设不仅确定了这些学科对"实际情况"的判定，同时也影响了这些学科对其自身研究课题的判定。在很大程度上，这些基本假设也会判断出这些学科可以忽略的观点，或者哪些情况可以作为"恼人的例外"被放置在一边。它们确定了特定学科需要关注的焦点，以及可以忽略或忽视的内容。

虽然这些基本假设是非常重要的，但人们很少有兴趣对这些假设进行分析、研究和提出质疑——实际上也很少有机会对这些假设给予明确的阐释。

对于像管理学这样的社会学科来说，基本假设实际上远比自然科学的范式要重要得多。范式也就是主流的一般理论，但对自然界产生不了丝毫影响。不论范式声称太阳绕着地球转，还是说地球绕着太阳转，太阳和地球都不会受到它的影响，它们依旧按照它们原有的规律运行。自然科学研究的是客体的行为，而像管理学这样的社会科学，关注的是人和社会机构的行为。因此，社会科学工作者往往将该学科的假设作为行动的准则。自然科学的现实——物质世界及其规律都不会发生变化（或者即使发生变化，这种改变也是一个漫长的过程，是无法在几十年或几个世纪内完成的），这一点是非常重要的。但是，社会科学不存在这种"自然规律"，它始终处于不断地变化之中。这就意味着或许昨天还站得住脚的假设，今天就不再有效了，很有可能在瞬间就形成一种误导。

因此，在像管理学这样的社会学科中，最重要的当属基本假设，并且这些基本假设所发生的变化也变得越来越重要。

管理学的真正研究始于20世纪30年代，自那时起，大多数学者、作家和管理工作者都比较认同以下两种关于管理事实的假设。

第一种假设构成管理原则的基础：

1. 管理是企业管理。

2. 企业应该具有或者必须具有一种恰当的组织结构。

3. 企业应该采取或者必须采取一种管理人的恰当方式。

第二种假设奠定了管理实践的基础：

1. 技术和最终用户是一成不变或给定的。

2. 管理的范围是由法律界定的。

3. 管理是对组织内部的管理。

4. 按国家边界划分的经济体是企业和管理依托的"生态环境"。

管理是企业管理

对于大多数人而言，不论身处管理领域内还管理领域外，这个假设都是不言而喻的。实际上，管理作品的作者、管理工作者和外行人甚至是那些从来就没有注意到"管理"这个词汇的人，自然而然地认为管理就是"企业管理"。

这个关于管理范畴的假设是最近才提出的。1930 年以前，屈指可数的几位关注管理学的作者和思想家——从 20 世纪初的泰勒到第二次世界大战前的巴纳德（Chester Barnard），都认为企业管理只是一般管理理论的一个分支，基本上与管理任何其他组织一样没有任何差别，就像两个不同品种的狗同样是狗一样。

自从美国进入经济大萧条时期，人们就开始认为管理是对企业的管理。当时，人们对企业充满敌意，并且蔑视企业管理者。为了不与企业管理混为一谈，公共部门的管理开始独立门户，并且将名称改为"公共管理"（public administration），属于一门单独的学科，它们在大学里设立科系，使用自己的专门术语，构建自己的职业升迁体系。同时，也是出于同样的理由，在发展迅速的医院中开始开展关于管理的研究。例如，通用汽车公司的总裁阿尔弗雷德·斯隆（Alfred Sloan）的弟弟雷蒙德·斯隆（Raymond Sloan）从事的研究工作，他把医院的管理从广义的管理学中分离出来，成为一门单独的学科，并称之为"医院管理"（hospital administration）。

换句话说，对此不仅仅使用"管理"这个词汇，在大萧条时期还被称为"政治正确性"（political correctness）。

不过，第二次世界大战后，趋势开始发生变化，企业管理的状况得到了改善。到 1950 年，鉴于美国的企业管理在第二次世界大战期间所发挥的巨大作用，在很大程度上使企业成为一个"非常时髦的词汇"，随后不久，"企业管理"在政治上也开始成为一个值得推崇的研究课题。从那时起，普通大众和学术界就一直将管理视为"企业管理"。

不过，我们现在要开始纠正这个犯了60多年的错误，其中就包括：许多"商学院"摇身一变成了"管理学院"，这些学院提供的"非营利组织管理课程"如雨后春笋般地冒了出来，以企业和非营利组织的管理者为招生对象的"管理者管理课程班"大量涌现。

尽管如此，认为管理就是企业管理的假设仍然没有动摇。因此，提出和大声地宣称"管理不等于企业管理"具有非常重要的意义，就像医学与产科学并非同一学科一样。

当然，不同的组织有不同的管理方式，毕竟使命决定战略，战略决定组织结构。管理连锁零售店和管理天主教教区的方式肯定是不尽相同的（尽管存在这样一个令人惊异的现象，即这种管理上的差异比连锁店或天主教想的要小得多），空军基地、医院和软件公司也有不同的管理方式。但是，最大的差异体现在各类组织使用的术语上。然而事实上，这些差异主要应该体现在应用上，而不应该体现在管理原则上。不同组织的任务和挑战也存在着巨大的差异。因此，通过对基本假设的分析，我们总结出第一个结论，管理学只有建立在这个结论的基础上，对它的研究和实践才能结出丰硕的成果。

管理是所有组织机构所特有的和独具特色的器官。

一种恰当的组织形式

19世纪末期，如同凤毛麟角般的大型组织（如企业、政府的行政机构和庞大的现役部队）的突然出现促使人们开始重视管理和从事管理的研究。

一个多世纪以前，对组织的研究就开始以下面的假设为基础：

企业应该具有或者必须具有一个恰当的组织形式。

这里"一种恰当的组织形式"所指的内容发生了多次变化。但是，对这样一个恰当的组织形式的探索研究一直延续到今天。

直到第一次世界大战以后，人们才开始认识到一个正式的组织结构存在的必要性。但是，同样也是因为第一次世界大战，人们发现法约尔（Fayol）和卡内基（Carnegie）的职能型结构（functional structure）不是一种恰当的组织形式。第一次世界大战刚刚落幕，皮埃尔·杜邦（1870—1954）和阿尔弗雷德·斯隆（1875—1966）先后提出"分权化管理"（decentralization）的概念。而我们最近几年一直在宣传"团队"是一种适合做一切事情的恰当的组织形式，这就产生了分歧。

鉴于实际情况，我们此时应该清楚地认识到，所谓的唯一一种恰当的组织形式是不存在的，而只能是多种多样的，每个组织形式都有其独特的优势、局限性以及特定的应用方式。我们认识到，组织形式不是绝对的，它是提高人们在一起工作的效率的工具。同样，一个特定的组织结构是与特定条件和特定时间内执行的特定任务相匹配的。

在当代，关于"层级制度已经终结"的声音仍然此起彼伏。这种观点显然是不对的。任何组织都要有能拍板的负责人，即所谓的"老板"，他可以做出最终的决策，可以要求其他人执行这些决策。当组织处于危难之际时（每个组织迟早都会遭遇这种情况），所有成员只有遵循明确的指令才能使组织最终幸免于难。如果船要沉了，船长不会召集大家开会，他只能选择立即下达命令。如果要想挽救这艘船，每个人都必须服从命令，必须准确无误地知道向哪里撤退和采取什么行动，而且在服从命令的同时不得"参与"决策或提出任何疑义。组织的所有成员摆脱困境的唯一希望就是承认"层级制度"和毫不犹豫地接受它。

在有些情况下组织需要深谋远虑，而在有些情况下则需要团队协作。

组织理论认为，所有组织都应该具有相似的性质，因此应该采用相同的方式来组织和管理整个企业。

但是在任何一个企业里，即使是在法约尔的"典型的制造公司"中都需要许多不同类型的组织结构同时并存，这是企业发展所必需的。

在经济全球化的今天，外汇风险管理日趋成为一项重要而艰巨的任务，需要采取完全集权化的管理方式。企业中的任何一个部门都无法单独处理本部门的外汇风险问题。但是，同一个企业在向客户（特别是高科技领域的客户）提供服务时，需要拥有几乎完全独立的自主权，独立的程度超过了传统意义上的分权化管理方式。每一个服务人员都需要成为"老板"，企业的其他部门围绕服务人员的指令开展工作，这时无条件地服从是必须的。

在有些研究活动中要求有标准的职能型组织，各类专家"各司其职"，独立开展工作。然而，也有其他类型的研究活动，特别是前期需要决策的研究活动（如某些医药项目的研究活动），从一开始就要求团队协作。同时，这两种研究活动经常是同时进行的，而且是同一个研究机构的项目。

认为"企业必须具有一种恰当的组织形式"的观点与"管理是企业管理"的错误观点之间有着千丝万缕的联系。假如早期学习管理的学生没有被这个错误观点所蒙蔽，假如他们有机会考察一下企业以外的组织，他们就会发现，不同性质的任务使不同的组织结构之间存在巨大的差异。

天主教的组织管理与剧院的管理存在很多的差异。一个现代军队的组织管理当然也不能与医院的管理相提并论。

组织实际上也是需要遵守有一些"原则"的。

第一条原则：组织必须是透明的。员工需要知道和了解他们在什么样的组织结构中工作。这听起来非常合情合理，但是大多数组织（甚至在军队中）做不到这一点。

第二条原则：在某些时刻，组织里必须有人拥有最后拍板的权力，特别是在面临"危机"的时刻必须有人站出来掌控全局。这条原则也是合乎常理的，同时说明权力与责任应该是对等的。这一原则在前面已经论述过。

　　第三个原则：在组织中，一个人只应该有一个"领导"。这也是一条完全可以理解的原则，恰好与古罗马的一句谚语不谋而合："有三个主人的奴隶就是自由人。"一条关于人际关系的古老原则也说："不要陷入'一女嫁二夫'的困境。"说明"领导"超过一个，就会陷入这种困境（顺便说一下，正是这个原因造成现在广泛采用的"小编制的爵士乐团"（4～7个人，Jazz Combo）型团队在实际操作中困难重重，在这种团队中，每个人都有两个领导，一个是专业领域（如工程）的领导，另一个是本部门的领导）。管理层次越少越合理，越少越有条理，即组织的结构要尽可能地"扁平"，这与"每接收与发送信息一次，噪声就增加一倍，信息量减少一半"的信息理论有着异曲同工之效。

　　但是，这些原则没有告诉我们应该做什么，而只是告诉我们不应该做什么。它们没有告诉我们哪些原则是行之有效的，只告诉我们哪些原则不太可能产生效果。这些原则与建筑师遵守的工作原则没有什么太大的差别，它们也没有告诉建筑师构建哪种建筑物，只告诉建筑师要注意哪些限制因素。这也许就是不同的组织结构原则所要做的事情。

　　这里我们可以得到一个启示：每个人都可以同时在不同的组织结构中工作，也可以在团队中执行一项任务，但同时还可以在领导的指挥与控制下执行另一项任务。在组织中以"老板"身份出现的人在企业联盟、少量参股的企业和合资企业等组织中又扮演"合作伙伴"的角色。换言之，组织应该是管理层行使管理职权使用的工具之一。

　　更为重要的是，我们需要进一步研究不同组织的优势与劣势。什么样的组织最适合执行什么样的任务，什么样的组织最不适合执行什么样的任务，在执行某项任务时，我们需要从一种组织形式转换到另一种组织形式吗？

这样的分析可能是目前"符合主流的"组织形式（团队）最需要的。

当然，我们必须研究和采用"混合型"的组织结构，不能只重视"纯粹的""一种恰当的组织形式"，但是遗憾的是大部分组织理论和组织方法仍旧将后者奉若神明。

其实，特别需要调查研究的一个方面就是最高管理层的组织形式。

然而，如果有人说他们确实很了解如何行使最高管理层的职责，无论是在企业中，还是在大学中，或是在医院中，我都会对此表示怀疑。

我们的言行不一表现得越来越明显，这是一个尽人皆知的现象，是一个不争的事实。我们喋喋不休地谈论"团队"，每一个研究项目都得出这样一个结论，即最高管理层的确需要一个"团队"去履行它的职责。然而，现在对超人般的 CEO 的"个人崇拜"浪潮席卷了每一个角落，不仅仅局限于美国企业界。在我们对这些传奇般的 CEO 顶礼膜拜的同时，似乎丝毫没有人注意到这样一个问题，即这些 CEO 及其接班人通过什么程序、是如何完成交接工作的。而且接班人问题始终是所有最高管理层的最大挑战，是每一个组织面临的最大考验。

也就是说，即使组织理论和组织实践是管理学中在有组织的研究与实践方面历史最悠久的，但是在这些方面，我们仍旧有大量工作需要去做。

一个世纪以前的管理学先驱说的没错，企业需要恰当的组织结构。现代企业和非营利组织，无论是企业、行政机构、大学、医院，还是人员编制众多的军队，都需要恰当的组织形式，这就如同除变形虫之外的任何生物有机体都需要结构一样。但是，先驱提出的假设（企业具有或应该具有一种恰当的组织形式）却是错误的。生物有机体的结构千变万化，而社会有机体（即现代机构）也有各种各样的组织形式。

管理学界与其探寻恰当的组织形式，还不如学会寻找、发展和检验适合特定任务的组织形式。

一种管理人的恰当方式

在人们的心目中，有关人和对人的管理的基本传统假设早已根深蒂固、深入人心（虽然大部分是潜意识上的），其他方面的假设无法与其相比，但应该注意到，这些假设完全与事实不符，全然没有达到预期的效果，它们与其他方面的假设也无法相提并论。

"企业应该采取或至少应采取一种管理人的方式。"

现在，这个假设几乎已经成为有关对人的管理的所有著作或论文的基石。道格拉斯·麦格雷戈（Douglas McGregor）的著作《企业的人性层面》（*The Human Side of Enterprise*，1960）引用这个假设的次数最多。在这部著作中，道格拉斯·麦格雷戈认为管理者在管理人的时候只能选择两种不同的方式："X 理论"和"Y 理论"，随后他认为只有 Y 理论是合理的。[⊖]几年以后，亚伯拉罕 H. 马斯洛（Abraham H. Maslow，1908—1970）在他的著作《优化心理管理》（*Eupsychian Management*，1962 年出版；1995 年再版，书名为《马斯洛论管理》（*Maslow on Management*））中称，我和麦格雷戈都说错了。他不容反驳地说，企业需要采取不同的方式来管理不同的人，量体裁衣的理论才是恰当的。

对此，我立即改变了我的观点，因为马斯洛为我们提供的证据简直无法抗拒，但是至今仍然很少有人重视。

关于企业有或至少应有一种且唯一一种管理人的方式的假设奠定了有关组织中的人和对人的管理的所有其他假设的基础。

在这些假设中，有一个假设认为，为组织工作的人是组织的雇员，他们全天工作，组织是他们维持生计和发展事业的依靠。还有一个假设认为，在

⊖ 本人在 1954 年出版的拙著《管理的实践》中也谈到了同样的问题。

组织中工作的人是组织的下属。实际上，有一种观点认为，这些人中大多数人要么没有任何技能，要么只掌握了初级的技能，组织要求他们做什么，他们就做什么。

80年前，在第一次世界大战期间和末期，当这些假设第一次出现的时候，它们完全符合事实，因而被认为是正确的假设，但发展到今天它们都不再站得住脚。大多数为组织工作的人可能仍旧是组织的雇员，然而少数人，虽然也为组织工作，但他们不再是组织的雇员，更不用说全天工作了。这些人的数量也仅仅占少数，但是其人数还在稳步上升。他们为外包承包商工作，如在医院或制造企业中提供维护服务的外包公司，或帮助政府机构或企业管理数据处理系统的外包公司。他们是"临时雇员"或兼职人员。越来越多的人成为赚取咨询费或在规定的合同期内工作的个人承包商，这尤其符合部分为组织工作、知识最渊博，因而是最有价值的人的实际情况。

即使能够成为组织的全职雇员，作为"下属"的人也是越来越少——即便是从事相当低层的工作，也是如此。他们已经逐渐成为"知识工作者"（knowledge worker）。同时，知识工作者不是下属，而是"合作者"。在实习期过后，知识工作者必须比老板更了解自身的工作，否则他们就体现不出任何价值。事实上，在知识工作者的定义中也提到："他们比组织中的其他人更了解自身的工作。"此外，今天的"上级"通常没有做过"下属"所从事的工作，而几十年前的情况及现在许多人仍然持有的观点，正好与现实大相径庭。

仅仅在几十年前，军队里的团长还曾经做过下属做的每一项工作，包括营长、连长和排长。从级别低下的排长到地位显赫的团长，其实这些岗位所做的具体工作完全相同，唯一不同之处就是他们指挥的人数不同。确实，今天的团长在军旅生涯的早期就开始指挥部队，但持续的时间不会很长。他们也曾经由上校和少校晋升到现在的职务，但是在大部分军旅生涯中，他们曾经做过参谋，参与过研究项目，教过书，在驻外使馆工作过。他们只不过不再想当然地认为自己了解"下属"（如指挥一个连的上校）所做的工作或准备做的工作，当然这些团长也当过上校，但是他们可能从没有指挥过一个连。

同样，负责市场营销的副总裁或许也是由销售部门的员工一步一步地晋升到这个职位的，他对销售活动了如指掌，但这些副总裁对市场调查、定价、包装、服务和销售预测等一无所知。因此，营销副总裁可能无法告诉营销部门的专家应该做什么和怎么做，但是这些专家却是营销副总裁的"下属"，而营销副总裁无疑要负责监督专家的工作，对绩效进行衡量，督促他们为公司的营销工作做出应有的贡献。

同样的道理也适用于医院的院长或医疗总监，他们虽然管理在临床实验室或理疗部门工作的、训练有素的知识工作者，但是他们同样也不一定有这方面的工作经验。

当然，这些合作者（知识工作者）也是"下属"，因为他们的聘用、解雇、升迁和评级都取决于"老板"。但是，在这些人自己的工作岗位上，只有这些所谓的"下属"承担起教育上级的责任，即帮助"上级"了解市场调查或物理治疗法的内容、具体的程序和各自的"绩效"，上级才能发号施令。反过来，这些"下属"需要上级下达命令。他们希望上级告诉他们，他们应该如何表现。

换句话说，他们之间的关系与其说属于传统的上下级关系，还不如说就是交响乐团中指挥与乐器演奏者之间的关系。通常来说，组织中聘用知识工作者的上级，不会做所谓的下属做的工作，就像乐队的指挥不会演奏大号一样。反过来，知识工作者需要上级发号施令和给整个组织评"分"，即规定标准、价值、绩效和效果。正如交响乐团会影响到才华横溢和独断专行的指挥家的指挥质量一样，知识型组织也可以轻而易举地降低最精明能干的上级的管理质量，更不用提对最独裁的上级的影响了。

　　总之，企业需要采用管理志愿者的方式来管理越来越多的知识工作者，也就是所谓的全职雇员，当然要给他们报酬。但是知识工作者具有流动性，可以跳槽，因为他们自己掌握的知识就是自身拥有的"生产资料"。

　　自从 50 年前，我们就知道，金钱不足以激发人们工作的动力。但是人们显然会因为对来源于金钱的不满足感而产生消极情绪。然而 40 年前，即 1959 年，赫茨伯格（Frederick Herzberg）在他的著作《工作的激励因素》（*The Motivation to Work*）中指出，对金钱的满足感主要是一个"保健因素"。激励人们工作的因素，特别是激励知识工作者工作的因素，与激励志愿者工作的因素是同一个因素。我们知道，由于志愿者不领取工资，因此他们从工作中获得满足感必须比领取工资的雇员多。最重要的是，他们需要挑战，需要了解组织的使命并对使命深信不疑。他们必须要不断地接受培训，并且也需要看到最终的工作绩效。

　　上面的论述表明，企业管理者需要采取不同的方式来管理不同类型的劳动者，而且对于相同类型的劳动者的管理方式也需要因人而异，因时制宜。企业越来越需要采取管理"合作者"的方式来管理"雇员"，而合作关系（partnership）的定义也指出，在地位上，所有合作者都是平等的，不能向合作者发号施令，他们需要采用说服的方式。因此，管理者的工作日益成为一项"销售工作"，也需要悉心经营。在销售的过程中，我们不会首先问，"我们想要什么"，而是会问，"对方想要什么，他们有什么样的价值标准，他们的目标是什么，他们想要得到什么样的结果"，而这些都不是"X 理论""Y 理论"或任何其他管理人的理论可以解答的。

　　我们或许不得不完全推翻过去"对人的管理"的定义，它可能根本不是针对"管理雇员的工作"。理论与实践应该把"以绩效为目标的管理"作为基本出发点，而出发点应放在对结果的定义上，这与交响乐团的指挥和橄榄球教练的出发点都是成绩一样，他们有异曲同工之妙。

知识工作者的生产率很可能成为对人的管理的核心，正如 100 年前泰勒那个年代，这个中心议题是围绕体力劳动者的生产率展开的一样。最重要的是，这要求人们对组织中的雇员及其工作提出截然不同的假设：

管理不是"管理"人。

管理的使命是"领导"人。

管理的目标是充分发挥和利用每个人的特定优势和知识。

技术和最终用户是一成不变的或给定的

上述三条主要假设作为管理实践的基础，贯穿始终，实际上它比管理学的历史都长。

关于技术和最终用户的假设，可以一直追溯到工业革命的早期。这些假设在很大程度上为现代企业和现代经济的崛起奠定了基础。

当纺织业第一次从家庭手工业中脱离出来的时候，社会上普遍认为纺织业已经拥有属于自己的、独一无二的技术，而且这种观点绝对是正确的。同样的观点也适用于采煤业和 18 世纪末期、19 世纪上半叶出现的任何其他工业。德国人维尔纳·冯·西门子（Werner Von Siemens，1816—1892）也认识到这一点，并成为在此基础上发展宏伟事业的第一人，在第一批创办具有现代企业雏形的工业组织的先驱者中我们也能看到他的身影。在上述观点的指引下，西门子于 1869 年率先聘用在大学深造过的科学家创办了一个现代研究实验室，专门从事科学研究工作，即产生了我们今天的电子学。他当时清楚地认识到电子学（当时称之为"低压"）与其他工业截然不同，拥有独特和独立的技术。

在这样一个高瞻远瞩思想的基础上不仅诞生了西门子自己的公司和自己的研究实验室，而且还催生出德国的化学工业。由于德国的化学工业建立在这样的假设基础上，即化学，特别是有机化学，拥有其独特的技术，因此在当时，德国的化学工业在全世界独占鳌头。随后，世界上的所有其他大公司也是在这样一个高瞻远瞩思想的基础上纷纷涌现出来，包括美国的电气和化学公司、汽车制造公司和电话公司等。在此之后，19世纪最成功的发明——研究实验室也因此而产生，最近的一个是距西门子创办实验室后差不多一个世纪，即在1950年IBM成立的实验室。与此同时，在第二次世界大战后发展成为跨国企业的各大医药公司也纷纷效仿创办各类研究实验室。

但是，时至今日，这些假设已经再也站不住脚了。医药行业最能说明这一问题，因为它们日益需要采用的技术与在医药研究实验室研发的技术相差得越来越远，比如说遗传学、微生物学、分子生物学和医疗电子学等。

在19世纪及20世纪上半叶，人们想当然地认为本行业以外的技术对本行业毫无影响，如果非说有的话，那这种影响也是微乎其微。现在，人们开始提出这样的假设：对本公司和本行业影响最大的技术恰恰是本领域外的技术。

当然，这与人们最初提出的假设相反，最初假设本公司或本公司所在行业所需要的技术，都可以由自己的研究实验室研制出来。反过来讲，研究实验室研制出来的，都可以应用到所在的行业。

举例来说，这个假设显然是贝尔实验室（Bell Labs）产生的基础，在最近100年以来所有主要的研究实验室中，它可以算得上是最成功的一个。自20世纪20年代成立起到60年代末，贝尔实验室创造和研制出的每一项新知识与新技术，的确都是电话行业所需要的。同时，贝尔实验室的科学家研发出的所有技术，都可以在电话系统中得到广泛应用。在晶体管（可能是贝尔实验室最伟大的科学成就）问世后，情况发生了根本性的转变。电话公司本身的确采用了大量的晶体管，但是，晶体管的主要用途却是在电话系统之外。当刚刚开发出来晶体管的时候，贝尔电话公司对这种情况简直始料不及，以至于几乎将晶体管技术白白拱手相让，因为它发现晶体管在电话系统内没有多大用途，并且它也没有认识到晶体管在电话系统外有什么用途。因此，任何人只需支付区区 2.5 万美元，就可以买走贝尔实验室研制出的、最具革命性的和最有价值的新技术——晶体管。如果不是贝尔实验室在这个问题上完全打错了算盘，人们也不会认识到它的这项成就的重要性，电话公司以外的所有现代电子公司实际上都是以晶体管为基础的。

相反，有些已经彻底改变电话系统的技术（如数字交换机或玻璃纤维电缆）也并不是来源于贝尔实验室的成果。它们采用的技术与电话技术有着天壤之别。在过去三五十年里，这种事情屡见不鲜，而且在每一个行业都有发生。

与 19 世纪的技术不同，现在的技术不再是独立的，而是彼此相互联系，形成了一种你中有我，我中有你的局面。某种业内人士几乎没有听说过的技术（如医药行业的人从没有听说过遗传学，更不用说医疗电子学了），却给这个行业及其技术带来了根本性的变革。通常，这种外来的技术会迫使整个行业不断学习、获取、适应和更新观念，更不用说掌握本行业的技术知识了。

最终用户是一成不变的。这个假设对在 19 世纪及 20 世纪初崛起的行业和公司来说发挥了同样重要的作用。对于某种最终用途来说，例如将啤酒放入容器中，各种各样的容器供应商展开了激烈的竞争，但直到不久前，玻璃容器行业才一统天下，而玻璃瓶几乎就是啤酒的唯一容器。

不仅企业、各行业以及消费者都已经接受了这个显而易见的假设，而且政府也对此表示认可。美国的企业法就是以这样的假设为基础建立的，每一个行业都有一种独特的技术与之相对应，每一种行业的最终用途都有一种特定且独特的产品或服务，这些假设也是制定反托拉斯法的基础。到目前为止，反托拉斯法仍旧关注玻璃瓶对啤酒容器市场的垄断，但几乎没有注意到这样一个事实，即越来越多的啤酒是放在易拉罐里，而不是放在玻璃瓶里的（或者，反之亦然，反托拉斯法只关注金属啤酒容器的集中供应问题，丝毫没有注意到存放啤酒的容器不仅仅仍旧是玻璃瓶，而且还越来越多地使用塑料瓶）。

但是，自从第二次世界大战起，最终用途不再只与某一种产品或服务一一对应。塑料产品理所当然地成了第一个打破常规的。然而，如今我们清楚地认识到，这不只是一种材料要挤进另一种材料的"势力范围"，我们逐渐可以采用各种不同的方法来满足同一种需求，社会只有独一无二的需求，而没有独一无二的满足需求的方式。

在第二次世界大战初期，新闻媒体基本上都被报纸所垄断，而报纸这项在18世纪的发明，在20世纪初期得到了迅猛发展。现在，新闻报道的方式日益多样化，而且相互之间存在激烈的竞争，这些方式不外乎：仍旧采用印刷方式发行的报纸、越来越多地采用互联网提供在线版本的报纸、广播、电视、只采用电子技术手段提供分类新闻的新闻机构（越来越多地提供经济和商业新闻），等等。

此外，信息已经成为最新的"基础资源"，与所有其他商品有着天壤之别，它不符合资源稀缺性定理，与之相反，它符合资源充裕性定理。例如，如果我卖了一本书，那么我就不再拥有这本书；如果我将信息透露出去；那么我仍旧拥有信息这一资源。实际上，拥有信息的人越多，信息体现的价值就越大。虽然我们清楚地认识到，信息将迫使我们从根本上修改基本经济理论，其在经济学上的意义却远远超出了本书的研究范围。但对于管理学而言，它的意义却远不止于此。我们不得不逐渐修改基本假设，信息不是任何行业或任何企业的附属品。信息的最终用途也并非单一的，任何最终用途也不能要求某种特定的信息与之相对应，或者依赖于某一种特定的信息。

由此可见，管理学界现在必须从这样的假设入手，即没有一种技术是任何行业的附属品，反之，在任何行业中所有技术都能够，实际上也很有可能发挥重大作用，并对这些行业产生深刻影响。同样，管理学界也必须以这样的假设为出发点：任何产品或服务的最终用途都不是一成不变的，任何最终用途都不是任何产品或服务所特有的。

这个假设也表明，无论是在企业、大学还是在医院中，非客户（noncustomer，即潜在客户）或没有成为客户的人群尽管没有客户那么重要，但他们越来越体现出与客户一样的重要性。

规模最大的企业（政府垄断企业除外）的非客户数量甚至超过了它的实际客户数量。企业的市场占有率很少能够超过30%，也就是说大多数企业的非客户数量至少占潜在市场的70%。但与之不相匹配的是，对非客户有一星半点了解的企业非常少，知道他们存在的企业就更少了，更不用说了解他们是谁了，知道他们为什么没有成为客户的企业更是少之又少。然而，不容忽视的是：非客户始终都是变革的原动力。

上述假设还提供另外一条重要信息，即企业的产品或服务不再是管理层的出发点，甚至也不是产品或服务的已知市场和最终用途，出发点应该落在客户认定的有价值方面。出发点应该是这样的假设，即供应商没有提供的，就是客户需要的。所有经验告诉我们，这个假设经得起实践的检验，客户认为有价值的始终都与供应商认为有价值的或认为具有优质品质的商品存在相当大的出入。这个假设不仅适用于企业，同样也适用于大学或医院。

换句话说，管理将越来越需要以这样的假设为基础，即技术和最终用途都不是管理政策赖以存在的基础。它们都存在一定的局限性。在可支配收入的分配上，客户的价值观和决策才应该是管理政策的基础。因此，这些基础已经逐渐成为制定管理政策和战略的出发点。

由法律界定管理的范围

不论是在理论上，还是在实践上，管理研究的对象都是法律上承认的实体，即独立的企业，包括商业企业、医院和大学等。因此，管理的范围是由法律决定的。过去是这样，现在它仍旧是一个准确无误的假设。

这个假设是基于命令与控制的传统管理概念提出来的，命令与控制实际上是由法律决定的。企业的CEO、天主教的主教和医院的院长拥有的命令与控制权都没有超出法律对这些机构的约束范围。

差不多100年以前，人们才第一次清楚地认识到，法律在定义管理大企业的问题上还存在很大的缺陷。

人们通常认为日本人发明了"企业联盟"（Keiretsu）这个管理概念，即企业的供应商与它们的主要客户（如丰田汽车公司）在企业规划、产品开发和成本控制等方面构成一个有机的整体，但实际上企业联盟的历史更为悠久，它其实是由美国人发明创造的，它的历史可以追溯到1910年左右。当时，威廉 C. 杜兰特（William C. Durant，1861—1947）⊖是第一个认识到汽车制造业有潜力成为主流产业的人。杜兰特当时并购了别克（Buick）等汽车制造企业，这些企业规模虽小，但经营得有声有色。他将这些小公司合并

⊖　威廉 C. 杜兰特是世界汽车发展史上的一位传奇式的人物。杜兰特于1861年出生于美国马萨诸塞州波士顿市。当他认识到汽车的发展前景时，果断地利用自己手中掌握的巨额资金，创建了今天享誉全球的通用汽车公司。——译者注

成一个规模较大的汽车制造公司，即后来的通用汽车公司。几年后，他认识到他的公司里还需要纳入主要供应商，于是开始接二连三地兼并零部件制造企业，扩大公司的链条。1920年通用汽车公司最后并购的是费舍尔车身制造公司（Fisher Body），当时费舍尔公司是美国最大的汽车车身制造企业。此项并购完成之后，在通用汽车公司生产的汽车中，有70%的零部件都是由其下属的制造企业生产的，该公司也因此成为当时世界上集成度最高的大企业。通用汽车公司正是得益于企业联盟的优势，而在成本和生产速度上拥有绝对的优势，并在短短的几年内成为世界上规模最大和利润最高的汽车制造企业，同时在美国竞争异常激烈的汽车市场上打遍天下无敌手，统领着整个汽车市场。事实上，通用汽车公司的成本比其所有竞争对手的成本低了将近30%，这些竞争对手包括福特汽车公司（Ford Motor Company）和克莱斯勒汽车公司（Chrysler Motor Corporation），这种状况一直维持了30多年。

但是，杜兰特的企业联盟概念仍旧以"管理就是命令与控制"为基础，杜兰特就是基于这个理念购入各种各样的零部件企业，构成通用汽车公司的企业联盟，而正是这种庞大的结构最后成为影响通用汽车公司发展的最大包袱。杜兰特制订了详细的计划，确保通用汽车公司下属的零部件供应商具有较强的竞争力。每一个零部件供应商（除费舍尔车身制造公司外）必须有50%的产品外销，即卖给与通用汽车公司竞争的其他汽车制造企业，从而保持他们在成本和质量上的竞争优势。但是在第二次世界大战后，这些在汽车市场上竞争的汽车制造企业却销声匿迹了，而衡量通用汽车公司下属零部件制造企业竞争力的标准也不复存在了。此外，1936～1937年，随着工会组织在汽车行业中的出现，通用汽车公司的零部件生产部门被迫承担汽车装配企业的高额劳动力成本，它们不再具有成本优势，而且时至今日，它们也无法克服这一企业弊病。"管理就是命令与控制"的假设是杜兰特的企业联盟赖以生存的基础，同时在很大程度上也揭示了通用汽车公司在过去25年逐渐走上下坡路和无法扭转颓势的症结所在。

20世纪二三十年代，在通用汽车公司之后崛起的西尔斯公司企业联盟的缔造者，也清楚地认识到这个问题。当西尔斯公司已经成为美国最大的零售商（特别是在家用器具和五金器具方面）的时候，它们也认识到有必要将主要供应商融入一个集团，在整个经济链中实现统一规划、统一产品开发和设计，并实行统一的成本控制。西尔斯公司没有采取买入这些供应商的做法，而是买入少数股权，从而以承诺代替投资，用合同维系关系。英国的玛莎百货（Marks & Spencer）是在西尔斯公司之后涌现的企业联盟，它或许是迄今为止最成功的企业联盟（甚至比日本的企业联盟更成功）。从20世纪30年代初开始，几乎所有向玛莎百货供货的企业都被纳入它自己的管理系统中，使它成为一个有机的整体，而用于维系它们之间关系的不是靠控股权或对所有权的控制，而只是一纸合同。

在此之后不久，日本人于20世纪60年代开始有意识地复制、模仿了玛莎百货的企业联盟模式。

在每一个经典案例中，从通用汽车开始，企业联盟（即许多企业构成一个有机的管理系统，与这些小企业的关系是靠经济利益维系的，而不是靠法律上的控制与被控制关系维系的）获取的成本优势至少在25%左右，而且有的经常能够达到30%。企业联盟在本行业内和在市场上都具有绝对的支配地位。

但是，因为企业联盟仍然是以权力为基础的，所以表现得并不够完美。无论是通用汽车公司、杜兰特在 1915～1920 年并购的独立的小型零部件制造企业，还是西尔斯公司、玛莎百货或丰田汽车公司，它们的核心企业在经济上都拥有至高无上的权力。企业联盟的基础不是平等的合作关系，而是供应商的依附关系。

随着社会的发展，经济链中越来越多地出现了真正的合作伙伴，它们之间拥有平等的权利，真正具有独立性，比如，医药公司与大学的生物系之间的合作关系，第二次世界大战后美国公司到日本开办的合资企业，今天的化学公司、医药公司与遗传学、分子生物学或医疗电子学公司结成的合作关系。

虽然这些拥有最新技术的公司规模非常小，而且大多资金短缺，但它们拥有独立的技术。因此，在技术上，它们是拥有绝对谈判资本的合作伙伴，它们比规模较大的医药公司或化学公司更具有选择合作伙伴的自主权，同样的道理在很大程度上也适用于信息技术和金融业。传统的企业联盟或命令与控制型企业，已不再适用。

因此，我们需要重新审视和划定管理的范围，管理应当包括对整个流程的管理。对于企业而言，在很大程度上是指产供销的整个过程。

无论是在理论上，还是在实践上，管理日益需要以新的假设为存在的基础，即管理的范围不是由法律决定的。

新的假设应该具有可操作性，管理应该包含整个流程，应该关注整个经济链的效益和绩效。

由政治决定管理的范围

不仅在管理学界，而且在管理的实践中，也仍然普遍持有这种观点："按国家疆界划分的国内经济是企业赖以生存的生态环境，包括商业企业和非营利机构。"大部分人仍旧认为这是理所当然的事情。

这个假设奠定了传统意义上的"跨国公司"产生的基础。

众所周知，跨国公司生产的商品和提供的金融服务，在世界总的份额中占有相当大的比重，不仅在第一次世界大战前如此，而且现在仍旧是这样。1913年，在任何行业（无论是制造业，还是金融服务业）居于主导地位的公司在国外的销售额都不比在国内的销售额少。但是，当这些公司的生产活动发生在自己国家的疆界以外时，也可以说发生在另一个国家的疆界内。

下面就是一个典型的例子。

在第一次世界大战期间，都灵（意大利西北部城市）的菲亚特公司（Fiat）是向意大利军队提供战争物资的最大供应商，企业产生的历史虽不长，但发展速度之快出人意料。意大利军队使用的所有汽车和卡车都是由它提供的。同时期，位于奥地利的维也纳（奥地利的首都）的菲亚特公司是向奥匈帝国（Austro-Hungarian）提供战争物资的最大供应商。奥匈帝国使用的所有汽车和卡车都是由它供应的。由于奥地利和匈牙利的市场总额比意大利大，而且人口数量也多，经济更发达，特别是在西部地区，因此菲亚特奥地利公司的规模是母公司的两三倍。菲亚特奥地利公司是菲亚特意大利公司的全资子公司，但除了由意大利提供设计外，菲亚特奥地利公司在其他方面可以说是一个完全独立的公司。它的一切物资要么是在奥地利生产的，要么是在奥地利购买的，生产的所有产品都内销，包括CEO在内的所有雇员都是奥地利人。当第一次世界大战爆发时，奥地利和意大利反目成仇，成了敌对双方。因此奥地利人只能变更菲亚特奥地利公司的银行账户，但企业的一切日常经营照旧。

但是现在，即使是汽车行业或金融服务业等传统行业，也不再采取上述组织方式。

在第二次世界大战后，虽然通用汽车公司和安联公司仍旧按"国内"和"国际"部门组织企业，但是医药或信息等行业的企业越来越多地放弃这种管理方式，而以整个世界为一个市场体系，按照"跨国"的原则组织各项经营活动，包括研究、设计、工程、开发、测试以及越来越多的制造业务和市场营销业务。

某大型制药公司分别在 7 个不同国家设有 7 个实验室，它们各有各的侧重点（如抗生素），但都同属于一个"研究部门"，都受命于总部的同一个研究主管。该公司在 11 个国家设有制造工厂，每个工厂都高度专业化，都只生产一两类产品，都面向全世界销售。该公司设有一名医药主管，负责从这 11 个国家中选择五六个国家测试新药。但是，外汇风险的控制完全集中在一个地方，并对整个系统负责。在传统的跨国公司中，经济现实就是政治现实。按今天的话说，国家是"企业单位"。而在今天的跨国公司以及越来越多的、被迫转型的老牌跨国公司中，国家只是一个"成本中心"。它不是组织单位、企业单位、战略单位和生产单位，而是一个错综复杂的综合体。

管理范围和国家的疆界不再重叠。虽然管理的范围不再由政治决定，但国家疆界仍旧是重要的。

因此，最新的假设应该是：

国家疆界主要作为约束机制发挥着重要的作用，但是对企业来说，决定管理实践的不是政治，而是经营方式。

管理的领域是对内部的管理

所有传统假设都可以引发一个结论：**组织内部是管理的领域**。

这一假设说明了管理与创业精神之间的区别，而假如没有这个假设，这种区别是无法完全被理解的。

在实际的管理实践中，这种区别没有任何意义。如果没有开拓创新的进取精神，没有企业家精神，任何商业企业或非营利组织，很快就会被社会淘汰。

从一开始，我们就应该清楚地认识到，管理和企业家精神只是同一项工作的两个不同侧面。不懂管理方法的企业家不会有太大的发展前途，不善于创新的管理者也不会在这个工作岗位上持续得太久。事实上，今天的商业企业和任何其他组织必须视变革为家常便饭，要寻求主动创造的变革，而不是让变革牵着鼻子走。

然而就目前的情况来看，创业活动是从企业外部开始的，而且都以外部为主，以外部需求作为企业创新的动力。因此，这与关于管理领域的传统假设格格不入，而这种假设也解释了人们普遍认为这些活动是属于不同范畴的东西，就是水火不相容的东西的原因。然而，如果任何组织居然认为管理和企业家精神属于不同范畴（更不用说水火不相容了），那么它们关门大吉的日子也就不远了。

随着过去几十年信息技术的兴起，企业更加重视对其内部的管理。然而到目前为止，与其说信息技术为管理提供了有力的帮助，不如说对管理造成了巨大的伤害。

传统的假设认为组织的内部是管理的领域，即认为管理不仅要关注成本，而且还要关注员工的工作努力。因为工作努力是组织内部唯一存在的事物。同样，组织内部的所有组成机构都是一个成本中心。

但是，任何组织的绩效都只能在外部反映出来。

我们完全可以理解把对组织内部的关注作为管理的出发点。当大型组织首次出现时，即1870年左右诞生的企业（也是第一个，而且是迄今为止最显而易见的组织形式），对内部的管理作为一项全新的挑战摆在管理者的面前，因为谁都没有管理的经验。然而，虽然"组织的内部是管理的领域"的假设最初是合理的假设，或至少是讲得通的假设，但是随着不断地发展，它的继续存在就不再有任何意义。组织的功能和性质恰恰是一个矛盾的结合体。

管理必须侧重于组织的成果和绩效。实际上，管理的第一个任务是界定一个给定组织的成果和绩效，而任何从事过这一工作的人都可以证明，这实质上是一项最艰巨、最有争议的工作，但同时也是最重要的任务。因此，管理的责任是通过有效地协调组织内部的资源，然后在组织外取得成效。

因此，我们提出了一些新的假设。以下最新的假设是最新管理范式赖以存在的基础，而最新的管理范式，无论是在理论上还是在实践上，都奠定了管理的基础。

管理存在的目的是帮助组织取得成效。它的出发点应该是组织的预期成效，管理的责任是协调组织的资源并使之取得这些成效。无论是企业、教堂、大学、医院，还是女权保护组织，管理都可以看作帮助组织在组织外取得成效的工具。

本章的目的是提出问题，而不是解决问题，是引人思考的。但是，这些问题都包含着一种感悟，即现代社会、经济和社区的中心既不是技术，也不是信息，更不是生产力，而是管理完善的组织，这个组织是产生成效的社会工具。同时管理是帮助组织产生成效的特殊工具、特殊功能和特殊手段。

然而，这就需要有一个最终的和全新的管理范式：

无论是在组织内部还是在组织外部，无论是组织能控制的，还是完全不能控制的，只要是那些能够影响组织的绩效和成果的，就是管理的中心和责任。

当今管理者需要的信息

  自从三四十年前新型数据处理工具出现，企业界人士对信息在组织中的重要性不是高估，就是低评，始终没有能够做出正确的判断。我们（包括本人在内）都高估了计算机生成的"商业模式"（business models）的可能性，认为这种模式可以做决策，甚至可以管理企业的许多工作。同时，我们也完全低估了新工具的作用，仅仅把它们当作改进管理者在管理组织的过程中所做工作的手段。

  随着经济的发展，现在已经没有人再谈论能够做经济决策的商业模式了。迄今为止，我们的数据处理能力所做出的最大贡献甚至与管理毫不相干，而经营活动才是那些新兴工具的最大受益者，这些新兴工具的具体形式包括计算机辅助设计或新奇的软件，建筑师现在可以利用这些辅助工具来解决他们设计的建筑物存在的结构问题。

  然而，恰恰在高估和低估新型工具的同时，我们也没有认识到它们会彻底地改变我们所要处理的任务。历史的经验教训一再告诫我们，概念和工具是相互依存而又相互作用的，一方会导致另一方的改变，现在这一改变正发生在被我们称之为企业的概念与信息的工具上。新工具使我们能够，实际上可能是迫使我们，从不同的角度来看待我们的企业，认为企业是：

- 资源的创造者，即可以将投入转化为产出的组织；
- 经济链中的一个环节，为了控制企业的成本，管理者需要把经济链看作一个整体；
- 创造财富的社会器官；
- 物质环境的创造者和被创造者。而物质环境位于组织的外部，组织的机会就来源于此，组织的成果又在此体现，同时它还是威胁到每一家企业的成功与生存的因素的发源地。

本章探讨的是管理者为获取所需信息而使用的工具，并且要研究这些工具的基本理念。虽然其中一些工具都已经存在很长时间了，但是它们很少关注企业管理这项任务。有些工具必须更新形式，如果保持现在的形式，它们将不再行之有效。对于一些有可能在将来发挥重要作用的工具来说，我们迄今为止只提出了最简单的要求，这些工具本身仍旧需要进行深入的设计。

即使我们刚刚开始懂得"如何在使用的过程中让信息成为工具"，我们也可以大致地说出管理者在管理企业过程中所需的信息系统的主要组成部分是什么。反过来，我们也可以更加了解有关企业的概念，这些概念很可能成为管理者明天需要管理的企业（即经过重新设计的公司）的基础。

从成本会计到产出控制

在重新设计商业企业与信息方面，我们的研究可能是最深入的。而在我们的信息系统中，会计系统是最传统的信息系统。事实上，许多企业已经从传统的成本会计法过渡到作业成本法。作业成本法代表不同的业务流程概念以及不同的衡量方法，尤其是对于制造企业来说，更是如此。

传统的成本会计法是 70 年以前首先由通用汽车公司提出的，它认为制造活动的总成本是各项工作的成本之和。然而，影响竞争力和盈利能力的成本是整个流程的成本，而新的作业成本法记录的就是这个成本，并帮助我们能够有效地管理整个成本。作业成本法的基本前提是：制造活动是一个一体化的流程。当物资、材料和零配件到达工厂的装卸平台时，这个流程就开始了，而且甚至在最终用户拿到成品后，这个流程也不会因此而停下来。即使顾客需要自己付钱获得服务，服务仍旧是产品的一项成本，安装也不例外。

传统的成本会计法衡量的是工作的成本，如切割螺纹；作业成本法还包括非工作的成本，如机器停工的成本、等待所需的零配件或器具的成本、等待装运的存货的成本，以及重新加工或拆掉存在缺陷的零配件的成本。传统的成本会计法不记录非工作的成本，但是这一成本常常超过工作的成本，但传统的成本会计法无法记录这些成本。因此，作业成本法不仅可以更好地控制成本，同时它也能更好地控制成果。

传统的成本会计法认为，如果必须做某项工作，就必须在现在做这项工作的地方完成，例如，进行热处理就必须在特定的地点进行。作业成本法却可以提出这样的疑问：我们必须做这项工作吗？如果必须做，在哪儿做最好？作业成本法还集多项分析功能于一身，如价值分析、流程分析、质量管理和成本核算，而以前这些分析活动均是分开进行的。

通过采用作业成本法，可以大幅度地降低制造成本，在某些情况下其降低幅度能够达到 1/3 或更多。然而，受该方法影响最大的可能是服务业。对于大多数制造公司来说，需要计算成本，但仅仅依靠成本会计法是不够的。但是在银行、零售店、医院、学校、报纸、广播电台和电视台等服务行业实际上根本就没有成本信息，也就无须计算成本。

作业成本法为我们解释了为什么传统的成本会计法不适用于服务公司。服务公司不能像制造公司一样采用传统的成本会计法来计算各项工作的成本。这不是因为它对于服务业来说是一种错误的技术，而是由于传统的成本会计法提出了错误的假设。它们首先必须考虑的假设是服务业的成本只有一项，即整个系统的成本。在任何特定时期内，这项成本都是固定的。固定成本与可变成本之间存在明显的区别，这是传统的成本会计法的基础，但这种区别在服务业毫无意义。传统的成本会计法还认为资本可以替代劳动力，这个基本假设对服务业也丝毫没有意义。事实上，尤其是在基于知识的服务业中，追加资本投入后，企业不是需要减少劳动力，而是很可能需要增加劳动力。例如，在购买了一台新的诊断仪器后，医院可能必须增加四五个操作人员。其他基于知识的组织也有类似的情况发生。

而作业成本法恰好以下面的假设作为出发点：在特定时期内，所有成本都是固定不变的，而且各种资源之间没有替代性，因此必须计算整个工作的成本。这些假设应用到服务业之后，我们开始获得成本信息并控制产出。

例如，几十年来银行一直在试图用传统的成本会计法来评估其业务绩效，即计算出各项工作和服务的成本，但收效甚微。现在，它们开始思考："哪一项活动产生的成本最多而且创造的成效最大？"答案是：为顾客服务。在银行的每一项主要业务中，每位顾客的成本都是固定不变的。因此，决定成本和盈利能力的就是每位顾客的产出，即一位顾客享受到的服务量和服务组合。廉价商品零售商，特别是西欧的零售商，很久以前就已经掌握了这个道理。它们认为，在占据一个单位面积的货架被摆放好以后，成本就是固定不变的，而管理工作的目的就是在特定的时间段内最大限度地提高货架的产出。由于它们侧重于对产出总量的控制，尽管他们的价格低廉、利润微薄，却仍旧能够提高盈利能力。

当前，在服务业还是刚刚开始采用这些新的成本核算概念。在研究实验室等领域，我们几乎不可能计量出它们的生产率，我们可能总是需要依靠主观评估和判断，而不仅仅是通过计量的手段进行的。但是，对于大多数基于知识的工作和服务来说，我们应该在 10～15 年的时间内发展出可靠的工具，以便核算和管理成本，并说明这些成本与成果的关系。

如果能够更认真地思考服务成本核算的问题，我们就能重新认识各种各样的企业为吸引和留住客户而需要付出的成本。如果通用汽车公司、福特汽车公司和克莱斯勒汽车公司都采用作业成本法，它们就能提前认识到各自在过去几年所推出的闪电式竞争措施是否有效。其实，向购买新车的顾客提供大幅折扣和大量现金奖励的措施只是竹篮打水一场空。实际上，这些促销措施让三大汽车制造公司耗费了巨额资金，更糟糕的是，它们由此而失去的潜在顾客不计其数。

从虚构的合法假设到经济现实

我们不能仅仅满足于了解经营成本，这是远远不够的。要想在竞争日益激烈的全球市场中立于不败之地，企业必须计算并评估其所在的整个经济链的成本，并与经济链的其他成员一起控制成本，以及最大限度地提高产出，以此获得最大的效益。因此，企业应该放弃只计算组织内部活动成本的做法，转而计算整个经济流程的成本，而即使是最大的公司甚至也只是整个流程中的一个环节而已。

对于股东、债权人、雇员和税务当局来说，公司这个法律实体是现实存在的。但是，在经济层面上，它却是虚构的。30 年前，可口可乐公司是一个特许经营企业，独立的瓶装厂负责生产可乐产品。现在该公司控制着其在美国的大部分瓶装业务，但是，喝可口可乐的人都并不介意（甚至只有绝无仅有的几个人知道这一事实）。不论谁拥有什么，在市场上发挥重要作用的只是经济现实，即整个流程的成本。

在短短的几年时间内，一个不知道从哪里冒出来的无名小卒不费吹灰之力就击败了市场公认的强者，在商业历史上，这种案例层出不穷。究其原因，人们总把它归结为绝妙的策略、先进的技术、有效的市场营销措施或精益求精的制造模式，但是，一个不争的事实是，在每一个案例中，新进入者总是拥有巨大的成本优势，通常在 30% 左右，这才是其制胜的真正原因。实际上，那些新成立的公司取得最终胜利的原因一直都是类似的，即它们不仅对自己的成本了如指掌，而且还掌握和控制了整个经济链的成本。

丰田汽车公司掌握和控制了供应商与经销商的成本，在这些方面是最引人注目的。当然，这些供应商和经销商都是丰田企业联盟的成员。通过这个企业联盟构成的生产与营销网络，丰田汽车公司控制了汽车制造、销售和维修的总成本，使这些成本合并到一个成本流程中。哪个企业的成本最低、效益最高，丰田汽车公司就选择哪个企业。

然而，关于经济成本流的管理并不是日本人发明的，而是由美国人发明的。它源自于通用汽车公司的设计者和创建者威廉·杜兰特。大约在 1908 年，杜兰特开始收购经营得很成功的小型汽车公司，包括别克、奥兹莫比尔（Oldsmobile）、凯迪拉克和雪佛兰等，并把它们并入他新创办的通用汽车公司。1916 年，为了收购经营得非常成功的小型零配件公司，他成立了一家独立的子公司，被称为联合汽车公司（United Motors）。他第一批收购的企业包括德尔科公司（Delco），该公司拥有查尔斯·凯特林（Charles Kettering）的汽车自动点火装置专利。

杜兰特最后一共收购了大约 20 家供应零配件的公司。1919 年，也就是他被通用汽车公司解除 CEO 职务的前一年，费舍尔车身制造公司成为他最后收购的公司。经过深思熟虑之后，杜兰特决定让这些零配件制造企业从一开始就参与新车的设计。这样，他可以将汽车成品的总成本纳入一个成本流中进行管理。前面提到过，事实上是杜兰特发明了企业联盟。

　　然而，1950～1960年，随着通用汽车公司的零配件制造企业普遍成立工会，他们的劳动力成本超过了独立竞争对手的劳动力成本，这使杜兰特的企业联盟因此变成戴在公司脖子上的沉重枷锁。这些零配件制造企业拥有一些外部客户，它们都是独立的汽车公司，如帕卡德（Packard）和斯蒂旁克（Studebaker）等公司，它们从通用汽车公司的零配件企业购买的产品占这些企业总产量的50%。随着这些汽车公司接二连三地消失，通用汽车公司对其主要供应商的成本和质量的控制也不复存在。但是，40多年来，通用汽车公司的系统成本核算方法使其具有了无与伦比的竞争优势，即使是效率最高的竞争对手也无法与之相提并论，而此期间，在很长的时间内作为通用汽车公司的竞争者的斯蒂旁克公司在效率上是最高的。

　　西尔斯公司率先成功采用了杜兰特的成本核算系统。20世纪20年代，西尔斯公司与供应商签订了长期供货合同，并购买了这些供应商的少数股权。于是，在供应商设计产品时，西尔斯公司能够与它们磋商，并掌握和控制整个成本流。该公司也因此得以在几十年里拥有了其他企业难以逾越的成本优势。

　　20世纪30年代初，伦敦的玛莎百货采纳了西尔斯公司的成本核算模式，也取得了显著的成效。20年后，以丰田汽车公司为首的日本企业研究和复制了西尔斯公司和玛莎百货的成本核算系统。随后在20世纪80年代，沃尔玛（Wal-Mart）调整了这种成本核算模式，允许供应商直接在商店的货架上存放产品，从而使仓库中的存货消失得无影无踪，而这些存货几乎占到传统零售业成本的 1/3，至此大大降低了该超市的成本。

但是这些公司仍旧是凤毛麟角。19 世纪 90 年代末，阿尔弗雷德·马歇尔（Alfred Marshall）在文章中提出计算整个经济链成本的重要性，从此以后，经济学家也逐渐认识到它的重要性。但是，大多数商业界人士仍旧认为它只是理论上的抽象概念。然而，企业越来越需要管理经济成本链。实际上，管理者不仅需要组织和管理成本链，而且还要管理其他事务，特别是要管理企业策略和产品规划。无论经济链中的各家公司在法律上属于哪个国家管辖，管理者都需要让所有这些任务融入一个经济整体中。

企业抛弃以成本为导向的定价模式，转而采用以价格为导向的成本核算模式。这一转变是促使企业开始计算经济链成本的强大动力。西方企业计算价格的传统做法是，先计算出成本，然后加上适当的边际利润，最后得出价格，它们采用的是以成本为导向的定价模式。西尔斯公司和玛莎百货很久以前就开始采用以价格为导向的成本核算模式，其中，顾客愿意支付的价格促使企业从设计阶段就需要开始考虑它们能够接受的成本。以前，采用这种成本核算模式的企业简直是少之又少，而现在，企业对以价格为导向的成本核算模式已经开始习以为常了。到目前为止，美国、日本和欧洲的所有廉价商品零售商都采用以价格为导向的成本核算模式。克莱斯勒汽车公司依靠最近推出的车型取得了成功，通用汽车公司的土星牌汽车也在市场上有很好的销售业绩，这都得益于这种以价格为导向的成本计算模式。然而，只有企业能够掌握和控制整个经济链的成本，企业才可以采用以价格为导向的成本核算模式。

同样的观点也适用于外包、联盟和合资企业，实际上也适用于以合作关系为基础，而不是以控制与被控制为基础的任何企业结构。特别是在当今经济全球化的环境中，这类实体将取代母公司控制全资子公司的传统模式，并日益呈现出成长趋势。

　　但是，对于大多数企业来说，选择经济链成本核算模式将是非常困难的。要做到这一点，整个经济链中的所有企业都需要有相同的，或至少是相容的会计核算系统。然而，在现实中，每一家企业都按自己的方式组织自己的会计系统，每一家企业也都认为自己的会计系统是唯一可行的。此外，经济链成本核算模式要求各个企业共享信息，但是，即使在同一家企业中，人们也往往拒绝信息共享。这都在一定程度上不利于采取该种成本核算模式。尽管存在这些挑战，企业现在仍然可以想方设法地实施经济链成本核算模式，宝洁公司（Procter & Gamble）就是很好的例证。宝洁公司以沃尔玛与供应商建立密切关系的方式为模板，在300家大型零售店推广信息共享和经济链管理模式，而这些零售店在全世界分销宝洁公司的大部分产品。

　　无论存在什么样的障碍，经济链成本核算模式都是大势所趋，否则，即使是效率最高的企业，过去引以为豪的成本优势也会逐渐变为成本劣势。

创造财富的信息

　　企业的目标是创造财富，而不是控制成本。但是，这个显而易见的事实却没有在传统的核算方法中反映出来。会计专业的一年级学生通过学习，了解到资产负债表描述的是企业的清算价值，向债权人提供的情况是最糟糕时的信息。但是，企业正常经营的目的不是破产清算，企业管理的目的应该是保持持续经营，即创造财富。要创造财富，企业就必须提供能帮助管理者做出明智判断的信息。企业需要四种诊断工具：基础信息、生产率信息、能力信息和稀缺资源分配信息，这些工具共同构成管理者在管理当前企业时所需的工具箱。

现金流量和流动性预测，包括各种标准的测量手段，是历史最悠久并被企业最广泛采用的一种诊断性管理工具。这些工具还包括经销商存货量与新车销售量比率、支付债券利息后的收益额和账龄超过 6 个月的应付账款的比率以及应付账款总额和销售额的比率。这些类似于医生在进行例行检查时使用的测量手段，如体重、脉搏、温度、血压和尿液分析。如果测量结果正常，我们不会得到更多信息，但如果结果异常，说明我们需要找出原因，并且解决问题，这些测量手段可以被称为基础信息，这是第一种诊断工具。

第二种诊断工具涉及关键性资源的生产率。历史最悠久的当数第二次世界大战时期出现的、计算体力劳动者生产率的工具。我们现在正在逐渐地发展并计算知识工作和服务工作生产率的测量手段，尽管这些手段仍旧是比较原始的测量手段，由于仅仅计算工作者（包括蓝领和白领）的生产率，我们再也不可能获得足够的生产率信息，我们需要综合所有要素的生产率数据。

这也是人们越来越多地采用经济增加值分析法（economic value added analysis，EVA）⊖的主要原因。很早以前我们就对它的基础一清二楚，我们通常认为留给服务企业分配的资金就是利润，而实际上它根本就不是利润。在企业获得的利润大于资金成本以前，企业始终处于亏损状态。企业上缴利税，似乎说明企业真正盈利了，但实际并非如此。这个时候可能企业对经济的回报仍旧小于对资源的索取，除非利润超过资金的成本，否则企业就无法收回全部成本。在收回成本之前，企业不是在创造财富，而是在破坏财富，仅仅是在对成本进行补偿。但是，如果偶尔以这个标准衡量的话，在第二次世界大战以后，美国几乎没有盈利的企业。

⊖ 经济增加值分析法主要是对公司股东价值的增值进行计量，是在公司内部决策和管理上使用的一种不同的利润计算方法，它是通过从经过调整后的税后净利润中扣除资本成本的方式来实现这一目的的，因而它具有巨大的功能和优势。——译者注

通过计算所有成本的增加值，包括资金成本，实际上经济增加值分析法计算的是生产过程中所有要素的生产率。虽然这一方法本身并不能告诉我们，为什么某种产品或服务没有带来增加值或针对这种情况应采取什么措施。但是，该方法让我们知道，需要发现什么样的问题以及是否需要采取补救措施。我们还应该利用经济增加值分析法找出有效的措施，它可以准确地告诉我们，哪些产品、服务、工作或活动的生产率和增加值出奇得高。然后，我们可以自问："我们可以从这些成功经验中学到什么？"

标杆是获取生产率信息的一种最新工具，这种方法可以使企业将自己的绩效与该行业内最佳的或世界上最佳的企业绩效放在一起进行比较。这一方法暗含的假设是：一个组织能做的事情，任何其他组织都可以做到，这种假设是正确的。该方法还认为具有竞争力的前提条件是至少与领先者做得一样好，这同样也是正确的。经济增加值分析法与标杆共同组成一组计算和管理综合要素生产率的诊断工具。

第三种诊断工具是关于能力的。自从普拉哈拉德（C. K. Prahalad）和加里·哈默尔（Gary Hamel）发表了具有开创意义的文章《公司的核心能力》（《哈佛商业评论》，1990 年 5 ～ 6 月）后，我们就知道要想傲视群雄，企业需要有常人所不能及的能力或拥有别人难以模仿的能力，要懂得创新。要傲视群雄，核心能力是关键，通过这种能力，生产企业或供应商会发现自己所具有的特殊能力能够满足市场或客户的特殊需要。

例如，日本人能够将电子元器件的尺寸压缩到非常小的程度，他们的这种能力源自于他们的传统艺术——印笼（inro）⊖和挂件（netsuke），这些传统艺术都有长达 300 年的历史，前者是一种非常小的光亮的盒子，人们可以在上面画上风景画；后者是一种更小的纽扣，上面绘有各种各样的动物图

⊖ 所谓"印笼"，现在已经完全不再使用了，它是古时候武士一定要配挂在腰上的东西，在里面放置一些疗伤药等。——译者注

案，通过这种挂件，人们可以将印笼系到腰带上。通用汽车公司在过去 80 年里独具慧眼，成功收购了一家又一家企业。玛莎百货也有其独到之处，它们为中产阶级设计出事先包装好的和无须加工即可食用的美食。但是，我们必须要考虑：我们该怎样做才能发现我们已经具备的核心能力，以及企业要取得和保持领先地位所需的核心能力？我们如何知道自身的核心能力是增强了，还是削弱了？或者，原有的核心能力是否仍旧是我们所需要的核心能力？核心能力需要发生哪些变化？

迄今为止，基本上没有关于核心能力的比较详细的记载。但是，许多高度专业化的中型企业正在提出一整套衡量和管理核心能力的方法，包括瑞典的一家医药制造企业和美国的一家专业工具生产企业。首先要密切关注本企业和竞争对手的绩效，特别要关注那些意想不到的成功和在本应做得好的领域却意外出现低于标准的绩效。成功说明企业找准了市场的切入点，表明了市场价值并为之支付；同时成功也能表明企业哪些商业领域拥有领先优势。没有取得成功则在第一时间表明市场发生了变化，或者企业的核心能力正在被削弱。

通过这样的分析，企业就可以提前发现机会及存在的问题。例如，通过密切关注出人意料的成功，美国的一家机床制造企业发现了这样一种情况：日本许多小型机械修理店也购买本公司生产的昂贵的高科技机床。但是，在设计过程中，美国的这家公司并未考虑日本人的需求，甚至也没有向这些日本企业开展促销活动。正是这种意外的发现使该公司认识到新的核心能力，即尽管它的产品在技术上非常复杂，但是这些产品具有易于维护和易于维修的特点，这也正是这些产品吸引日本人的原因。后来该公司在设计产品的过程中就考虑了这个问题，从而在以后的发展中占据了美国和西欧的小型工厂及机械修理店市场，而在以前，该公司实际上根本就没有考虑到这些巨大的潜在市场。

　　不同的组织有不同的核心能力，这取决于各个组织的特色。但是，每个组织（不仅仅是企业）都需要有一个共同的核心能力——创新。而且，每个组织都要能够记录和评估创新的绩效。在对创新的绩效进行记录和评估的企业中（包括第一流的医药制造企业），其出发点不是企业自己的绩效，而是要在特定的时期内详细记录整个领域的创新活动。在这些创新活动中，我们需要了解：哪些是导致真正成功的创新活动？我们自身的创新活动有多少？我们的绩效符合我们的既定目标吗？是否符合市场的发展趋势和发展潜力？是否符合我们当前的市场地位和能力？与我们的研究所进行的投入相符合吗？我们取得成功的创新活动是发展最快、机会最多的领域吗？有多少真正重要的创新机会我们没有抓住？究竟是什么原因导致我们没有抓住这些机遇？是因为我们没有发现这些创新机会，还是因为我们发现了这些机会，但是没有充分利用，还是因为我们自身的工作做得不够好？在将创新转化为商业化生产的产品上，我们做得怎么样？毫无疑问，其中许多问题都是对核心能力的评估，而不是测量核心能力。这种评估不是在回答问题，而是在提出问题，并且提出的也是一些正确的问题。

　　在管理当前的企业并努力实现创造财富这一目标的过程中，我们需要的最后一个诊断信息是稀缺资源的分配情况，而这种稀缺资源主要就是指资本和利用资本的人。这两种资源把管理者在管理企业的过程中所拥有的所有信息都转化为具体行动，这是企业经营成败的决定性因素。

　　大约在 70 年前，通用汽车公司提出了第一套资本拨款流程。就目前来看，几乎所有企业在实践当中都采用了这一流程，但是正确使用这个流程的企业却并不多见。企业一般只根据投资回报率、偿还期、现金流量或折扣后的现值这些标准来估算其资本拨款的需求状况。但是，我们很早就知道（自 20 世纪 30 年代早期起），在这些评估标准中，几乎没有一个是完全正确的。要了解计划投资的数额，企业需要全面地、综合地考察上述四个标准。在

60 年前，处理这些数据需要一个很漫长的时间。现在，笔记本电脑在几分钟内就可以提供所需的这些信息。关于下面事实的了解也有 60 年之久，管理者不应该孤立地审查一个资本拨款项目，而应该选择机会最好、风险最小的项目进行拨款，充分考虑机会和风险的最佳比率。如此看来，企业需要制定一个资本拨款预算，列出所有的选择。可是，能这样做的企业简直是少之又少。其中最严重的问题是，大多数资本拨款流程都没有思考到以下两类重要的信息问题：

- 如果企业计划投资的项目没有像我们所预期的那样，每 5 个投资项目中有 3 个可能不会取得预期的成果，那么这时企业面临的情况又将会如何？企业会因此受到重创，还是没有大的妨碍呢？
- 如果投资项目取得成功，特别是成功得出乎我们的意料，我们应采取什么样的对策呢？

通用汽车公司的工作人员似乎从来没有思考过这样的问题——该公司在土星牌汽车成功后需要肩负什么样的责任？结果，由于通用汽车公司无法向这个项目继续提供资金保证，因此可能会扼杀自己前期已经取得的成功。

另外，企业需要为资本拨款项目设定具体的期限：我们特定的时候可以看到什么样的结果？然后，有关人员需要汇报和分析项目的结果，包括成功、接近成功、接近失败和失败四种结果。要提高组织的绩效，最好的办法就是对比资本拨款的效果与承诺和期望取得的效果，而组织就是根据承诺和期望取得的成效来批准投资项目的。在过去 50 年的时间里，如果我们能采用这种办法定期提供有关政府项目的反馈信息，当今美国的生活水平就可能会更高。

然而，资本只是组织的一种关键资源，而且绝不是最稀缺的资源，在任何一个组织中最稀缺的资源当属执行任务的人。自从第二次世界大战，美国军方已经知道如何检验人事任命决策的正确性，而到目前没有其他组织能够做到这一点。当前，在任命高级军官担任重要的指挥职务前，军方都会思考他们要求这些高级军官能取得什么样的成绩，然后，根据这些要求评估军官的实际绩效情况。同时，军方会不断地根据其任命的成败评估自己选择高级指挥官的流程是否正确。迄今为止，任何一个组织在这方面都没有美国军方做得好。在商业企业中，这种情况恰恰相反，被任命者应该达到的确切的绩效以及对成果系统的评估都是完全无从了解的。为了创造财富，管理者需要恰当地并且要审慎地分配人力资源，对人和资本都要一视同仁。他们应当仔细地记录和研究这些决策的结果，以此做出相应的评估。

效益的源泉

上述四类信息只是让我们了解了商业企业的现状，这些信息为我们提供了战略指导。在战略上，我们需要有关于我们所处环境的有效信息。在制定战略时，我们需要以各种信息为基础，包括市场、顾客和顾客以外的人（潜在顾客）；本行业和其他行业的技术；全球金融业以及不断发生变化的世界经济，这些信息就是效益的源泉。在组织内部只有成本中心，其支票没有被银行退回的顾客才是唯一的利润中心。

在通常情况下，重大的变革也是首先在组织外部发生。零售商可能非常了解在其店内购物的顾客。但是，无论零售商做得多么成功，其所拥有的市场份额和顾客仍旧只是沧海一粟，还存在很大的一部分潜在的市场和顾客群，绝大多数人仍然都不是它的顾客。基本变革总是由潜在顾客引发的，而且正是因为这些人，这种变革总是会愈演愈烈。

在过去的 50 年时间里，在改变某个行业面貌的重大新技术中，至少有一半的新技术都不是从本行业内部发展起来的。比如，彻底改变了美国金融业的商业票据就不是银行自己发明的产物；分子生物学和遗传工程学也并不是源自制药业。虽然绝大多数企业将继续只在当地或本地区经营，但是它们都将面临（至少有可能面临）来自全球各地的竞争，有些参与竞争的地方它们甚至都没有听说过。

当然，获得全部所需的、有关外部的信息是很难做到的。举例来说，我们并没有掌握关于某些国家大部分地区的经济形势信息，即使有也是不可信的。而且，即使信息唾手可得，许多企业也会对之置若罔闻。20 世纪 60 年代，许多美国公司在不了解当地劳动法规的情况下贸然进军欧洲市场。欧洲公司在没有掌握足够信息的情况下，也盲目地到美国投资办厂。20 世纪 90 年代，日本人在加利福尼亚州的房地产投资遭到意想不到的失败，其主要原因在于他们对美国的分区制度和税收制度的基本情况知之甚少。

我们普遍持有这样一种观点：自己认为税收、社会法规、市场取向、销售渠道、知识产权等方面是什么样的，或者至少应该是什么样的，它们就必须是什么样的。其实这种观点往往就是企业经营失败的重要原因。一个正确的信息系统需要包括帮助管理者对上述观点提出质疑的信息。这个系统不仅要向他们提供其需要的信息，而且还必须能够引导他们提出正确的问题。它首先要假设管理者知道需要什么样的信息，然后它要求管理者定期获取这些信息。最后，这个系统要求管理者系统化地将这些信息融入决策过程中。

许多跨国公司，像联合利华、可口可乐、雀巢、日本的一些贸易公司以及几家大型建筑公司，目前已经开始努力建立收集和组织外部信息的系统。但是，通常看来大多数企业尚未开始启动这项工作。

在很大程度上，即使是大公司也必须聘用外部的人员帮它们做事。在信息高度专业化的领域颇有研究的专业人士可以帮助企业思考它们需要的是什么。除了专家以外，任何人面对大量的信息都会感到束手无策。信息的来源是完全多样化的，公司自身可以创造出一些信息，如有关顾客和顾客以外的人的信息、有关本行业技术的信息。但是，公司所需要的、有关外部环境的大多数信息都必须通过外部渠道获得，这些渠道包括各种各样的资料库和数据服务、用多种语言出版的刊物、同业公会、政府出版物、世界银行的报告和科学论文以及专业调研报告等。

公司需要外部帮助的另外一个原因就是：我们必须要整理用来质疑和挑战公司战略的大量信息。仅仅提供数据是远远不够的，数据必须还要与战略融为一体，必须检验公司的假设，必须挑战公司现有的观点。要做到这一点，我们就可能需要一种新型的软件，面向特定的团体提供特定的信息，如向医院或保险公司提供它们所需要的特定信息。莱克西斯（Lexis）法律数据库就向律师提供这种信息，但是它只能提供答案，却不能提出问题。我们需要的是有关的服务，其包括：就如何利用信息提出具体的建议，就用户的业务和经营方式提出具体的问题，并进行交互式的磋商。或者，我们可以将外部信息系统外包。提供外部信息系统的最流行的方式可能是从独立的顾问获得，我们把这些独立的顾问称为"内部的局外人"，这尤其适用于规模较小的企业。

无论采取哪一种方式来满足这种对外部环境信息的需要，我们对这些信息的渴望将变得越来越迫切，因为我们可能面临的主要威胁和机会也都来源于外部环境。

对于这些信息的需求很少是全新的这一点是有争议的，它们在很大程度上说得一点也都没错。许多年以来在很多领域，关于新的衡量手段的讨论一直停留在概念上。让人有新鲜感的只是处理技术数据的能力，在它的帮助下，我们获得信息的速度更加快捷，而且成本也低。然而，仅仅在几年以前，我们要想获得这些信息还需要花费九牛二虎之力。70 年以前，有关企业运作效率的时间与动作分析使传统的成本会计法的实施成为可能。现在，计算机又使作业成本法的推广成为可能。如果没有计算机作为辅助工具，作业成本法实际上是不可能实现的。

但是，上述观点并没有说明问题的实质。之所以会发生这些变化，重要的不是工具，而是工具背后的概念。这些概念将孤立地使用且具有不同用途的方法转变成一个完整的信息系统，而人们过去总是认为这些方法是毫不相干的。这种系统使业务分析、企业战略和企业决策成为可能。这是从一个全新和完全不同的角度来考察信息的内涵与用途的，即信息是一种衡量的手段，是未来采取行动的基础，而不是事后对已经发生的事情的检讨和记录。

在 19 世纪 70 年代才出现的命令与控制式组织，可能就好比是一个靠外壳维持整体结构的生物体。现在脱颖而出的公司都是围绕着骨架发展起来的，而信息是公司新的整体系统和公司骨架中的关节。

尽管我们采用了先进而复杂的数学方法和令人费解的社会学术语，但是在我们的传统思维倾向上，总是莫名其妙地认为企业就是要低买高卖，而界定企业的新方法则把企业看作增加价值和创造财富的组织。

目标管理与自我控制

　　任何商业企业都必须建立起真正的团队，并且把每个人的努力融合为一股共同的力量，充分发挥团队精神。企业的每一个成员都有不同的贡献，但是所有贡献都必须是为了实现企业共同的目标。换句话说，必须要将企业成员的努力凝聚到共同的方向，让他们的贡献成果相互强化，结合为紧密的整体，其中没有裂痕，没有摩擦，也没有不必要的重复劳动。

　　因此，企业为了取得良好的绩效，就要求各项工作必须以达到企业整体目标为导向，尤其是每一位管理者都必须把工作重心放在追求企业整体的绩效上。期望管理者实现的绩效目标必须源自企业的绩效目标。同时，也必须通过管理者对企业的成功所做出的贡献，来衡量他们的工作成果。管理者必须要了解和懂得，就绩效而言，企业的目标对他有什么要求，这位管理者的上司也必须知道，应该要求和期望他做出什么贡献，并据此来评价他的绩效。如果没有达到这些要求，管理者就是被误导了，他们的努力也将付诸东流，有劳无获。组织中将看不到团队合作带来的巨大效应，而充斥其中的只有摩擦、挫败和冲突。

因此，企业对目标管理必须投入大量的精力，并需要运用特殊工具。因为在商业企业中，管理者并不会自发地追求共同的目标。

在管理人员会议上有一个大家津津乐道的关于石匠的故事：有人问三个石匠他们在做什么。第一个石匠回答："我在谋求生计。"第二个石匠一边敲打石头一边回答："我在做全国最好的雕刻工作。"第三个石匠仰望天空，目光炯炯有神，并带着憧憬说道："我在建造一座大教堂。"

显而易见，第三个石匠才是真正的"管理者"。第一个石匠知道他想从工作中得到什么，而且在设法达成他的愿望。他或许能"以一天的公平劳动换取合理的报酬"，但他不是一个管理者，也永远不会成为管理者。

第二个石匠存在的问题是必须要关注的。很明显，工作技艺是极为重要的，没有精湛的工作技艺，任何工作都不可能获得成功。事实上，如果组织不要求其成员展现出精湛的技艺，该组织员工必定会士气低落，但过于强调员工个人的技艺，就好像隐藏了一个定时炸弹。因为真正的工匠或真正的专业人士大都常常自以为有成就，其实他们只不过在磨亮石头或帮忙打杂罢了。没有管理的技艺是不能体现出技艺的价值的，因此，企业应该鼓励员工精益求精，但是精湛的技艺必须和企业整体需求密切联系。

在不久的将来，受过高等教育的专业人才进入企业工作的比例将大幅增加，他们需要达到的技术水平也会大幅提升，因此，将技术或部门职能本身当成工作目标的倾向也会愈演愈烈。但同时，新技术要求专业人才之间能够更加密切地合作，发挥团队精神。并且，它将要求那些甚至在最低管理层次的职能性管理者将企业看作一个整体，明白企业对他们的要求是什么。新技术既需要追求精湛的技艺，也需要各个层次的管理者能够坚持不懈地朝着共同的目标努力。

上司的误导

管理的层级制度使当前的问题进一步恶化，加重了这种危险。在下属眼中，"上司"的言行举止，甚至漫不经心的谈话或个人的怪癖，都经过精心规划和考虑，并具有特殊意义。

"在这里，你听到的都是关于人际关系的谈论。但是，老板训斥你的理由大都是因为生产费用太高。而当提拔一个人时，总是倾向于首先考虑那些会计报表做得最好的人。"尽管在各个管理层面上说法稍有不同，但这是一种最普遍的论调。这会导致经营状况不理想——即使在削减生产费用时也是如此，它也会导致下属对公司和公司的管理层失去信心，缺乏应有的尊重。

但是，对许多管理者而言，误导下属绝非他们的初衷。他们都真诚地认为，人际关系是管理者要处理的最重要的任务。一个管理者之所以讨论成本数字，是因为他觉得必须要让下属认为他很"务实"，或是以为和下属说同样的"行话"，会让下属觉得他很清楚问题的症结所在。他再三强调会计表格的重要性，只不过是因为会计部门一直拿这个东西来打扰他，就好像他一直拿这些表格来烦他的下属一样，或是纯粹只因为会计主管已经把他烦得快受不了了。但是对他的下属而言，这些理由都隐而未宣；他们眼中所见到的，耳中所听到的，都是关于成本数字的问题，以及一再强调填写表格的重要性。

在管理结构上，要解决这个问题必须兼顾管理者及其上司对管理工作的要求，而不是只重视上司的观点。目前许多企业管理理论只是一味强调行为和态度，并不能解决实际问题，反而由于提高了不同层级的管理者对关系的自觉，加重了问题的严重性。诚然，今天在企业界屡见不鲜的情况是，管理者试图改变行为，以避免误导下属，却反而把原本还不错的关系变成了充满误解、令人尴尬的梦魇。管理者变得过于小心谨慎，以至于再也无法恢复过去和下属之间轻松自在的和谐关系。结果下属反而抱怨："救救我们吧，老古董如今就像一本书，过去我们常常还知道他对我们的要求是什么，可是现在我们只好去猜了。"

管理者的目标应该是什么

从"大老板"到工厂领班或高级职员，每位管理者都需要设定明确的目标，而且必须在目标中列出所负责的单位应该达到的绩效，并说明他和他的单位应该有什么样的贡献，才能协助其他单位达成共同的目标。目标中还应该包括管理者期望其他单位做出什么样的贡献，以协助它们达到目标。也就是说，目标从一开始就应该强调团队合作和团队成果。

所有这些目标都必须根据企业的整体目标来制定。我得知有一家公司甚至向领班提供一份详细的说明，让他不但了解自己的目标，还了解公司的整体目标和制造部门的目标，结果发挥了很大的功效。尽管由于公司规模太大，领班的个别生产绩效和公司总产量之间有天壤之别，但结果积少成多，公司的总产量仍然大幅提升。因此，如果"领班是管理团队的一分子"是我们的肺腑之言，那么就必须要言行一致。因为根据定义，管理者的工作是为整体绩效负责。换句话说，当石匠在"切割石材"时，其实是在"建造一座大教堂"。

每一位管理者的目标，都应该明确地规定他对公司所有经营领域的目标所做出的贡献。显然，并不是每一位管理者都能对每个领域有直接的贡献。例如，营销主管对提升生产力的贡献可能非常有限，但是如果我们并不期望每位管理者和他所管辖单位对影响企业生存与繁荣的某个领域有直接贡献的话，就应该明确表达出来。管理者应该明白，他在不同领域所投入的努力和产出的成果之间必须达到平衡，企业才能发挥经营绩效。因此，必须做到让每个职能和专业领域的作用都能发挥得淋漓尽致，但同时也要防止不同单位各据山头，党同伐异，彼此忌妒倾轧。除此之外，还必须要避免过度强调某个关键领域的作用。

为了在投入的努力中求取平衡，使各种努力相互配合，处于不同领域、不同层次的管理者在制定目标时，都应该兼顾短期和长期利益。而且，所有目标也应该既包含有形的经营目标，又包含管理者的组织与培养以及员工绩效、态度和社会责任等无形的目标。否则，就只能视之为目光短浅或不切实际。

靠压力进行管理

正确的管理要求兼顾各种目标，特别是高级管理者更要对目标统筹兼顾。它排斥那种普遍存在的、有害的经营恶习——靠"危机"和"压力"进行管理。

任何一家公司的管理者都不会说，"我们这里办成任何一件事情的唯一途径都是靠施加压力。"然而，现在"压力管理"已成了一种惯例而不是一种例外。每个人都知道，并可以清楚地预料到，压力消失三周后事情将再次退回到原来的状态。"经济压力"产生的唯一结果可能是辞退收发员和打字员，或者迫使月薪 15 000 美元的经理不得不亲自做 50 美元一周的工作——打印信件。但是许多管理者仍未得出明显的结论：归根结底，压力不是完成工作的方法。

但是，靠压力进行管理除了会导致管理无效之外，还有可能会形成误导：它片面强调工作的一个侧面而损害其他一切事情。一种思维已经定型，并且惯用危机来进行管理的管理者有一次这样总结道："我们用了四周的时间来削减库存，然后，我们又用四周的时间来削减成本，接下来是用四周梳理人际关系。我们只有一个月的时间来提高对顾客的服务质量，灌输礼貌待人的服务理念。而每到这个时候，库存又恢复到我们最开始时的水平。我们几乎没有时间做我们的本职工作，而只是疲于应付这种局面。整个管理层所谈论的、思考的、告诫的仅仅是上周的库存或者是这周的顾客投诉，他们甚至不想知道我们是怎样做其他工作的。"

在一个靠压力管理的组织中，人们要么将他们的本职工作置之一旁去应对当前的压力，要么悄悄地对压力采取一种集体怠工的态度，以便能做好他们的本职工作。不管是在哪一种情况下，他们对"狼来了"的叫声正变得麻木不仁。当真正的危机到来，应当放下手中所有工作努力解决这一危机时，他们却只是把它当作企业管理者的歇斯底里发作的又一种情形。这带来的危害是可想而知的。

靠压力进行管理，与靠"严厉措施"进行管理一样，无疑是一种困惑的体现，它是对"无能"的一种自我承认，也是管理者不懂得怎样规划的标志。但是，最为重要的一点是：它说明公司不知道对它的管理者应期待什么，即不知道如何引导他们，并在一定程度上对他们进行了误导。

管理者的目标应该如何确定及由谁确定

就其定义而言，管理者应该对自己所管辖的单位对其所属部门做出的贡献负责，并且最终体现为对整个企业有所贡献。管理者行为的目标是向上负责，而不是向下负责。也就是说，每位管理者的工作目标必须由他对上级单位所做的贡献来决定。例如，地区销售经理的工作目标应该由他及所在地区的销售人员对公司销售部门所做的贡献来决定，专案工程师的工作目标应该由他和下属工程师、绘图员对工程部门所做的贡献来决定，一个分权制事业部总经理的工作目标应该由他所管辖的事业部对母公司所做的贡献来决定。

所以，这就要求每位管理者必须单独设定其所在单位的目标。当然，高层管理人员仍然需要保留是否批准下级制定的目标的权力，但是制定出这些具体目标则是管理者的职责所在，并且这也是他的首要职责，而这意味着每位管理者应该负责任地参与，协助制定出更高层次的目标。仅仅"让他有一种参与的心理感觉"（套用大家最爱用的"人际关系"术语）还远远不够，管理者必须负起真正的责任。正因为管理者的目标必须要反映出企业需要达到的整体目标，而不只是反映个别管理者的需求，所以管理者必须以积极的态度认同企业的目标。他必须了解企业的最终目标是什么，企业对他有什么期望，为什么会有这样的期望，企业用什么标准来衡量他的绩效，以及用什么具体办法来衡量。每个单位的各级管理者都必须进行"思想交流"，只有当每一位相关管理者都能彻底地思考单位的目标时，换句话说，就是管理者能够积极并负责地参与有关目标的讨论时，才能达到会议的功效。只有基层管理人员积极参与，高层管理人员才知道应该对他们抱有什么样的期望，并据此提出明确的要求。

做到这一点太重要了，我认识的几位高效率的企业高层管理人员在这方面做得还要更进一步。他们要求下属每年要向上司提交两次"管理者报告"。在这种写给上级的报告中，每位管理者首先要说明他认为上司和自己的工作目标分别是什么，然后提出自己应该实现哪些工作绩效。接下来，他列出为了实现这些目标，自己必须要做的事情，以及他认为在自己的单位中，有哪些主要的障碍，同时也列出上司和公司做的哪些事情有利于目标的实现，哪些又会造成障碍。最后，他就下一年为实现自己的目标而要采取的行动提出建议。如果上司能够接受"管理者报告"中的陈述，这份"管理者报告"就成为他进行管理工作的指导书。

与其他方法相比，这种方法往往更加有利于揭示出这样的问题：即使最优秀的"上司"也不免会有造成混乱和失误的指导，这通常是由于他们讲出没有经过深思熟虑的话而造成的。有一家大公司已经推行这种制度长达10年之久，然而几乎每份"管理者报告"中列出的目标和绩效标准都令上司感到极其困惑。每当他询问下属时，得到的回答几乎都是："你不记得去年春天和我一起乘电梯下楼时说的话了吗？"

"管理者报告"也反映出上司和公司对员工的要求往往是相互矛盾的。如果当高速度和高品质只能取其一时，公司是否仍然要求两者兼顾？如果为了公司的利益着想，应该采取什么办法来协调？上司在要求下属具备必要的自主性和判断力的同时，是否又要求他们事事都要先征得他的同意？他是否经常征询下属的想法和建议，但是却从来不采纳或讨论他们的建议？每当工厂出现问题的时候，公司是否期望工程小组能够立刻上阵，但是平常却把所有努力都投到完成新设计上？它们是否期望管理者达到高绩效标准，但同时又不准他开除表现欠佳的下属？在公司所营造的工作氛围中，员工是否认为，"只要老板不知道我在做什么，我就能把工作做完"？

这些都是常见的情形，都会使公司士气受到打击，并且影响整个公司的绩效。"管理者报告"或许不能阻止这种情况的发生，但至少会把这些问题摆在大众面前，揭露出这些情况，说明分别有哪些需要妥协的地方、需要深思熟虑的目标、需要设定的优先顺序以及需要改变的行为。

正如这种方式所表明的那样，对管理者进行管理需要做的是一种特殊的努力，不仅要确定共同的方向，而且还要避免错误的导向。仅靠"向下沟通"、谈话是不能达到相互了解的，还必须有"向上沟通"，它既需要上司有听取下属意见的诚意，也需要专门设计一种能切实反映下属意见的手段。

通过测评进行自我控制

或许，目标管理最大的好处就在于，管理者能因此而控制自己的绩效。自我控制意味着更明确的工作动机：要追求最好的表现，制定更高的绩效目标和更宏伟的愿景，而不只是达标而已。然而，即使有了目标管理，企业管理团队也不一定就会同心协力，目标一致，但是如果想要通过自我控制来管理企业，就必须要推行目标管理。

实际上，目标管理的主要贡献在于：它能够使我们用自我控制的管理方式来取代强制式的管理。

毋庸置疑，在当今的美国或美国企业界，大家都非常向往自我控制的管理。关于"把决策权尽量下放到基层"或"论功行赏"的讨论经常发生，其实这隐含了他们对这种管理方式的认同和向往。因此，需要找到新工具来代替传统观念和做法，推动具有深远意义的变革。

为了控制自己的绩效水平，管理者除了要了解自己的目标外，还必须有能力通过目标的实现与否，衡量自己的绩效和成果。所有公司都应该针对每个关键领域向管理者提供明确统一的绩效评估方式。绩效评估方式不一定都是严谨精确的量化指标，但必须清楚、简单而合理，必须与目标相关，能够把员工的注意力和努力引导到正确的方向。同时，它们自身还必须是可靠的，至少其误差范围是大家共同认可的，并能够为大家所理解。换句话说，绩效评估方式必须是不言而喻的，不需要用复杂的说明或充满哲理的讨论，就很容易理解。

每位管理者都应该拥有评估自己绩效水平所需的信息，而且应该及早获取这些信息，以便能够做出必要的修正，并达到预定的目标。这类信息应该直接提供给管理者，而非他的上司，因为这类信息是自我控制的工具，而不是上级控制下属的工具。

当前，因为信息搜集、分析和综合的技术有了很大的进步，所以我们获得这类信息的能力也在日益提高，这是需要特别强调的。到目前为止，我们要么根本无法获得一些重要事实的信息，要么即使搜集到这些信息，却因为贻误时机，出现时间上的滞后性而派不上什么用场。不过，无法搜集到可衡量绩效的信息却不见得全然是件坏事，因为这样，固然很难实现有效的自我控制，但上司也因此不容易有效地控制管理者。由于公司缺乏信息来控制管理者，使管理者得以采用自己认为最适当的工作方式。

通过新科技手段，我们提高了可衡量信息的获取能力，从而能够进行有效的自我控制。这样，管理者的工作绩效将大幅提升。但是，如果企业滥用这种新能力来加强对管理者的控制，新科技反而会打击管理者的士气，严重降低管理者的效能，从而造成无法估计的损失。

通用电气公司的例子充分证明企业可以将信息有效地运用在自我控制上。通用电气公司有一个特殊的控制单位——巡回稽查部门。稽查员每年都会对公司的每个管理单位进行一次详细的调查，但是他们的研究报告却直接呈交给该单位的主管，只要偶尔与通用电气公司的主管接触，都可以感受到通用电气公司内部所流露出的自信心和信任感。这种运用信息来加强自我控制而非加强对下属控制的作风，直接影响了整个公司工作的氛围。

遗憾的是，通用电气公司的做法在企业界中并不是普遍存在的现象，也不太可能为一般人所了解。管理者的典型做法通常都比较接近下面案例中所提到的大型化学公司的做法。

在这家大型化学公司里，控制部门负责稽查公司里的每个管理单位，然而它们并不会将稽查结果交给受稽查的主管，只会将报告上交给高级管理层的总裁，总裁再把单位主管招来当面质问。公司主管为控制部门起了个绰号："总裁的秘密警察"，充分显示了这种做法对士气的影响。事实上，现在越来越多的主管不是把单位经营目标放在追求最佳绩效上，而是只力求在控制部门呈交的稽查报告上能展现其显著的业绩水平。

千万不要误以为我在这里提倡降低绩效标准或主张不实行控制。恰好相反，以目标管理和自我控制为手段，可以达到比目前大多数公司绩效标准还高的绩效。每位管理者都应该为绩效成果承担百分之百的责任。

但是，究竟需要采取什么手段来获得成果？答案是：应该由管理者来控制（而且只有他能控制）。管理者应该清楚地了解哪些是公司所禁止的不道德、不专业或不完善的行为和手段。但是，在有限的范围内，每位管理者必须能自由决定该做的事，而且只有当管理者能获得有关部门业务的足够信息时，才能为成果负起完全的责任。

正确使用报告和程序

要采取自我控制的管理方式，就必须彻底反省我们通常所采用的报告、程序和表格的方式是否合理。

报告和程序都是进行管理所必需的工具，但是我们同样也很少看到有哪个工具会如此轻易地被误用，并且造成这么大的危害。因为当报告和程序被误用时，就不再是管理工具，而变成了邪恶的统治手段。

这里列举了三种最为常见的误用报告和程序的方式。第一，人们普遍相信程序是道德规范的工具，事实上并非如此。企业制定程序时，完全根据经济法则，程序绝对不会规定应该做什么，只会规定怎么做能最快速地完成工作。我们永远也不可能靠制定程序来规范行为，正确的行为从来都不能被"程序化"（"程序化"是官僚主义中最为有害的行话）。反过来说，正确的行为也绝不可能靠程序来建立。

第二，人们认为程序可以取代判断。事实上，只有在不需要判断的地方，程序才能充分发挥效用，也就是说，只有在早已经过判断和检验的重复性作业上，程序才能够派得上用场。西方文明十分迷信制式表格的神奇效用，而当我们试图用程序来规范例外状况时，就是这种迷信危害最严重的时候。能否在看似例行公事的程序中，迅速分辨出"目前的状况并不适用于标准程序，而需要特别处理，需要根据判断来做决定"，这才是检验良好程序的最为有效的方法。

第三，把报告和程序当作上司控制下属的工具。这是最普遍的误用方式，尤其是那些单纯向高级管理人员提供信息而交的例行报告更是如此。常见的情况是，工厂主管每天必须要填写 20 张表格，把那些连他自己都不需要的信息提供给会计师、工程师或总公司的高层管理人员。在现实中，可能还有许多类似的例子。结果，管理者没有办法把全部的注意力集中在自己的工作上，在他看来，公司为了达到控制目的而要求他做的种种事情，反映了公司对他的要求，成为他工作中最重要的部分。尽管对这些事情感到愤慨，但是他不得不把大量的精力都花在处理报表上，而并不专注于自己的工作，最终导致的结果是：甚至连他的上司都被这些程序所误导。

几年前，有一家大型保险公司开始启动了一项"经营改善"的大计划，并且还为此特地建立了强有力的核心组织，专门处理有关续约、理赔、销售成本、销售方式等事宜。这个组织运转良好，高层管理者学到了许多经营保险公司的宝贵经验。但也正是从那时候起，这家公司实际的经营绩效也开始走下坡路了。因为这些管理者必须花越来越多的时间撰写报告，而用到实际有效的工作上面的时间越来越少。更糟糕的是，他们很快就知道"漂亮的报告"比实际绩效更加重要，因此不只是工作绩效一落千丈，内部风气更是日益败坏。这些管理者开始视公司高层管理者和他们身边的幕僚为必须智取的敌人，不是阳奉阴违，就是敬而远之。

类似的情况简直举不胜举，几乎在每个产业部门、在每个大大小小的公司里，都可以看到同样的情况在不断地重复上演。在某种程度上，我们可以说这种情况是由于错误的"幕僚"观念所造成的。但是，最重要、最根本的原因仍然是误把程序当成控制工具。

企业应该把报告和程序保持在最低限度，只有当报告和程序确实发挥作用，并且能节省时间和人力时，才运用这项工具，而且应该尽可能地把它简化。有一家大公司的总裁说了这样一个自己的亲身经历。15年前，他在洛杉矶为公司买了一家小工厂。当时工厂每年有25万美元的利润，他也以这样的获利状况为基础来开价购买。有一天，当他和原来的工厂老板（他留下来担任厂长）一起巡视工厂时，他问："你们当初都是如何为产品定价的？"这位前老板回答："很简单，我们每1000个单位要比你们便宜0.1美元。"他又问道："那么，你们怎么控制成本呢？"他回答："这也很简单，我们知道在原料和人工上总共花了多少成本，也知道应该有多大的产量才能补偿所投入的资金。"他最后问道："那么，你们如何控制管理费用呢？"他答道："我们不关心这个问题。"

这位总裁开始以为"只要引进我们的制度，实施彻底的全面控制，肯定能为工厂省下很多资金"。但是一年后，这家工厂的利润下滑到年利润125 000美元；尽管销售量没有发生变化，价格也相同，但是复杂的报表程序却吞掉了整个工厂一半的利润。

每一家企业都应该定期检查是否确实需要那么多的报告和程序，至少应该每5年检查一次公司内部的表格。有一次，我不得不建议一家公司采取较为激进的手段来进行内部整顿，因为它们的报表就像亚马孙流域的热带雨林一样繁多，已经深深危及这家公司的生存与发展。我建议它们暂停所有的报告两个月，两个月不看报告的日子过后，管理者要求必须使用的报告才可以恢复使用。这样，竟然淘汰了3/4的报告和表格。

企业应该只采用实现关键领域的绩效所必需的报告和程序，相反，如果是试图"控制"每件事情，就等于控制不了任何事情，试图控制不相干的事情、过多的干涉，总是会误导方向。

最后，报告和程序应该是填表者的工具，而不能用来衡量他们的绩效。

管理者绝对不可以根据下属填写报表的质量来评估他的绩效，除非这位下属刚好是负责这些表格的职员。而要确保管理者不会犯下这个错误，唯一的办法就是：除非报表和工作绩效密切相关，否则不要随便要求下属填写任何表格和提交任何报告。

管 理 哲 学

企业需要的就是一个管理原则。这一原则能够让个人充分发挥特长、担负责任，凝聚共同的愿景和一致的努力方向，建立起团队合作和集体协作，并能调和个人目标与共同利益。

目标管理与自我控制是唯一能做到这一点的管理原则，所以，企业要能够让追求共同利益成为每位管理者的共同目标，以更严格、更精确和更有效的内部控制取代外部控制。管理者的工作动机不再来源于别人下达的命令和说服力，而是因为管理者的任务本身就是必须要实现这样的目标，所以他必须要这样做。他不再只是听命行事，而是自己决定必须这样做。换句话说，他以自由人的身份采取行动。

近年来，管理学界越来越喜欢大肆讨论"哲学"这个名词。我曾经看过一篇由一位副总裁署名的论文，题目是《处理申购单的哲学》（据我所了解，此处所谓的"哲学"是指申购时应该采用三联单）。不过，目标管理与自我控制被称为管理"哲学"倒是颇为合理的，因为目标管理与自我控制是基于有关管理工作的概念，以及针对管理者的特殊需要和面临的障碍所做的分析，与有关人类行为和动机的概念息息相关。最后，目标管理与自我控制适用于不同层次、有不同职能的每一位管理者，同时也适用于不同规模的所有企业。由于目标管理与自我控制将企业的客观需求转变为个人的目标，因此能够确保经营绩效的实现。目标管理与自我控制也代表了法律范围内真正的自由。

选拔人才的基本原则

高级管理人员在人事管理和制定有关人事决策方面所花费的时间远远超出了他们在做其他工作上所花费的时间。而且，他们也确实应该这样做，因为从决策的重要性来讲，一旦在人事决策上发生失误，人事决策造成的后果将比其他所有决策造成的后果所持续的时间都长，影响也更为深远，而且更难以消除。然而，总的来说，管理者有关晋升和人事安排的决策，还是难以尽如人意。总的来说，他们做出的决策，平均成功率不超过33.3%，最多有 1/3 的决策是正确的，1/3 没什么效果，还有 1/3 彻底失败。

在管理的其他领域里，我们是绝对无法容忍如此糟糕的表现。实际上，我们也确实不需要容忍，也不应该容忍。当然，管理者在人事方面的决策永远都不可能是完美的，但必须努力接近完美。因为我们对管理的其他领域并不如人事管理领域了解得这样多，所以他们所做决策的成功率本来应该接近100%。

虽然人事决策的平均成功率不高，但也有一些管理者的人事决策做得近乎完美。在"珍珠港"事件发生时，美国军队里的各个将领都已经超出服役年龄。虽然当时所有较年轻的军官都没有经过战争的洗礼，没有作战经验，抑或尚未担任过重要的部队指挥官，但到第二次世界大战结束后，美国所拥有的得力军事将领的人数，比历史上任何一支军队都要多。当时作为美国陆军总参谋长的乔治·马歇尔（George C. Marshall）将军亲自选拔每一名军官，虽然不能说每一位都取得了辉煌的成就，但几乎没有一个是完全失败的。

斯隆在执掌通用汽车公司的 40 多年时间里，亲自挑选通用汽车公司的每一名高层管理人员——下至制造经理、控制员、工程经理，甚至是最小的零部件装配部门的总机械师。按照现在的标准来看，斯隆的视野和价值观未免有些褊狭，事实也确实如此，他关心的只有通用汽车公司的经营表现，但不管怎么说，他在知人善用方面的决策所表现出的长期绩效是无可挑剔的。

人事决策的基本原则

世界上从来就没有什么一贯正确的用人标准，起码在我们还没有抵达天国之门之前是如此。然而，还是有些管理者严肃认真地对待人事决策，并认真钻研。

马歇尔和斯隆在性格上算得上是两个完全不同的人，但他们在人事问题上，都有意识地遵循了以下一些相同的基本原则。

1. 如果我把一个人安排到某个岗位上，而他表现得毫无绩效，无法胜任该项工作，那就是我的失误。我既不能迁怒于他，也不能归咎于"彼得原理"（Peter's Principle）⊖，也没理由抱怨，因为的确是我犯了一个错误。

2. 早在尤利乌斯·恺撒（Julius Caesar）时代，大家就认同这样一句至理名言："士兵有权力获得能干的指挥官。"管理者的责任就是要保证人们在组织中的工作卓有成效。

3. 在管理者做出的所有决策中，人事决策最为重要，因为它们决定了组织的绩效状况。因此，我应当尽量做好这些决策。

4. 人事决策的首要禁忌是：不要给新来的人安排重大的新任务，这样做会冒很大的风险，因为他们对新工作的适应要有一个过程。把这类任务交给你了解其行为和习惯秉性，并且已在组织内赢得了信任和信誉的人。把高水平的新来者先放到一个成熟的岗位上，因为这样的岗位目标清晰，他在那里也很容易获得帮助。

人事决策的步骤

要做出有效的人事决策，需要遵守几条基本的原则，要遵循的重要步骤也只有以下几条。

1. 对任命进行周详的考虑。对职务的描述一旦确立，通常可以长期不变。比如，在一家大型制造公司里，关于分公司总经理这一职位的描述，从30年前公司实行分权化后就没怎么变过。实际上，自从13世纪教会法典初次制定以后，罗马天主教主教的职务描述就完全没变过，但工作的任务随时都在变化，而且不可预测。

⊖ 在选拔中层和高层管理人员时，总是考虑候选人在原来工作中是否有成就，并据此估量他们能否胜任高一级的职务，从而决定"提升"。由于有"成就"就可能被提升到高一级的职位，因此就存在这样一种可能性，即被提到他们不能胜任的级别，所谓"被提升过头"。这种依据成就晋升而终于被提拔到不能胜任的级别，就是所谓的"彼得原理"。——译者注

20 世纪 40 年代初期，有一回我向斯隆提及，为了安排一个相当低层的职务——一个很小的零部件事业部的销售经理，您在三个条件相同的候选人身上花的甄选时间未免太多了。"看看我们最近几次在同一工作上安排的人选吧。"斯隆回答说。令我吃惊的是，每一次任命的条件都完全不同。

在第二次世界大战中，乔治·马歇尔在安排师长一职以前，总是先观察未来一年半到两年的时间里，这一职务的工作性质是什么。组建并培训一个师是一种任务；率领一个师去作战是另一种任务；接手一个在战斗中严重减员的师并恢复其作战士气和战斗力，又是一种任务。我们必须针对不同的任务来安排不同的人员。

在甄选新的地区销售经理时，负责此事的管理者必须首先了解这项职务的核心内容：是由于当前的销售团队都接近退休年龄而招募和培训新销售人员呢？还是由于公司产品虽然在该地区的现有市场做得很好，但无法打入新出现的成长型市场，而有必要开辟新的市场，以此来扩大市场份额呢？还是由于公司的大量销售收入都来自有 25 年历史之久的老产品，因而需要为公司的新产品树立市场形象呢？这些完全不同的任务要求不同类型的人来承担。

2. 考虑若干潜在的合格人选。这里最关键的词是"若干"。正式资格是考虑的最低限度，不具备这些资格的候选人自动被刷掉。同样重要的还有，候选人的能力和该项任务必须彼此适合。要做出有效的决策，管理者必须从 3～5 个符合资格的候选人中挑出最合适的人。

3. 认真思考这些候选人的考察方案。如果一个管理者对某项任务进行了研究，他就能够了解一个新人要完成这一任务需要集中精力做哪些事。核心问题并不是"这个或者那个候选人有能力做什么，没有能力做什么"，而是"每个人具有什么样的能力，这些能力是否适合这一任务"？当然，候选人自身的弱点就是一种限制因素，它可以将一个候选人排除出去。比如，某人极为适合技术方面的工作，但是，如果某一任务最看重的是建立团队的能力，而候选人恰恰缺乏这一能力，那么他显然就不合适。

但是，有效率的管理者并不会首先从弱点着手。不能在弱点的基础上衡量其成果表现，因为他们的弱点不能帮助公司提升绩效，只有运用他们的优点才能对公司绩效的提高有所裨益。所以，只有在优点的基础上才能有效衡量其绩效。

马歇尔和斯隆都是非常严厉的人，但他们都知道，真正的重点是完成任务的能力。如果具备这种能力，公司可以弥补其他欠缺的方面，反之，如果根本不具备这一能力，其他方面就毫无价值。

举例来说，如果一个师需要一名能够完成培训任务的长官，马歇尔就会寻找能把新兵变成战士的人。一般来说，每个擅长做这项工作的人，在其他方面都存在严重的缺点。有一个人对战术不太在行，对战略更是一窍不通。另外一个人说话不经大脑，做事冲动，又在公众中惹了点麻烦。第三个人虚荣、自大、任性，又经常与上司闹矛盾。实际上这些都没有问题，关键是：他能训练好新兵吗？如果答案是肯定的，尤其当答案是"他是最适合的人选"，那么这个职位就归他了。

在甄选自己的内阁成员时，罗斯福（Franklin Roosevelt）和杜鲁门（Harry Truman）都说过这样的话："不要在意个性上的缺点，先告诉我，他们每个人具备哪方面的能力。"正是由于这样的用人观念，这两位总统拥有了20世纪美国历史上最强有力的内阁。

4. 向候选人以前的工作伙伴征询意见。管理者一个人的判断没有价值，因为我们所有人都会有第一印象、偏见、喜好和厌恶。我们需要倾听其他人的观点。军队挑选将领或天主教挑选主教的时候，大范围的讨论是甄选过程的一个正式步骤，有能力的管理者则会私下与人讨论。德意志银行（Deutsche Bank）的前总裁赫尔曼·阿布斯（Hermann Abs）近年来选用的合格管理者比其他任何人都多，正是他亲自选拔的那些高层管理人员创造了德国战后的"经济复苏奇迹"。他在选拔一个人之前，会找三四个此人的前上司或同事交换意见。

5. 保证被任命者了解自己的工作。被任命者走上新工作岗位 3～4 个月后，他应当开始把注意力放到工作的要求上，而不是以前任务的要求上。管理者有责任把此人叫进办公室并对他说："你现在已经担任地区销售经理（或者随便什么别的职位）3 个月了。为了在新工作岗位上获得成功，你必须做哪些事呢？仔细想想，1 周或 10 天后用书面形式告诉我。不过我现在就可以告诉你：你目前应该做的事，肯定不是你之前做的那些使你得到这次晋升的事情。"

如果你作为管理者没有做过这一点，那么就不能怪当选人的糟糕表现，只能怪你自己，是你自己没尽到一个管理者的职责。

导致任命失败的一个最重要的原因在于（据我所知，它也是美国管理中最大的浪费）没有彻底地考虑清楚，也没有帮助他人彻底地考虑清楚新工作的要求。

这里有一个最为典型的例子。几个月前，我以前的一个才华横溢的学生带着哭腔打电话给我："一年前，我得到了生平第一个大好机会，我的公司任命我为工程经理，但现在他们要辞退我，可我干得比从前都要好，我设计了 3 种可以获得专利的成功产品。"事实上，这个学生并未认识到他的工作已经变了，相应的工作任务也要改变。

　　我们时常会这样对自己说："我肯定是做对了,要不我就得不到这份新工作。因此,我最好再多干点使我获得晋升的那些事。"这样想很自然。但大多数人并未意识到,一项不同的新工作要求不同的新行为。50多年前,我的一个老板把我提拔到一个比从前重要得多的职位上,4个月后,他批评了我。因为在随后的4个月中,我继续做着和以前同样的事情。对他来说,他觉得自己有责任让我了解新工作需要有不同的行为、不同的重心和不同的关系。

高风险决策

　　即便高层管理人员遵循了以上所有步骤,仍有可能做出错误的人事决策。因为大多数这类决策属于不得不做的高风险决策。

　　比如,为专业性组织(如一个实验室、工程部门或法律事务所)甄选管理者,就具有很高的风险性。专业人士难以接受一个不尊重其业务能力的人做自己的领导。但是,一个出色的工程师和一个称职的管理者之间,并没有什么必然的联系(除非有反面的联系)。在选择工程经理时,选择范围就应该仅限于该部门技术最高的工程师,同样把一个表现出色的业务经理提升到总部的人事岗位上,或是把一个人事专家调动到生产线岗位上,这种做法也不合适。从性格上来说,业务工作者常常不适应人事工作的紧张、挫败感和人际关系,反之,人事工作者也常常适应不了业务工作者所从事的工作。如果把第一流的地区销售经理提拔到市场调查、销售预测和定价部门,他可能会干得一塌糊涂,更别提取得任何成果了。

　　我们并不知道该如何测试或预知一个人的性情是否适应一个新的环境。我们只能通过经验来判断这一点。如果把某人从一种工作调动到另一种工作，结果很不成功，做出该决策的管理者必须尽快消除这一调动的消极影响。同时，管理者必须承认："我犯了错，必须对此负责，纠正这个错误是我的工作。"把不适合的人留在他们无法胜任的岗位上，这不能叫友善，而是残忍。当然，也没有必要一定要辞掉这个人，一家公司总能为出色的工程师、洞察秋毫的分析师、优秀的销售经理提供最合适的岗位。最合适的行动（大多数时候都能行得通）是将这位不合适的人调回原先的工作，或是性质类似的岗位上。

有的时候，职位本身的问题也会造成人事决策的失败。这可能就像150年前一位新英格兰船长形容的那样，是"寡妇制造者"。一艘快帆船，不管设计得多么漂亮、建造得多么好，一旦它开始碰上各种致命的"意外事故"，船主往往不会重新设计或修复这艘船，而是应该把它尽快拆掉。

> 在快速成长或发展的公司里，常常会出现"寡妇制造者"式的职位，也就是说，它是一个连非常出色的人也必定会在上面栽跟头的工作。比如，在20世纪60年代和70年代初期，美国银行的"国际副总裁"这一职位，就变成了"寡妇制造者"式的职位。这曾是一份很轻松的美差。实际上，长期以来，这都是一个银行安置落选者并期待他们干出一番成绩的职位。可是突然之间，一个又一个新上任者在这份工作上折戟沙场。事后看来，其原因来自当时国际活动迅速而又毫无征兆地成了各大银行及其商业客户日常业务不可分割的组成部分。这样，一份原本轻松胜任的工作，突然变成了一件没人干得了的"非人工作"。

如果一个职位连续让两个从前工作表现很好的人栽了跟头、无法胜任，那么这个职位就是"寡妇制造者"。发生这种情况时，一位负责任的管理者不应该再去找什么举世无双的天才，因为这个时候几乎不能找到一个胜任该职位的人。所以，应该果断地取消这个职位。凡是一般能力出色的人无法胜任的工作，都不适合安排其他人去干。除非做出某种改变，否则它会像挫败前两个人那样，轻松地把第三个人挑落马下。

合理管理一个组织的根本手段就是做出正确的人事决策。这些决策可以表明该组织的管理是否出色，它的价值观是什么，以及它是否相对认真地对待自己的工作。无论管理者付出多大的努力，想要保住自己决策的秘密都很困难，也无法掩盖他们所做的人事决策，因为它们太显眼了。但是一些人仍在努力地进行这方面的尝试。

管理者常常没有一个判断战略性行动是否合理的标准，况且他们也不一定对这样的事情感兴趣："我不知道我们为什么要收购这家澳大利亚的企业，反正它也妨碍不了我们在沃斯堡的正常工作。"这是一种经常出现的态度，但同一位管理者要是说到"乔·史密斯被任命为 XYZ 分公司的主管，一些管理者通常会比高层管理人员更了解乔。"这些管理者会说："乔早应该得到这次晋升，选择他再合适不过了，该分公司正需要他这样的人来管理，只有他的到来才能实现该分公司的迅速发展。"

可是如果乔获得这次提拔是因为他擅长政客手腕，那么每个人都会轻松得知这一内幕，而且他们会在私下这样说："看看吧，这就是这家公司的经营之道。"他们会因为上司迫使他们钻营结党而轻视管理者，最终，他们要么拂袖而去，要么也变成了耍手腕的政客。我们很早就知道，组织里的人会模仿那些获得奖励的人的行为。要是奖励落到那些不干实事、阿谀奉承、耍小聪明的人头上，整个组织也会迅速堕落到不干实事、阿谀奉承、耍小聪明的深渊里。

总之，不考虑怎样才能做出正确人事决策的高层管理人员及所有管理者，不但会损害自己的工作表现，还会危害到整个组织的威望和尊严。

第 10 章 | CHAPTER 10

企业家企业

人们的传统观念普遍认为"大企业不会创新",这听起来似乎有一定的道理。事实上也确实如此，20世纪新的、重大的创新都不是来自当时的大企业，这些大企业本身甚至从未尝试过创新活动。虽然汽车公司曾一度试图开拓新的领域，福特汽车公司和通用汽车公司都是航天与太空研究的开路先锋。但是，今天所有的大型飞机和航空公司都是从独立的新企业中发展而来的。同样，50年前首次成功研发出现代药品时，今天颇具影响力的医药巨人不是规模很小，就是尚未成立。20世纪50年代，电气工业的每一个领跑公司——美国的通用电气公司（General Electric）、西屋公司（Westinghouse）和美国无线电公司（RCA）、欧洲大陆的西门子（Siemens）和飞利浦（Philips）、日本的东芝（Toshiba），都一股脑地挤入计算机行业当中，但是却没有一家公司能够取得成功。最后的竞争结果是，IBM独占鳌头，成为市场领导者。而40年前的IBM，充其量不过是一个中等规模的公司，而且根本就谈不上是什么高科技企业。

然而，普遍认为大企业不会创新或不能创新的想法，是一个彻头彻尾的错误观点。

首先，有大量的实例可以证明这样一个事实：在作为企业家和创新者方面，许多大企业的成绩颇为显著。下面的例子就提供了强有力的说明。在美国，强生公司在卫生和医疗保健业中业绩卓著；明尼苏达矿业及制造有限公司（Minnesota Mining and Manufacturing Company，3M）为工业和消费市场精心设计生产了高科技的产品；花旗银行已有 100 多年的发展历史，它作为美国本土和全球最大的非政府金融机构，是银行业和金融领域的主要创新者；在德国，迄今已有 125 年历史的赫斯特公司（Hoechst）是世界上最大的化学公司之一，它同时也是医药行业当中最成功的创新者之一。

其次，有关"大规模"就是创新与企业家精神的主要障碍的观点也是不正确的。在讨论企业家精神时，人们经常听到大量关于大组织的"官僚作风"以及"保守主义"的议论。当然，这两种现象都是现实存在的，而且的确会严重损害创新与企业家精神，也会妨碍取得其他成就。然而，事实清楚地表明，在现有机构中，无论是商业企业还是公共机构，只有小企业最没有企业家精神和创新意识。在当前颇具企业家精神的企业中，有许多是大型公司；除了上面所列举的成功企业以外，我们还可以轻而易举地列出上百家此类公司。除此之外，具有创新意识的公共服务机构，也有许多家。

由此可见，"规模"并不是创新与企业家精神的限制性因素，而真正的障碍是现有企业本身的运作情况，特别是现有的已经获得成功的运作机制。大企业以及至少是具有相当规模的企业比小规模的企业更容易克服这些创新的障碍。任何运作（一个制造工厂、一项技术、一条产品线、一个分销体系）都需要持久的努力和不断的关注。在正常的运作中，不可避免地会出现"日常危机"。日常危机需要立即处理，而不能拖延。因此，在现有企业的管理中，对这一问题应该给予高度重视。与那些规模和运作都已成熟的企业相比，新企业看起来都那么渺小、微不足道、前途未卜。

传统观念的错误在于它认为企业家精神和创新是自然的、创造性的或具有自发性的。它认为，如果一个组织中没有涌现创新与企业家精神，那么创新和企业家精神一定受到了某种条件的遏制。然而，现实中只是有少数企业具备这种创新和企业家精神。据此，它们得出的结论是，现有企业压抑了企业家精神。但是，企业家精神既不是"自然的"，也不是"创造性的"，它其实就应该是一种踏踏实实的工作。因此，从上述实例中得出的正确结论恰恰与一般人的推论相反：大量现有企业，其中不乏中等规模、大型、超大型的企业，在创新与企业家精神的实践中都有突出的表现。从这一点可以看出，任何企业都可以培养创新与企业家精神，不过要实现这一目标，企业必须有意识地去奋斗。创新与企业家精神是可以学会的，但是一定要付出足够多的努力。企业家企业将企业家精神视为一种责任、使命，它们在这方面不断进行培训、锻炼，对其加以研究，并付诸实践。

结　　构

创新活动是通过人来开展的，而人又是在一个组织结构中工作的。

为了使现有企业能够具备创新能力，公司必须建立一种有利于创新的机制，进而使公司的员工具有企业家精神。它必须以企业家精神为中心设计各层关系，必须确保其奖励和激励措施、薪酬待遇、人事决策及政策都能够鼓励企业家的创新行为，而不是惩罚这种行为。

1. 首先这意味着我们必须将新的具有企业家精神的项目与原有的、已存在的企业项目分别组织和管理。在任何时候，如果我们仍沿用现有的企业机制来进行创新、开发创新项目，那么我们注定要以失败而告终。

其中的一个原因就是，现有企业往往需要负责人投入相当多的时间和很大的精力，并且最后还要享受许多优先权。而新项目一开始总是看起来微不足道或者前途未卜，所以一切总要让位于已经实现的、强大的、可持续发展的项目。毕竟，现有企业必须为在市场上苦苦挣扎的创新项目提供资金支持，但对现有企业的"危机"又必须加以关注。因此，现有企业的负责人总是一而再、再而三地延迟对新事物、创新和企业家工作采取行动，以致白白错过大好的成功机会。不管人们尝试了多少种方法（三四十年来，我们已经尝试了每一种可能的机制），现有企业仍然只能扩展、改进及适应现有的事物，而发展新事物则好像是属于其他部门的工作。

2. 这还意味着组织必须专门为新项目留有一席之地，而且必须由高层管理人员直接负责。即使新项目从当前的规模、收益和市场状况来说都比不上现有的产品，高层管理团队中也必须有人以企业家和创新者的身份担负起为新项目的美好前景而奋斗的工作任务。

当然，这不一定要求是一种全职工作，在较小的创新企业中，它往往也不可能是全职工作。但是，必须对其工作进行明确的定义，而且必须考虑让一个有权力和有威信的人来全权负责。

新项目就好比是一个新生儿，在可以预见的未来，它仍然处于"婴儿"期，而"婴儿"需要悉心的呵护。"成年人"，即指负责现有事业或产品的管理者，他们没有时间关注新生项目，即使注意到了它们，对这些新项目也是不甚了解。事实上，它们也不应当被过多地干涉。

由于无视这一规则，一个主要的机床生产商曾经就丧失了它在机器人领域可能的领导地位。

该公司不仅拥有自动化大规模生产的基本专利，而且还拥有尖端的工程技术、极好的业界声誉以及一流的制造工艺。1975年，工厂自动化的初期，它被业界视为未来该领域的领导者，但10年以后，它却完全退出了竞争领域。其原因是该公司将开发自动化生产机床的重要任务交给组织的第三级、第四级基层管理部门负责，并让该部门向主管设计、生产和销售公司传统机床产品的管理者汇报。虽然这些人支持和鼓励开发自动化生产机床，并且最初开发机器人的想法就是他们提出来的，但是，由于面对许多类似日本公司这样的新竞争对手，他们必须整日忙于传统生产线的重新设计，以适应新的规格，然后做演示、市场推广、融资，并对客户提供技术服务。所以，每当负责新产品开发的人请求他们对新方案的选择做出决策时，他们的回答总是："我现在很忙，下个星期再来吧。"毕竟，开发机器人只是公司的一个新方向，而现有的传统机床生产线每年却可创造几百万美元的利润。

非常不幸的是，上述实例是一个普遍存在的现象。

要想避免因忽视而扼杀新事物的最好的，也是唯一的方法，就是在建立创新项目伊始，就将它作为一项独立的业务展开，并有专人负责。

有3家美国公司是这种方法的最好实践者，它们分别是：生产肥皂、清洁剂、食用油和食品的宝洁公司，这是一家规模庞大且具有企业家精神的公司；生产卫生和医疗保健产品的强生公司；生产工业和消费产品的3M公司。虽然这3家公司在具体的创新细节上各有千秋，但是本质上却是相似的：它们采用的是相同的政策。它们一开始就将新项目作为单独的业务来组建，并任命一个独立的项目经理，该项目经理一直负责该项目直到项目被放弃为止，或达到预期目标，成为一个成熟的业务为止。在业务发展过程中，项目经理可以调用他所需要的所有资源（包括研究、生产、资金和市场推广），并将其投入到新项目中。

3. 之所以要分开建立创新项目，还有另一个重要原因，就是让它避免背负过重的包袱。例如，除非产品已经上市几年，否则公司对新产品的投资和对投资回报的计算，均不能使用传统的投资回报分析法。要求刚开始发展的创新项目承担现有业务的沉重包袱，就好比让一个 6 岁的孩子背负几十公斤重的背包进行长途跋涉，他肯定走不了多远。但是，现有业务在制定财务政策、人事政策，以及确定向哪些部门报告方面，都有自己不同的要求，是不可能轻易改变的。对于创新工作及肩负创新工作的部门，公司需要在许多领域中制定不同的政策、规则和衡量方法以及评价标准。

许多年前，我从一家大型化学公司的发展中了解到了这些情况。每一个人都知道，公司的一个核心事业部门必须不断地开发出新产品，公司才能得以生存。这些新产品的生产计划已经被制订出来，技术性工作也都已经全面完成……但是，始终都没有取得什么成果。日复一日，年复一年，这个部门总用这样或那样的借口予以搪塞。最后，该事业部的总经理在一次检讨会上道出了实情："我和我的管理团队的薪水，主要是按投资回报率来计算的。为了开发新产品，我们必须要投入许多资金，这样，投资回报率就会降低一半，相应地，我们的薪水也会随之降低，这样的情况至少会持续 4 年的时间。即使 4 年后这些投资开始收到回报，而我也仍在这里工作（如果在这么长时间内利润又这么低，我怀疑公司是否会容忍我那么久），但在此之前我们的工薪水平是很低的，在这段时间里，我不得不要求部门全体同事节衣缩食，这种做法对我们来说合理吗？"后来，公司改变计算薪水的办法，在投资回报计算中剔除新项目的研究和发展费用。自此一年半的时间内，新产品就上市了，两年后该事业部门在这一领域取得领导地位，并保持至今。4 年以后，这个事业部门的利润就翻了一番。

禁　忌

以下是现有企业的企业家在管理时应重点注意的一些事情。

1. 最重要的一个告诫就是不要将经营部门与企业家和创新部门混合在一起。永远也不要将创新项目放到现有的管理部门当中，也绝对不要让负责现有业务运营、开发和优化的人员来承担创新任务。

如果一个企业不彻底改变其基本政策和实践方法，就想取得创新，成为具有创新精神的企业，这也同样是不现实的。事实上，这是注定要失败的。兼职的企业家取得成功只是例外。

在过去 10 ～ 15 年的时间里，许多大型美国公司曾尝试与企业家联合组建合资公司，但是没有一个能够最终获得成功。一方面，企业家发现自己受到政策、基本规则和官僚主义、守旧以及保守"氛围"的影响。另一方面，其合作者——大公司的管理者却无法明白企业家要做些什么，无法理解他们的行为，只是认为这些企业家都缺乏训练、太狂妄自大，并且不切合实际。

从总体上来讲，大公司要想成功地成为企业家企业，只有充分利用它们本公司的人来承担这种创新项目。公司与新项目的负责人必须相互了解，公司必须足够地信任他，反过来，他也要知道如何在现有企业中进行创新。换句话说，任用能够以合作伙伴身份工作并懂得创新的人才会成功。但是，其前提是整个公司上下都要有企业家精神，他们希望创新并愿意为之而付出努力，而且把创新看成需求和机遇。也就是说，整个组织必须"渴望新事物"，并为之奋斗。

2. 如果脱离已有的业务领域，即使努力创新，也很少有人会成功。无论多元化有多少优点，它都不能与创新和企业家精神混为一谈，因此创新切忌"多元化"。新事物的发展往往充满艰辛，而且有可能被颠覆。对我们来说，从事自己不熟悉的领域是很难获得成功的。对于现有企业的创新，一定要立足于自己的专长，包括具备的市场知识和技术知识都是如此。凡是新事物，将来肯定会出现各种各样的问题，这就是我们熟知的"新事物发展的路途上充满荆棘"。所以，企业必须充分了解所从事的创新活动。除非"多元化"与现有事业有共同的知识（无论是市场方面还是技术方面的知识），采用"多元化"才有可能促使创新成功。即使是那样，正如我在其他著作中讨论过的，"多元化"仍有它自身的问题。如果公司除了解决实践企业家精神的过程中所要面临的困难和要求，还要解决由于"多元化"而带来的困难和要求，那么后果将不堪设想。因此，企业只能在自己熟悉的领域开展创新活动。

3. 最后需要注意的一点就是：不要试图通过收购小企业来实现自己企业的创新，因为那几乎没有任何成功的可能性。除非进行收购的公司愿意并能够在相当短的时间内向被收购公司提供管理者，否则收购极少会有所成效，因为被收购公司中的管理者任职时间一般都不会太长。如果他们是所有者，那么他们现在已经很富有了；如果是职业经理人，除非新公司提供更好的发展机会，他们才有继续留任的可能性。因此，在一两年的时间内，收购者必须向被收购公司提供管理者。当一家非企业家企业收购了一家企业家企业时，做到这一点就显得尤为重要了。新收购公司的管理者很快就会发现他们很难与其总公司的管理者共事，反之亦然。就我个人所知，迄今为止通过"收购"进行创新的例子中没有一个是成功的。

在日新月异的时代，一个企业要想具备创新能力，抓住成功的机会，并且要蓬勃发展，就必须要将企业家管理植入自己的管理体系。它必须采用一套政策，建立一套机制，使组织上下都渴望创新并为之努力。此外，组织还应注重企业家精神及创新的培养。若想成为成功的企业家，对于那些现存企业来说，无论规模大小都必须将其当作企业家企业来加以管理。

第11章 | CHAPTER 11

新 企 业

对于现有组织来说，无论是商业企业还是公共服务性组织，"企业家管理"一词的核心都是"企业家"。而对于新企业来说，核心则是"管理"。对于现有企业来说，业已存在的东西是培养企业家精神的主要障碍，而在新企业中，主要障碍是什么都缺乏。

新企业拥有创意，或许还能提供产品或者服务，甚至还有销售活动，销售量有时还相当可观。当然它也必须支出成本费用，但它可能也有相应的收入，甚至还有利润。然而，它并非是真正意义上的企业。一个真正的企业应当拥有健全的组织机构，能够独立生存、发展以及经营，而且，企业的员工应该清楚自己的职责和应该从事的工作，并明白这些工作的结果是什么或应该是什么。除非新企业能依靠完善的管理，发展成为一家真正的企业，否则无论它有多么独特的企业家创新思维，吸引了多少资金，产品质量怎么好，甚至无论有多大的市场需求，最终它都无法在激烈的市场竞争中生存下去。

19世纪最伟大的发明家爱迪生正是因为拒绝接受这些事实，致使他创办的每一个企业都惨遭失败。爱迪生的雄心壮志就是力求成为一个成功的商人和大公司的管理者。他本应该取得成功，因为他是一个出色的商业策划者。他清楚地知道如何利用自己发明的电灯泡来创立一家电力公司，他也知道如何获得企业可能需要的资金。他的产品一经问世，就立即带来了很大的轰动，而且有大量的市场需求。但是，爱迪生始终是一个"单独"的企业家，或者说，他仅仅想当然地认为"管理企业"就是当老板。他拒绝成立一个管理团队，所以，他创立的四五家企业在发展到中等规模以后，无一例外都失败了。最后，这些公司只好逼迫爱迪生自己下台，由职业经理人接手管理工作，才得以继续生存下来。

因此，新企业的"企业家管理"应具备以下四项要求：首先，要密切关注市场。

其次，要对财务有前瞻性，特别要有对现金流和未来资本需求的规划。

再次，要在新企业真正需要，并且有能力负担起一支高层管理团队之前，就及早将它建立起来。

最后，它要求新企业的创始人确立自己在企业中的角色、工作范围和与他人的关系。

关注市场的必要性

当一个新企业不能实现其原有的构想，甚至根本无法继续生存下去的时候，最常听到的解释就是："我们本来做得很好，可是后来，其他企业都蜂拥而进，抢走了我们已有的市场份额。我们真是弄不清楚这是怎么回事。它们的产品与我们的并没有很大的差别呀。"或者你会听到另一种解释："我们的销路本来挺好的，但是其他企业开始向顾客兜售我们从未听说过的产品，转瞬之间，它们就占领了市场。"

新企业往往在试图开拓的市场之外获得成功，其真正所从事的产品或服务也与它一开始的计划相差甚远，现有的大部分顾客甚至根本就不在公司当初考虑的范围之内，而且产品的用途也越来越广泛，与最初的设计大相径庭。如果新企业没有预料到这些，就不能利用这些意外和预想之外的市场来进行经营与管理；如果该企业没有完全关注市场，不是以市场为导向，那么它将只能为竞争对手的成功创造机遇，而不能谋求自身的长远发展。

早在1905年，德国的一名化学家就研制出了局部麻醉品普鲁卡因（novocain）。但是，因为医生喜欢全身麻醉，该化学家没有能够设法说服医生使用他的新产品（医生只是在第一次世界大战期间才开始接受普鲁卡因）。然而，完全出乎意料的是，牙医竟然对此很感兴趣，开始使用普鲁卡因这一麻醉剂。于是，这位化学家开始到德国各处演讲、宣传，极力反对将普鲁卡因用在牙科手术上。他声称，他的普鲁卡因不是为了牙科手术而研制的！

必须要承认，这种反应难免有些偏颇。但是，在创新之始，企业家的确知道他们所发明的产品用于哪些用途，而且很难接受意外的成功。一旦出现一些意料之外的市场需求，他们往往会产生抵触情绪。即使他们不会真正拒绝那些不在他们"计划之中"的顾客来源，也很可能会明确表示，这些顾客不受欢迎。

以往在计算机行业就发生过这样的事情。第一台计算机的设计研制公司——尤尼瓦克（Univac）公司认为，这种伟大的产品是专为科研工作的需求而设计的，因此，当有其他企业表示有兴趣购买计算机时，它甚至没派销售人员去访问顾客。尤尼瓦克公司这样做的理由很充分，它认为企业界的人根本弄不清计算机的特性及如何运作和应用。尽管 IBM 也同样认为计算机是专门用于科学研究的一种工具，它的计算机最初就是专门为天文计算而设计的，但是 IBM 愿意接受新增的企业订单，并为它们提供优质的服务。10 年以后，大约在 1960 年，虽然尤尼瓦克公司仍然拥有最先进、性能最好的计算机，而 IBM 却已经占领了整个计算机市场。

我们在教科书上也曾遇到过上述问题，而把此归结为企业没有进行充分的"市场调研"。

事实上，这近似一种谬论。因为没有人能够对一种全新的事物进行市场调研，也没有人能够对还未上市的产品进行市场调查。同样地，许多家公司之所以拒绝施乐公司（Xerox）获得的专利权，也是因为进行了深入的市场调查。调查结果显示，印刷业是绝对不会使用复印机的。当时没有人会想到企业、学校、大专院校以及许多个人会购买复印机，而这些正是复印机巨大的潜在市场。

因此，应该在新企业创立伊始就做出这样的假设：新企业提供的产品或服务会在一些意想不到的市场中赢得顾客，当初设计的产品或服务可能会用在出人意料的用途上，同时被一些意想不到的顾客，甚至不被新企业所知的顾客购买。

如果新企业从开始创建就不能以顾客的需求和市场为中心，那么它极有可能仅仅为竞争对手开拓了市场，成为竞争对手成功的基石，而自己却不能谋求更好的发展机会。几年以后"其他企业都蜂拥而进，抢走了我们已有的市场"，或"其他企业开始向顾客兜售我们从未听说过的产品，转瞬之间，它们就占领了市场"。其实，新企业要做到以市场为中心并非是一件特别困难的事情。但是在从事这项工作时，会与企业家的意愿背道而驰。首先，它

第 11 章 | 新 企 业 151

要求新企业系统地寻找出意想不到的成功和失败。企业家不能仅仅凭借主观臆断，就把意料之外的事情当作"例外"而忽略不计。恰恰相反，企业家应当走向市场，仔细调研，发现这些特别的机遇。

      第二次世界大战后不久，一家小规模的印度工程公司买下了关于生产配有辅助轻型发动机的欧式自行车的许可权。这种自行车看起来非常适合印度市场的需求，但是事与愿违，该产品在印度市场上的销路却一直不好。也就在这时，这家小公司的老板意外地发现，自行车的发动机倒有大量的订单需求。起初，他打算把这些订单全部退掉，可他又不断地思考："人们会把这些小发动机用作什么用途呢？"这种好奇心驱使他实地调查、寻访这些订单的来源。他发现农民将发动机从自行车上拆下来，改装到以前一直用手工操控的灌溉水泵上，以此作为动力来源。该老板认识到了这一潜在市场的存在，于是转变了原有的市场目标。从此，该公司迅速发展起来。现在这个生产商已经成为世界上最大的灌溉水泵制造商，每年的销售量都有数百万台。这家公司的水泵提高了整个东南亚地区的农业灌溉水平。

还有很重要的一点就是，整个新企业无须花费很多资金和精力就能够轻易地发现：意外出现的市场对自己产品的需求是出于偶然，还是因为自己的产品的确有尚未发现的巨大发展潜力。当然，要做到这一点也需要对市场有敏锐的目光和一套系统的工作方法。

最关键的是，新企业的经营者必须要把一部分时间和精力用在企业的外部，不时地进行实地考察。比如，进行市场调研，与顾客和销售人员交流，并认真倾听他们提出的建议。新企业也有必要建立一整套系统的工作制度，明确规定其"产品"或"服务"的标准应由顾客来界定，而不是由生产厂商界定。此外，新企业还必须不断地更新其产品或服务，提高质量，增大提供给顾客的效用和价值。

新企业最大的危险，莫过于它自认为比顾客"更了解"产品或服务的特征，知道应该采取何种销售方式，以及应该具备何种用途，这是一种以生产为导向的方式。最重要的是，新企业应该愿意接受意外的成功，并以此为商机，而不是把它看作对自己专业知识的一种羞辱。同时，新企业还应该记住这样一句营销名言："企业不是以改变顾客为目的的，而是要以满足顾客的需求为宗旨。"

财务的前瞻性

新企业很少以市场为导向，这是一种惯例。在企业发展的初期阶段，这是一件最令人无可奈何的事情，有时会一直阻碍那些幸存下来的新企业更加健康地成长。

与此相比，缺乏对财务的密切关注以及缺少有效的财务政策，则是新企业成长的第二阶段所面临的最大威胁，尤其是会阻碍快速成长的新企业的发展。新企业越是成功，缺乏财务前瞻性所带来的危险也就越大。

假设一个新企业成功地研制出新产品或服务，并且促销效果良好，就可以快速地发展，迅速占领市场。在此之后，该企业将会公布自己"快速增长的利润"，并对今后做出乐观的预测。不久，股票市场的名单上就会出现这个新企业。如果新企业属于高科技行业，或属于当时最热门的行业，那么更会引起股民的关注。这时关于销售的预测得到夸大：预测5年之内，该企业的销售额将达到10亿美元。然而，事实上仅过了一年，新企业就走下坡路了。或许，它不会就此关门停业或宣布破产，但是，财务赤字充斥着整个企业。于是，该企业拥有的 275 名员工中，180 人被解雇，总裁也被革职，该企业也可能被一家大公司低价收购。新企业失败的原因无非也就是：缺乏资金，无力筹集扩张所需的资本，以及管理不当导致各类开销、库存和应收账款一片混乱。通常来说，这三种财务困境会同时给企业带来威胁，即便是其中单单一种因素不会危及新企业的生存，也必将影响到它的健康发展。

一旦新企业面临这种财务危机，它也就唯有克服重重困难，付出巨大的努力，才能渡过难关。但是，我们也完全可以对财务危机进行事先预测并防范。

开创新企业的企业家很少有不关注钱的，相反，他们一般都很贪心，因此把注意力都放在利润上。但是，对于新企业来说，这显然是错误的。新企业的前期投入大，关注利润不利于企业的发展，随着新企业日益成长才逐渐开始回收投资，也就是说，新企业应最后关注利润，利润不应该是首先关注的对象。新企业应该首先关注现金流动、资本和控制。没有它们，利润就是虚幻的数字，也许过不了一年或一年半，利润就消失了。

新企业的成长是需要配置资源的。从财务的角度来说，这意味着新企业的成长需要增加财务资源而不是从中抽取资金。新企业最初的成长需要更多的现金和资本投入。如果一家成长中的新企业显示出"创造利润"的迹象，这也只不过是一种假象，因为利润只不过是一种用来平衡财务账目的会计手段而已。由于大多数国家都是依据这种虚假的利润征税，因此，前期利润反而造成了企业的负债，或现金耗尽的局面，而非真是盈利。一家新企业越健康、发展越快，它就越需要投入更多的财务资源。新企业是新闻报道和股市的焦点，尽管新企业显示出利润快速增长的趋势，但这些"账面盈利"的新企业很有可能在几年之后走向滑坡。

新企业需要进行现金流预测和分析以及有效的现金管理。在过去的几年里，美国的新企业（有些高科技公司除外）在这方面比以前的新企业做得要好，在很大程度上是因为美国的新企业家通过实践懂得了企业家精神需要财务管理。

如果进行了可靠的现金流预测，现金管理也就相对比较容易。这里所说的"可靠"并不是指"希望"，而是指假设遇到了"最坏的情况"。在银行界有一句古老的"金科玉律"：在预测现金收入和支出时，将应付账款以提前 60 天支付计算，而应收账款以延迟 60 天入账计算。如果说这种预测过于保守，那么可能发生的最坏情况是，企业会出现暂时的现金过剩，但这种现象很少发生在迅速发展的新企业中。

一个发展中的新企业应该提前一年估算出它将需要多少资金、何时需要、用于什么目的。有一年的充足时间，它就可以筹措所需的资金。但是，即使一家新企业经营状况良好，仓促筹措资金或发生"危机"时筹措资金从来都不是一件轻而易举的事，而且代价巨大。更重要的是，它总是使公司的关键人物在最关键的时刻偏离正确的方向。然后，他们需要花好几个月的时间和精力奔波于各家金融机构之间，被问题丛生的财务预测整得晕头转向。最后，他们一般不得不拿企业的未来发展做抵押，来渡过 90 天的现金周转危机。等到他们最终能够再次静下心来认真思考企业的经营时，已经不可避免地丧失了许多重要商机。可以肯定地说，新企业面临资金压力的时候就是发展机遇最大的时候。

由于成长迅速，成功的新企业原有的资本结构时常不再适合于新的需要。一个久经验证的"金科玉律"足以证明这一点：如果新企业的销售额（或订单）增长 40% ～ 50%，那么它原有的资本结构将不再适合如此快速的成长。通常来说，一家新企业在经历了这种成长之后，都需要一个新的、不同于以往的资本结构与之相配套。随着企业的不断发展，原有的个人资金来源（无论资金是来自业主或其家族，还是来自外人）都会变得不够充裕。于是，新企业往往通过公开"上市"，或寻找新的合作伙伴，或在已有公司中寻找合作伙伴，或从保险公司和养老基金中融资，来筹集所需的资金。新企业势必会把通过权益资金获得财务支持转变成通过长期负债融资，反之亦然。随着新企业的成长，现有的资本结构并非长期适用的结构，会成为新企业发展的障碍，也就因此需要不断地改变。

最后，新企业若要有效地管理企业的成长，就需要制定一套完整的财务体系。我们一而再、再而三地看到一幕幕历史在重复上演：一家新企业在创业之初，就拥有出色的产品，在市场上有显赫的地位，而且还有光明的发展前景。转瞬之间，应收账款、库存、制造成本、管理成本、服务、分销等，一切都失去了控制，陷入混乱。只要其中一项失去控制，所有其他各项都会随之失控。事实上，这是因为新企业的成长远远超出了它自身的控制范围。等到能够重新控制局面时，已经失去了原有的大片市场，即使客户不产生敌意情绪，也已经会变得非常不满，经销商也会因此对公司失去信心。更糟糕的局面就是，员工对管理层不再信任。当然，我们也可以理解他们这样做的原因，企业当前的局面使他们完全没有理由再继续相信他们的管理层。

事实就是这样，新企业的快速成长总是使现有的控制结构很快过时、失效。当销售额增加 40% ~ 50% 时，这种情况必将发生。

对当前的局面一旦失去控制，就难以恢复到正常状态。然而，值得庆幸的是：失控的局面是可以防患于未然的。首先我们需要仔细思考企业的关键领域。这里的关键领域可能是产品的质量、服务，也可能是应收账款和库存，或者是生产成本。一家企业内部的关键领域很少会超过四五个，管理费用也应该包括在内，如果收入被与之不成比例或快速增长的管理费用所抵消，也就毫无利润可言。这意味着企业聘用的管理和行政人员增加的速度超过了公司的实际增长所需，这通常是一家企业失控的第一征兆，意味着管理结构和实务不再适合实际的工作与管理所需。

为了配合新企业的预期成长，新企业必须提前 3 年建立控制系统，以控制这些关键领域。不过，复杂精准的控制系统并没有必要，实际上也确实无关紧要，这不仅会带来操作的困难，也会浪费资源，因为我们仅需要约数就可以。真正重要的是从思想上重视，新企业的管理者必须注意到这些关键领域，时常想到它们。唯有如此，当有需要时才能迅速采取行动。如果对这些关键领域给予了足够的重视，通常不会出现不可挽回的混乱局面，因为新企业随时都可以运用所需的控制系统实行必要的控制。

不需要在财务前瞻方面花费太多的时间，然而它却需要认真地思考和密切关注。完成这项工作的技术也很容易掌握，许多管理会计教科书中都有翔实的论述，但实际工作还必须由企业来做。

建立高层管理团队

尽管新企业在适当的市场上成功地占有了一席之地，并成功地找到了它所需要的财务结构和财务体系，然而几年以后，它仍然陷入严重的危机之中。通常是在它即将跨入成熟企业的门槛，也就是成为一个业已完善的成功企业之时，它陷入了似乎没有人可以理解的困境之中。产品一流，前景光明，但是企业就是停滞不前，无论是获利能力、产品质量还是其他任何关键领域的绩效都不佳。

出现这种情况的原因总是相同的：缺乏高层管理团队。企业已经发展成并非一两个人所能管理的规模，现在它需要一个高层管理团队来实施有效的管理。如果这样的一个企业团队不能适时地出现，迫于需要想要重新组建，显然为时已晚，事实上也确实太晚了。这个时候，企业能存活下来就已是万幸了，更别提有更大的发展。但是，在现实中，它很可能因此遭受永久性的创伤，或者多年以后，仍然承受由于缺少高层管理团队所带来的负面影响。公司上下的士气被挫败，员工对公司也不再有任何期望，并开始破罐子破摔，公司的创始人开始分道扬镳，满心怨恨，可是后悔已为时太晚。

解决上述问题的方法很简单：在企业真正需要高层管理团队之前，就将它建立起来，防患于未然。一般而言，团队不可能在一夜之间建成，而是需要花费几年的时间，根据我以往的经验，至少需要 3 年。团队是建立在相互信任、相互了解的基础之上的，只有经过长时间的磨合，团队才能发挥更大的作用。

但是，一个小规模企业和正在成长的新企业却无力负担建立一个高层管理团队的重任，它负担不起 6 个高层管理者所应享受的高薪。事实上，处于发展阶段的小型公司和成长中的企业都是由很少一部分人来包办一切事务的。问题的关键是，如何才能为它们提供一个切实可行的办法解决这一难题呢？

事实上，解决办法也没有想象的那么复杂，这就要看创始人是否愿意建立一个团队，而不是自己事必躬亲。如果高管层中有一两个人认为所有事情他们必须亲力亲为，那么几个月以后，或者最多几年以后，就不可避免地要出现管理危机。

每当新企业的客观经济指标（如市场调查或人口统计分析）显示出，其业务将在两三年内翻一番时，企业创始人的责任就是，立即着手组建一个很快就能发挥作用的管理团队，这是一种防患于未然的措施。

首先，企业的创始人必须与企业的其他重要人物一起组成一个小组，共同考虑和商讨企业关键领域的活动。他们应该认真思考："哪些特定领域将影响本企业的生存和成功？"每一个人必须列出这些主要领域。如果意见不一致或产生分歧，那么他们就必须严肃认真地解决，因为这是一个至关重要的问题。团队中任何一个成员所想到的每一种企业活动，都应该被列入议事日程，仔细加以考虑。

在书本中通常不会有关于企业关键活动的记载。只有通过对企业的情况进行具体分析，这些关键活动才会显现出来。以一个局外人的眼光来看，从事相同行业的两家企业对关键活动的界定也可能存在差异。例如，其中一家企业可能以生产为中心，而另一家企业则可能以顾客服务为中心。只有人员管理和资金管理这两项关键活动总是出现在所有企业中，其他活动则由企业的内部人员视企业、自身工作、价值观和目标看法而定。

其次，从创始人开始，团队的每一个成员都要考虑："我能做好哪些工作，我的这些重要的同事真正擅长哪些工作，其核心能力体现在什么地方？"然后，他们应对彼此的能力及优点达成共识。同样，也必须认真对待不同的意见，取其所长。

接下来，要继续考虑的一个问题就是："不同的企业活动能发挥我们各自的长处吗？我们应该各自负责哪些关键活动？某项具体活动应该由谁来负责才合适？"诸如此类。

再次，组建团队的工作就可以开始了。公司创始人如果发现自己并不适合人事工作，就应该约束自己，不再插手企业的这项活动。或许他的长处在新产品的设计和新技术的研发上，或许他的关键活动表现在运营、生产、产品分销和服务上，或许在资金和财务方面，而其他人可能比他更适合人事管理工作。但是，所有关键的活动都必须有人来负责，而且这些人必须具备公认的、适合这项工作的能力。

任何条文都没有规定："CEO必须负责这个领域，或者必须负责那个领域。"当然，CEO是公司最后的裁决者，负有最终不可推卸的领导责任。而且，CEO还必须确保获得必要的信息，以履行这个最终不可推卸的领导责任。然而，CEO的工作取决于企业的实际需要和他的个人素质。只要CEO的工作中包括关键活动，他就是在做CEO的工作。但是，CEO还有责任保证所有其他关键活动都由合适的人来负责。

最后，应该对任何一个企业的关键领域都设定具体的目标。每一项关键活动的负责人，无论是负责产品开发或人事管理，还是财务管理，都应该对下列问题做出回答："你能为企业做些什么？我们应该让你负责些什么？你在设法实现哪些目标，并会在何时完成？"当然，这都属于最基本的管理范畴。

起初，以一种非正式的方式建立高层管理团队是一种稳妥的做法。这样，处于发展阶段的小型企业就无须给予班子内的成员任何头衔，也不必公开宣布，甚至不必支付额外的报酬。大约会在一年后，新成立的团队已发挥作用，所有这些才开始真正实施。在此期间，小组的所有成员还有许多东西需要掌握：他们的工作范围是什么，他们如何共事，如何协助 CEO 及其同事顺利开展工作。两三年后，当迅速成长的企业需要一个高层管理团队时，原有的高层管理团队就完全可以发挥其应有的作用。

然而，如果在企业真正需要高层管理团队时，却没有组建这一团队，那么企业早在自己需要组建班子之前，就已经丧失了自我管理能力。创始人将会因为承担过重的工作，而导致许多重要工作无法完成，目标也难以达成。在这个时候，公司会有两种可能，一种可能是创始人将精力集中在一两个自己感兴趣并能发挥才能的领域上，这一两个领域固然很重要，但并非是企业唯一的关键领域，而此刻，创始人已无暇顾及其他关键领域。两年后，由于这些重要领域未受到重视，企业陷入困境。另一种情况可能更糟，因为创始人有责任感，他明白人员和资金是企业的关键，需要有人负责。在创业之初，他把自己的能力和兴趣放在设计与开发新产品上，但是责任感迫使他去管理人事和财务。由于他不具备这些方面的能力，不仅人事和财务管理不善，而且他必须花时间做决策，或者在这些领域开展工作，致使他因缺乏时间而忽略了他所真正擅长的工作，或使他没有精力来负责他所擅长的工作，而且这也正是公司指望他做好的工作，即开发新技术和新产品。3 年以后该公司将成为一个空壳，不但没有产品，而且还没有人事管理，更没有财务管理。

如果出现第一种可能发生的局面，公司还有可能得以挽救。毕竟它还有产品，但是创始人将不可避免地被任何一个可以挽救公司的人所取代。如果出现第二种可能，任何人对企业面临的这种情况都无能为力，只能出售或清算破产。

这里不得不再次强调：早在真正需要高层管理团队之前，新企业就应该着手组建这样一个团队。在企业创始人发现仅凭他一个人不能胜任管理工作，会出现管理混乱之前，他就必须学会与其他同事合作，信任他人，而且学会如何使他们负起责任来。总之，创始人必须学会成为一个管理团队的领导，而不是成为一个有许多"随从人员"的"明星"。

我在哪些领域能够发挥自己的才智

新企业走向企业家管理的最重要一步可能就是建立高层管理团队。但是，这对创始人而言只是开始，他们还必须谋划自己的未来。

随着新企业的不断发展，企业家原有的角色和建立的关系将不可抗拒地发生变化。如果创始人拒绝接受这个事实，他们就会阻碍企业的发展，甚至会毁了企业的前途。

任何一个企业创始人都会认同这一看法。每个人都听说过其他企业创始人由于没有随着企业的发展而改变，最终把企业和自己都毁了的悲惨故事。但是，即使许多企业创始人承认他们的确应该去做一些事情来改变自我，可是真正知道如何着手改变他们自己角色和关系的人却少之又少。首先，他们往往会扪心自问："我喜欢从事什么工作？"或者充其量会问："企业中哪个领域适合我？"其实，最适合问的问题应该是："从客观上看，企业今后的发展需要什么样的管理方式？"每当发展中的新企业（或公共服务机构）有了巨大的进步，或者改变经营方向或特性（即改变产品、服务、市场或它所需要的人才）时，它的创始人都必须回归到这个问题。

创始人必须扪心自问的第二个问题是："我的专长是什么？在企业的所有需求中，我可以做出哪些独特的贡献？"只有认真思考了这两个问题以后，创始人才应该继续问自己："我真正想做些什么事情？我的信念是什么？尚且不提后半生的发展，那么我未来几年想在哪些方面发展？这是企业真正需要的吗？我的贡献是那么重要、实际和不可或缺吗？"

但是，当问及"企业的需求是什么，身为企业创始人的优势体现在哪里，以及这些企业家真正想要做的事情是什么"等问题时，所得到的答案都不是一成不变的。

下面我们可以看这样一个例子：兰德（Edwin Land）作为宝丽来镜片和宝丽来照相机的发明者，从宝丽来公司创建开始，到20世纪50年代初期为止，在这12～15年的时间里一直是他一个人负责整个公司的事务。当公司开始快速发展时，兰德便着手组建了一个高层管理团队，并使之发挥作用。至于他自己，他认为自己不适合承担公司的高层管理工作，他能为公司做出的贡献就是科技创新，而且只有他才能胜任这一工作。于是，兰德为自己建立了一个实验室，担任公司的基础研发总监，至于公司的日常运作，则交给其他人负责管理。

麦当劳的创始人雷·克洛克（Ray Kroc）也有类似的想法。虽然直到他去世都始终担任公司的总裁（近90岁高龄），但是他却适时地创建了一个高层管理团队来运营公司，并任命自己为公司的"营销核心"。直到他去世前不久，他还每周参观两三家麦当劳餐厅，认真检查它们的质量、卫生状况和员工的服务态度。更重要的是，他与顾客打交道，与他们交谈，虚心听取他们的意见。这使公司能够进行必要的改变，保持了它在快餐业中的领导地位。

这些做法不一定都能带来圆满的结局，它们有时甚至可以导致大家分道扬镳。

美国一个非常成功的新金融服务企业的创始人就是这样的一个例子。他确实建立了一个高层管理团队，也探讨了公司的需求，但是，当他审视自己的能力和长处时，却发现公司的需求与他自己的能力不匹配，更不用说公司的需求与他想做的事情之间有什么关联了。他说："我花了 1 年的时间训练我的接班人，然后把公司交给他管理，之后我就辞职了。"自那以后，他又开创了 3 家新企业，但是没有一家是关于金融领域的。他将这些公司成功地发展到中等规模后，又都一一辞职。他很喜欢创建新企业，但不喜欢经营。他接受了这一事实，即企业一旦建立，最好和他分离，这对双方都有好处。

在相同的情况下，其他企业家可能会得出完全不同的结论。一家著名医疗中心的创始人——某个特殊领域的权威人士，也曾遇到过同样的困扰。这家医疗机构所需要的是院长和资金筹集者，但是创始人自己却想做研究和临床医疗。不过，他认识到自己在资金筹集方面很有天赋，也能够学会成为一家较大规模的医疗保健机构的 CEO。于是他说："我知道我必须对自己所创的企业及同事负责，必须克制自己的欲望，肩负起院长和筹资者的重任。当然，若不是我认为自己具备这方面的能力，而且我的顾问和董事会也都这样认为的话，我恐怕永远都不会做这些事情。"

当企业的成功迹象初露端倪时，企业的创始人就必须深入思考"我究竟属于哪个领域"这个问题。但是，回答这一问题应该更早一些。事实上，在新企业还未启动时，创始人最好就仔细思考这个问题。

在第二次世界大战日本战败后的最黑暗时期，日本的本田汽车公司（Honda Motor Company）创始人本田宗一郎（Soichiro Honda）决定创建一家小企业时，就深入思考了这个问题。在尚未找到合适的合作伙伴来负责管理、财务、分销渠道、市场推广、销售和人事之前，他决定暂缓创办自己的企业。因为本田从一开始就认为，自己负责工程和生产领域，而不应扩展到其他事务。而正是这一决策造就了本田汽车公司的辉煌。

关于亨利·福特的例子则更早，并且更富有启发性。1903 年，当福特决定步入商业界时，他的做法与 40 年后的本田宗一郎如出一辙：在开创企业之前，他先找到了一个合适的人做合作伙伴，负责管理、财务、分销渠道、市场推广、销售和人事。福特认为自己不擅长上述领域，与本田宗一郎一样，福特认为自己应对工程和生产领域负责，打算只让自己负责这两个领域。他找的这个合伙人就是卡曾斯⊖，卡曾斯为公司的成功所做出的贡献与福特一样大。许多归功于福特的著名政策和措施，如 1913 年著名的 5 美元日薪制和开辟分销渠道及服务等政策，都是卡曾斯的创意，一开始福特还反对这些政策，后来才发现这些政策的巨大成效。卡曾斯功高盖世，福特越来越忌妒他，卡曾斯被迫于 1917 年退出福特汽车公司，卡曾斯离开之前的最后一个建议是坚持废弃 T 型车，用公司巨额利润的一部分来开发后继车型。

自从卡曾斯退出福特汽车公司，该公司的成长和繁荣就停滞了。短短几个月之后，当福特一手包办了高层管理的所有职能，而忘记了他原先知道的自己应该属于哪个领域时，福特汽车公司就开

⊖ 卡曾斯后来当选底特律市长及密歇根州参议员，若不是他出生于加拿大，他很可能成为美国总统。——译者注

始江河日下了。福特固守 T 型车不放，整整 10 年未推出新车，直到该车型汽车无人问津为止。卡曾斯被解雇之后的 30 年里，公司的下滑趋势一直没有被扭转过来，到老福特过世，他的孙子年轻的亨利·福特二世接管时，公司已濒临破产。

局外人建议的必要性

对于正处于发展阶段的新企业的企业家而言，他们非常需要局外人士所提供的客观见解与独特建议。

对于成长中的新企业来说可能并不需要一个正式的董事会，而且，一般的董事会也往往不能提供创始人所需要的建议和咨询。但是，创始人确实需要一个可以和他讨论基本决策、可以聆听意见的人。这种人在企业内部很难找到。作为企业创始人，应该就企业未来的需求和对自己专长的评估，虚心接受局外人士提出的批评、建议和挑战。局外人士应该向企业的创始人提出质疑，检验他所做出的决策是否有效。更重要的是，他们应该不断地促使创始人以市场为中心，具有财务前瞻性，建立有效的高层管理团队，以此来满足新企业的长期生存以及发展需要。这是新企业的企业家管理的最后一个要求。

若能够将这种管理企业家的基本做法融入政策和实践之中，新企业必将成为一家蓬勃向上的大企业。

许多新企业，特别是高科技企业，可能对本章所讨论的方法持排斥，甚至不屑一顾的态度。他们的观点是："这些方法只能构成管理，而我们是企业家。"这种观点并不是不拘泥于形式，而是不负责任的表现。他们将方式与本质混为一谈。有一句古老的至理名言：没有法律，就没有真正的自由，也没有无约束的自由。没有法律的自由就是放纵，它很快就会产生混乱，使企业成为一盘散沙，并在短时期内走向专制，最后发展成为暴政。这是因为新企业若想维持和强化企业家精神，就必须要有长远的眼光以及有效的制度。它应该使自己做好准备，在企业走向成功，产生新需求时及时地满足它们。还有一点至关重要，它需要有责任感，这也是上面最后一项分析所指出的，这是企业家管理赋予新企业的必不可少的特征。

企业家战略

在市场中，正如企业家精神不仅需要企业家管理，也就是企业内部的政策和实践，而且还需要企业的对外政策和实践。其实，它需要的是企业家战略。

近年来，"企业战略"已经成为"流行"的词汇，有关的著作更是不计其数。然而，我还未看到过任何一本有关企业家战略的著述。尽管如此，但是企业家战略非常重要、非常明确，而且与众不同。

具体的企业家战略包括以下 4 种：

1. 孤注一掷。

2. 攻其软肋。

3. "生态利基"[⊖]。

4. 产品或服务的革新。

⊖ 生态利基（ecological niche）是指蕴涵丰富市场机会但规模不大，别人不做的产品或服务市场（小而专的市场、特定市场）。——译者注

这 4 种战略并不是相互排斥的。同一个企业家往往会把其中的两种战略，有时甚至 3 种战略整合到一种战略中去应用，而且这 4 种战略的界限并不总是十分明确的，例如，同一种战略很可能既能够归入"攻其软肋"，又能够归入"找到并占据一个专门的'生态利基'"当中。只不过这四种战略均有自己的先决条件。每一种战略只能适用于某一种特定类型的创新，而不适合其他类型的创新。每一种战略都需要企业家表现出不同的行为。最后，每一种战略都不可避免地存在一些固有的局限性和风险。

孤 注 一 掷

"孤注一掷"（fustest with the mostest）是美国内战时期一位南部联邦骑兵部队的将军接二连三获得胜利的秘诀。采用这种战略的企业家，通常是以赢得一个新市场或新行业的领导地位为主要目的的。"孤注一掷"的目标并不一定是马上就建立一家大企业，但这是他的终极目标。该战略从一开始瞄准的就是要获取永久性的领导地位。

许多人认为"孤注一掷"是一项标准的出色的企业家战略。确实如此，如果人们依照那些畅销书中有关企业家的观点做出判断的话，他们一定会得出"孤注一掷"是唯一的企业家战略的结论。许多企业家，特别是高科技企业家似乎都有相似的想法。

然而，他们是错的。当然，有许多企业家的确是选择了这种战略。但是在这里我们要说明的是："孤注一掷"甚至都不是企业家的主要战略，更谈不上是低风险、高成功率的战略。相反，在所有企业家战略中，恰恰是这种战略的风险性最大，犹如一场赌博。此外它不容许有丝毫失误，如果战略失败就不可能再有第二次机会了。

但是，一旦成功，"孤注一掷"能带来极高的回报。

以下几个例子清楚地说明了该战略的内容及其要求。

瑞士巴塞尔市的霍夫曼－拉罗氏公司（Hoffmann-LaRoche of Basel）多年来一直是世界上最大而且很可能是获得利润最高的制药公司。但是，它原来是一家非常不起眼的小公司。直到20世纪20年代中期，霍夫曼－拉罗氏公司一直是一家苦苦挣扎的小型化学公司，生产少数几种纺织染料，它在一家庞大的德国印染制造商和两三家国内大型化学公司的阴影下勉强地生存着。于是为了摆脱这种困境，它决定将赌注下在当时新发现的维生素上，因为在当时整个科学界还没有完全接受这种维生素物质的存在。它买下了无人问津的维生素专利，并用高于大学教授最高薪水几倍的薪酬从苏黎世大学挖来了这种维生素的发现者，这也是业界从未有过的高薪待遇。同时，它将所有资金和贷款全部投入生产与销售这种新物质上。

60年以后，霍夫曼－拉罗氏公司当初购买的所有维生素专利都已经过期很久了，但现在它几乎占据了世界维生素市场的一半份额，公司的年收入高达几十亿美元。

杜邦公司也运用了同样的战略。经过15年艰苦卓绝、屡遭挫折的研究，杜邦公司终于发明了第一种真正的合成纤维——尼龙。之后，杜邦公司立即投入大量资金，建立大型工厂，并投放大量广告（在这之前公司从来没为消费性产品做过广告），开创了我们现在所说的塑胶行业。

尽管"孤注一掷"战略的目的在于创建一家大企业并控制该领域市场，但并不是每一个运用该战略的企业家都需要以创建一家大型企业为主要目的。例如，位于明尼苏达州圣保罗市的3M公司，从未进行过旨在能使自己公司规模扩大的创新，这看起来似乎是它早有预谋的一个策略。生产卫生保健用品的强生公司也采取同样的策略。这两家公司都属获利最高和最成功的创新者，但是它们寻求的创新是那些不会让公司发展成大型企业的创新。这两家企业都只是中等规模，均不属于大型企业，但是，却仍能牢牢地控制其所在的市场。

也许正是因为"孤注一掷"的目标是必须建立新的事物、完全不同的事物，因此非专家和局外人似乎能够表现得与专家一样好，事实上，通常这些人会比专家做得更好。例如，为霍夫曼－拉罗氏公司制定战略的人并不是公司的化学家，而是一位音乐家。他是公司创始人的孙女婿，他只是需要更多的钱来给养他的交响乐团，而公司发给他的微薄红利远远不能满足他的需求。时至今日，该公司也从未让化学家来管理，而是由在瑞士大银行任职的金融界人事管理。

"孤注一掷"的战略必须要击中正确的目标，否则一切努力都会付诸东流。换一个形象的说法，"孤注一掷"很像是向月球发射火箭，如果时间弧线稍有偏差，火箭就会消失在外层空间中。此外，一旦这项战略被执行，它是很难再进行调整或修改的。

换句话说，采用这种战略之前要经过周密的思考和审慎的分析。一些流行文学作品或好莱坞电影中描述的企业家，通常是突然有一个"聪明的创意"，然后就匆忙付诸行动，但事实上，这样做是不会获得成功的。

此外，企业必须为其设定一个明确的目标，而且还需要付出巨大的努力。当这些努力开始产生成果时，创新者必须做好大规模地调动资源的准备。

在创新已经成为一项成功的事业后，这时，真正的工作才刚刚开始。此时"孤注一掷"战略需要大量和持续的努力来保持其获得的领导地位，否则它所做的一切就是为竞争对手创造市场。企业家必须比以前更努力地工作，并继续进行大规模的创新努力，才能保持其获得的领导地位。在创新成功以后的研究预算必须比成功之前还要多。此外，企业还必须探索新产品的新用途，确定新的客户群，说服顾客试用新材料。更重要的是，成功完成"孤注一掷"战略的企业家，必须在竞争对手学会制造新产品之前，就淘汰自己的产品或工艺。对成功产品或工艺的后继产品的研制必须立即着手进行，而且必须投入与最初获得成功一样的努力和资源。

最后，通过"孤注一掷"战略取得市场领导地位的企业家，必须有计划地下调其产品或工艺的价格。如果一直保持较高的价格无疑是在为潜在的竞争对手撑起一把保护伞，无形之中是在鼓励它们参与竞争。

"孤注一掷"战略的确有相当高的风险，因此，另一个重要战略就是在假定采用"孤注一掷"战略可能会失败的基础上制定出来的。运用"孤注一掷"战略容易失败的原因包括：有时候，尽管创新获得成功，但是由于没有足够的资源可以利用，或没有使足够的资源发挥应有的作用等。虽然采取该战略一旦成功，回报将不可限量，但是由于它的风险过大，难度较高，因此只能用于重大的创新。

因此，在大多数情况下，企业最好采用其他战略，并不是因为它们风险低，而是因为大多数创新机遇所带来的成果不足以弥补"孤注一掷"战略所投入的成本、努力和资源。

攻 其 软 肋

另一位美国内战时期的常胜将军曾经说过："我们要重点攻击敌人的软肋。"他总结出了两个完全不同的企业家战略的精髓，即创造性模仿战略和企业家柔道战略。

创造性模仿战略

单从"创造性模仿"这个词的字面意思来看，就有很明显的自相矛盾之处。因为凡是"创造的"我们认为它肯定是"原创的"，如果是模仿品，则肯定不是原创。然而，这个词却很确切，它是在描述一种本质为"模仿"的战略。企业家所做的事情，可能是别人在过去已经做过的事情，但这件事情又具有"创造性"。这是因为运用"创造性模仿"这一战略的企业家，比最初生产这个产品或者这个产品发明人，更了解此项创新的意义。

最早采取这一战略并获得极大成功的企业就是 IBM。此外，还有日本的精工株式会社，通过其生产的精工表（Seiko）取得全球领导地位，它们也将自己在手表市场上取得的成功归功于创造性模仿。

20 世纪 30 年代初期，IBM 首先为纽约哥伦比亚大学的天文学家制造了一种高速运算设备。几年以后，它又为哈佛大学研制了一台类似于计算机的设备来进行天文方面的计算。到第二次世界大战结束时，IBM 已经研制出了一台真正的计算机，这是世界上第一台计算机，拥有计算机的所有特征：有"内存"并具有一定的编程能力。但是，却很少有书籍将 IBM 作为计算机的发明者来提及。其中原因有很多，但主要原因是，该公司于 1945 年推出了高级计算机（当时，IBM 将这台计算机摆在纽约市中心的展示大厅向世人展出，吸引了很多人前来观看）后不久，就放弃了自己原有的设计，转而采用竞争对手的设计，也就是宾夕法尼亚州立大学研发的 ENIAC 计算机。ENIAC 计算机更适合商业用途，如薪金发放等，遗憾的是它的原创设计者没有能够看到这一点。IBM 采用并改进了 ENIAC 的设计，最终使这种类型的计算机能够被大批量生产和维护，并能进行实际生活中真正的"数据处理"工作。当 IBM 生产的 ENIAC 计算机[⊖]于 1953 年面世时，它立即就成为多功能主机型商业计算机的标准。

这就是"创造性模仿"战略，它总是要等到别人创造了一个新的事物，但还差一点点的时候，才开始工作。使这个真正的新事物在短期内，做顾客想要并愿意为之付钱的工作，完全满足顾客的需求。创造性模仿战略从此就为新产品设定了行业标准，并一举夺取市场领导地位。

　　当半导体问世以后，钟表行业的每一个人都知道，使用半导体做动力的手表比传统上发条的手表走得更准确、更可靠，而且更便宜。于是，瑞士钟表公司很快生产出了首块石英数字表，但由于它们在传统手表制造上投入太多，因此它们决定逐步推出石英数字表，并决定在这段漫长的转型期内，让石英表成为昂贵的奢侈品。

　　但是与此同时，原本一直是日本市场的传统手表制造商的精工株式会社看到这个机遇时，立即采取了创造性模仿战略，成功地拓展了石英数字表的市场，并使其成为行业的标准。等到瑞士钟表公司如梦初醒的时候已经太晚了，精工表已经成为世界上最畅销的手表，并且几乎将瑞士钟表公司挤出了市场。

与"孤注一掷"战略的目标一样，创造性模仿战略的目标也是成为市场或行业的领跑者。但与前者相比，该战略的风险比较小。因为在创造性模仿

⊖　ENIAC（埃尼阿克）计算机是世界上第一台数字式电子计算机，由美国宾夕法尼亚大学的物理学家约翰·莫克利（John Mauchly）和工程师普雷斯伯·埃克特（J-Presper Eckert）领导研制并取名为 ENIAC（Electronic Numerical Integrator and Calculator）计算机。——译者注

者开始行动前，市场早已形成，人们已经接受了该新事物。事实上，市场的需求往往大大超过最初创新者的新产品供应能力，市场的划分也已经为人所知或者至少是可以为人所知的。而且等到这个时候，市场研究可以发现顾客想要购买的是什么、他们如何购买以及哪些价值能够满足他们，等等。

当然，最初的创新者也可能在第一次的时候就已经做得非常成功，这样，就关上了创造性模仿者进入其市场的大门。从霍夫曼－拉罗氏公司的维生素、杜邦公司的尼龙等成功的创新中我们可以看出，虽然产品在推出过程中没有出现什么差错，却仍有风险存在。但是，从采用创造性模仿战略的企业家数量及其所取得的实质性成功当中，我们又可以看到最初创新者为了获得成功，抢先占领市场所承担的风险并不像想象中的那样势不可挡。

创造性模仿战略就是利用他人的成功来获得自己的成功。创造性模仿并不是人们通常所理解的"创新"，因为创造性模仿者并没有发明任何产品或服务，他只不过是完善了原始的创新，并对其进行合理的定位。正是由于在该产品或服务首次推出时，似乎还缺少些什么；或许是原始产品或服务还应该具备一些额外功能；或许是它的市场细分需做重新调整；或许是它需要更准确的市场定位，等等，而创造性模仿者正是弥补了这些不足从而获得成功。

在通常情况下，创造性模仿者是从客户的角度来观察产品或服务的。创造性模仿是从市场而不是从产品入手，从顾客而不是从生产商入手。它既以市场为中心，又以市场为导向。创造性模仿者并不是靠从最先推出新产品或服务的创新者手中抢走顾客而赢得成功的，而是要服务于那些创新先驱者创造的，但并没有提供合适服务的市场。创造性模仿战略是要满足一种已经存在的需求，而不是重新创造一种需求。

创造性模仿战略也有它自身固有的风险，而且有时候风险还值得深思。创造性模仿者为了试图避免风险很容易分散自己的力量。另一个危险就是对未来趋势判断失误，对那些最后根本不会赢得未来市场的创新进行模仿。

　　IBM 是这个世界上最杰出的创造性模仿者，但是它的经历也恰恰可以说明这些危险的存在。该公司成功地模仿了办公自动化领域中的每一项重大成果，所以它在该领域的每一个方面都拥有领导地位。但是，由于每一个产品都是经过模仿得来的，产品也很分散，而且彼此之间经常很难兼容，因此，想要利用 IBM 的这些产品来建立一个完整的办公自动化系统，几乎是不可能的。为此，人们怀疑 IBM 能否保持其办公自动化领域的领先优势，以及能否为自动化办公室提供一套集成系统，而这些却正是未来主流计算机市场的走势。由此可以看出，"过于聪明"的风险是创造性模仿战略与生俱来的风险。

　　在高科技领域里，创造性模仿战略往往能发挥巨大作用，其原因很简单：高科技创新者是最不以市场为中心的创新者，他们倾向于以技术和产品为中心。因此，他们往往误解自己成功的原因，无法利用和满足他们自己所创造的市场需求。

企业家柔道战略

　　1947 年，贝尔实验室发明了晶体管。人们马上意识到晶体管即将代替真空管，特别是可以应用到诸如收音机和新品牌电视机等消费电子产品中。尽管每一个人都意识到了这一点，但是并没有人马上对此采取任何行动。几家大制造商（当时均为美国公司）虽然已经开始研究晶体管，但却计划"在 1970 年左右的某个时候"才将其转变为真正的产品。在当时，它们均声称，晶体管"尚未准备妥当"。大洋彼岸的索尼公司（Sony）当时不过是日本国内的一家小的制造商，甚至连消费电子产品市场都没有涉足过。但是，索尼公司总裁盛田昭夫从报纸上了解到关于晶体管的消息后，专程前往美国，以一个荒唐的价格——2.5 万美元，从贝尔实验室手中购得了晶体管的生产经营许可权。两年后，索尼公司推出了第一台便携式晶体管收音机，重量不及真空管收音机的 1/5，而成本则不到其 1/3。3 年后，索尼公司已经占据了美国的低端收音机市场，仅仅过了 5 年，日本人便占领了全球收音机市场。

当然，这也是一个拒绝意外成功的经典案例。美国人当时拒绝使用晶体管，是因为它不是"业界发明的"，即不是由电气与电子业巨头美国无线电公司和通用电气公司发明的。这是一个因过于自负而最后自食其果的典型案例。当时，美国人为自己能够生产出优质的电子管收音机而骄傲，对于能够展示其精湛工艺的超外差式收音机（super heterodyne sets）念念不忘。与这些美国人引以为豪的东西相比，晶体管根本上不了档次，甚至有损他们的尊严。

索尼公司的成功并不是真正的全部。我们该如何解释日本人使用这种战略，一再获得成功，并再三地让美国人感到惊讶呢？换句话说，日本人不断地成功运用了"企业家柔道"战略来击败美国人。

当年 MCI 公司和斯普林特公司（Sprint）正是使用这一战略取得了成功，它们利用贝尔电话系统的定价体系，抢走了贝尔电话系统的大部分长途电话业务。ROLM 公司在夺取用户交换机大部分市场时，也采用了该战略。还有花旗银行在德国开办名为"家庭银行"的消费银行时，也使用了该战略，使花旗银行在短短几年之内就占据了德国的消费金融市场。

在德国大部分的银行都知道普通消费者已经具有购买能力，他们希望成为银行的客户。德国的银行曾经考虑过几项为消费者提供服务的建议，但是，银行其实并不需要这些客户。它们认为，与其他商业客户和富有的投资客户相比，为零散客户进行服务有损大银行的尊严，如果消费者真的需要开立账户，他们完全可以去邮政储蓄银行。

所有这些"外来者"，如日本人、MCI公司、ROLM公司以及花旗银行等，无一例外都采用了"企业家柔道"战略。在所有企业家战略中，特别是在那些旨在获得某个行业或市场的领导和控制权的战略中，企业家柔道战略应该是风险最低、成功率最高的战略。

每一位警察都知道惯犯无论是撬保险箱还是进入大厦抢劫，往往会以同样的手法从事犯罪。罪犯在作案现场都会留下属于他们自己的"签名"，这与每个人特有的指纹是一样的，而且他也不会轻易改变这个习惯，尽管这会导致他一次又一次被捕。

并非只有罪犯具有这种固执的习惯，其实我们每个人都有，就连企业与行业也不例外。即使这种"习惯"可能会让企业一再丧失其领导地位和市场，企业也总会把它保留下来。而美国制造厂商所坚持的习惯，则使自己的市场一次又一次地被日本人夺走。

罪犯被逮捕后，他很少会承认是自己的习惯出卖了他，相反，他会找出各种各样的理由推脱，出狱后，他还会用同样的作案手法。同样，因习惯而导致失败的企业也很少承认它们的习惯有问题，而是会找出各种理由来解释它们的失败原因。以美国电子产品生产商为例，它们大部分把日本人的成功归因于日本的劳动力价格很便宜。只有少数几家美国生产商能面对现实。例如，制造电视机的生产商美国无线电公司（RCA）和美格福斯公司（Magnavox），尽管向员工支付了较高的工资和福利，但其产品无论在质量上还是价格上，都能与日本产品相抗衡。德国的银行都一致认为，花旗家庭银行的成功是因为该银行敢冒德国银行不敢冒的风险。但是，在花旗银行中，家庭银行消费贷款方面的信用损失率比德国银行还低，而发放贷款的条件也如德国银行一样严格。德国银行当然知道这些因素，但它们始终不愿意面对自己的失败和家庭银行成功的现实。这种情况非常典型，这也解释了为什么同一种战略（即同一种企业家柔道战略）可以每次都能获得成功。

下列 5 种常见的坏习惯可使行业的新进入者能够成功地采用企业家柔道战略，与已确立的、有强大实力的企业对抗，并获得市场中的领导地位。

1. 第一个坏习惯是美国俚语所称的"NIH"（not invented here），意为"非出身名门"。这种自负的心理会使一个企业或行业深信，除非是它们自己想到的，否则任何新的发明都不可能有任何价值。美国电子生产商当时对晶体管所采取的就是这种态度。

2. 第二个坏习惯是想从市场上撇脂，即眼睛只盯着那些能使公司获取高额利润的市场部分。

在施乐公司身上我们就能发现这种坏习惯，它只把目光瞄准那些大客户，也就是那些肯花大价钱购买高性能设备或大批量购买设备的大买家。虽然它并不拒绝其他客户，但是它也没有刻意去主动寻找他们，也没有向他们提供优质的售后服务。具体来说就是，施乐公司认为向这些人提供服务是没有必要的。久而久之，这些小客户对施乐公司所提供的服务（甚至可以说没有服务）感到很失望，因而纷纷转向它的竞争对手。

"撇脂"的做法违背了基本的管理和经济规律，而它得到的惩罚就是失去整个市场。

3. 第三个坏习惯更糟糕，就是迷信产品质量。产品或服务的"品质"并不是生产商赋予的，而是由客户发掘出来并愿意为之付钱购买的东西。生产商通常认为，一件产品的"品质"是由其生产的难易程度以及成本的高低所决定的。实际情况并不是这样，客户只会给对他们"有用"、能为他们带来价值的产品买单，除此以外，再没有什么其他因素可以构成产品的"品质"。

4. 第四个坏习惯与上述的"撇脂"和"品质"相关联，就是对"高价格"的错觉。其实自身的"高价格"总会引来竞争对手。

已确立领导地位的企业看似获得了较高利润，但实际上就是在补贴该领域的新进入者。不出几年，这些新进入者就会取代以前企业的领导地位，在该领域中领跑。企业应该始终将"高价格"看作一种威胁，一种易受攻击的危险手段，而不是一种享受的手段。"高价格"的做法只能在想提高股票价格或市盈率时才可以偶尔为之。

然而，这样想要通过"高价格"来获取更高利润的幻想却相当普遍，尽管此举常常为竞争对手采取企业家柔道战略大开方便之门。

5. 第五个坏习惯是经常出现在现有企业，并最终将导致企业衰亡的最后一个坏习惯，即盲目追求最大化而不是最优化。随着市场的逐步成长和发展，这些公司仍试图用同一种产品或服务来满足每一个用户，这显然是一件非常困难的事情。施乐公司就是一个很好的例子。

同样的道理，当日本人侵入复印机市场与施乐公司抗衡时，他们就专门为某些特定群体分别设计过产品。例如，他们推出的办公室专用复印机，就非常适合于牙医、内外科医生以及校长的小型办公室。尽管它们并不具备施乐公司最引以为荣的那些产品功能，如复印的速度、高清晰度等，但日本人却满足了小型办公室最需要的一台低成本的简单复印机。当其在这一市场站稳脚跟后随即又逐一打入其他市场，每一种产品都精心设计并最恰当地满足了每一个利基的需求。

索尼公司当初进入的同样是价格低廉、接收范围有限的便携式收音机这一低端市场。但一旦在这个市场上站稳脚跟，它就开始转向其他市场。

企业家柔道战略首先瞄准的是一个稳固的滩头阵地。通常这个滩头阵地是那些已获得领导地位的企业根本没有设防或不重视的环节，比如，花旗银行建立家庭银行时，德国人并没有采取措施予以反击。一旦占据了这个滩头阵地，也就是说一旦新企业拥有了一个适当的市场和较好的收入来源以后，它们就开始向另一片"海滩"进军，直至最终占领整个"岛屿"。每一个开拓市场的新进入者都会重复同样的战略，它们为某个利基专门设计产品或服务，并将这种产品或服务最优化。在这场竞争中，已确立领导地位的企业很少有反击的机会，而且在这些老牌企业做出改变之前，这些新进入企业已经夺取了领导地位并控制了整个市场。

企业家柔道战略也要求一定程度的真正创新。在通常情况下，只是以低价格提供相同的产品或服务是不够的，所提供的产品或服务还必须要与原有的产品或服务有所区别。

换句话说，新进入者如果仅仅凭借低价格或者将产品或服务做得与原有的行业领导者一样好，是远远不够的，新进入者必须使自己与众不同。

与"孤注一掷"和"创造性模仿"战略一样，企业家柔道战略旨在取得业界的领导地位，继而获得市场的控制权。但是，它并不是与原有的领导者展开正面交锋，或至少不会在原先的行业领导者意识到有竞争存在的领域展开竞争。相反，企业家柔道战略就是要"攻其软肋"。

生 态 利 基

到目前为止，我们已经讨论了"孤注一掷""创造性模仿"和"企业家柔道"这三种企业家战略。它们的目标都是要夺取市场或行业的领导地位，甚至取得统治地位。"生态利基"战略的目标则是取得控制权。前面讨论的三种战略主要是针对企业如何在一个大市场或重要行业中取得一席之地，而"生态利基"战略的目的则在于在某一小范围内获得实际的垄断地位。前三种战略都是竞争性的战略，而"生态利基"战略的目的是使企业避免遭遇竞争和其他企业的挑战。通过"孤注一掷"战略、创造性模仿战略和企业家柔道战略而获得成功的企业最终会发展成为大公司，而且知名度很高，甚至是家喻户晓，采用成功的"生态利基"战略的企业则会收获现金而不在意声誉。在通常情况下，采用"生态利基"战略的企业都得意于它们的默默无闻。事实上，最成功的"生态利基"战略的整个着眼点就是尽量让自己显得不起眼。因此，尽管其产品已经成为某个程序中必不可少的基本要素，但是也无人愿意与它竞争。

以下，我们将讨论 3 种不同类型的"生态利基"战略，每一个都有自己的独特要求、局限性和风险。

- 收费站战略；
- 专门技术战略；
- 专门市场战略。

收费站战略

爱尔康公司（Alcon Company）研究出一种酶，能使医生在做老年白内障外科手术时，省去一个步骤，使整个手术过程更加紧凑、合理。一旦爱尔康公司研制出这种酶并取得了专利，也就拥有了"收费站"的位置。没有它，白内障外科手术就无法进行，无论爱尔康公司对白内障外科手术所必需的酶开出的价钱有多高，但与整个白内障手术费用相比，这个价格就显得微不足道了。我想也许根本不会有任何一位眼科大夫或任何一家医院去询问这种酶的价格。这种酶的全部市场相当有限，全球一年的销售额只有 5000 万美元。很显然，不值得任何人去尝试开发另一种产品与之竞争。就算这种酶的价格降低了，全世界也不会因此多出一例白内障手术。所有潜在的竞争对手所能做的不过是为大众降低酶的价格罢了，而自己却得不到任何好处。

从许多方面来看，收费站位置是企业最希望获得的位置，但是，它有极为严格的前提要求。该产品必须是某个流程中至关重要的部分，不使用该项产品的风险必须远远超过产品本身的成本。就像上述例子中所提及的，不使用这些产品，可能会导致失明这样严重的后果。而且，这个市场必须非常有限，谁先来，谁就可以完全独占。此外，它还必须是一个真正的"生态利基"，也就是说一种产品就能满足它，而且又因为它是既小又低调的，因此不足以吸引其他竞争对手的竞争。

只不过，想发现这种收费站的位置并不是件容易的事情。通常，它们只在不协调的情况下才会出现。以爱尔康公司的酶为例，它是在一种程序的节奏与逻辑不协调的情况下发明出来的。

收费站的位置也有非常严重的局限性和风险性。基本上，它是相当平稳的。一旦占据了这个生态利基，公司就不会有多大的发展空间。占据收费站位置的公司很难增加或控制自己的业务。由于它的产品只是某种程序或某种主要产品的组成部分，因此无论其产品有多好，价格有多么便宜，其销量往往取决于市场对该程序或主要产品的需求。

采用收费站战略的公司一旦达成了它的目标，公司就已经"成熟"了。它的发展速度只能与自己产品的最终用户的增长速度一样。但同样它也可能会在瞬间崩溃，如果有人发现了另一种方式可以满足其最终用户的需求，那么它就会在一夜间惨遭淘汰。

采取收费站战略的公司绝对不能滥用自己的垄断地位。它不能成为德国人所说的强盗式贵族（德语为 raubritter，英语"robber baron"的意思与它所表达的是不同的意思）。这些强盗式贵族的城堡占据着附近的山口、河谷等有利地形，常常打劫路过此地的旅客。采取收费站战略的公司也不能滥用其垄断地位来剥削、敲诈、虐待客户，否则客户就会把其他供应商引入这个行业中来，或者，客户也可能将目光转向另一种功效较差但能控制的替代品上。

专门技术战略

　　每一个人对许多大汽车品牌都很了解，但是，很少有人了解那些为这些汽车公司提供电力和照明系统设备的公司，因为这些设备的品牌远比汽车品牌少得多。例如，在美国，有通用汽车公司的德科公司；在德国，有博世公司（Bosch）；在英国，有卢卡斯公司（Lucas），等等。

　　一旦这些公司的专门技术利基在其领域中获得了控制地位，它们就会全力保持下去。与占据收费站位置的公司不同，它们的利基相对要大一些，但仍然是独一无二的。这种利基的取得是因为它们在非常早的时候就开始了高新技术的研发工作。在这以前，一个富有魄力的德国人也掌握了一个专门技术的利基，时至今日，不少旅行指南还仍以他的名字"贝德克尔"（Baedeker）⊖命名。

正如这些例子表明的那样，时机是建立专门技术利基的基本要素。它必须要在一个新行业、新习惯、新市场、新趋势刚开始形成之时就立刻开始行动。1828年贝德克尔就出版了他的第一本旅行指南，此时正是航行于莱茵河的蒸汽轮船首次面向中产阶级的时候。此后贝德克尔在该领域中一直保持着绝对领先的地位，直到第一次世界大战爆发后，西方国家开始一致抵制德国出版物。

想要获得这种专门技术利基，往往需要一些新东西，或在原有基础上增加一些东西，或者是一种真正的创新。在贝德克尔旅游指南出版之前，也有

　⊖ 1828年，一位名叫卡尔·贝德克尔的人出版了一本关于莱茵峡谷的旅行指南。所有现代旅行指南的基调，都是由这本带有醒目红色封皮的指南书定下的。"贝德克尔"这个名字最终也成了"旅行指南"的代名词（"Baedeker"一词如今在英语中就是"旅行指南"的意思）。——译者注

过类似的手册，但它们只是简单介绍文化方面的知识，如教会、景点等。至于旅行时会遇到的一些具体细节，比如，旅馆的位置、马车的租金是多少、路程远近如何以及合适的小费数量等却没有介绍。因此，当时的贵族老爷在旅行的时候，会雇用一名专业的旅行仆人来处理这些问题。但是中产阶级雇不起这种旅行仆人，这就是贝德克尔的机会。一旦他了解了旅行者所需要的信息，以及获得和展示这些信息的方法（贝德克尔设计的版式至今仍被许多旅行指南所效仿），如果任何人想复制他的投资，试图建立一个与之竞争的组织，都将会得不偿失。

在一项重大新发明的初期阶段，专门技术战略会为我们赢得大好机遇，这方面的例子不胜枚举。例如，许多年来，美国只有两家公司从事飞机螺旋推进器的制造，这两家公司都是在第一次世界大战以前建立的。

专门技术利基几乎没有是被偶然发现的。在上述的每一个例子中，这些利基都是系统调查创新机遇的结果。在上述的每一个实例中，企业家都在设法寻找一个能够发展出专门技术并可以给予新企业独有地位的领域。

罗伯特·博世花了好几年时间来研究新的汽车领域，就是为了在该领域中找到一个可以立即使其新公司获取领导地位的领域。多年以来，汉密尔顿推进器公司（Hamilton Propeller）一直是美国领先的飞机推进器生产商，它的成功也源于其创始人在动力飞机发展的初期所进行的系统研究。在贝德克尔决定出版旅游指南之前，曾几度尝试为旅游者提供旅游服务，但是这一决定最终使他声名远播。

第一个要点是，在新行业、新市场或者新趋势形成的初期，就必须抓住时机，有系统地寻找有关专门技术的机遇，找到机遇后就是发展这一专门技术的最好时机。

第二个要点是，专门技术利基要求必须拥有独一无二的、与众不同的技术。早期的汽车先驱无一例外的都是机械师，他们了解大量机械、金属和发动机知识，但是，对电学知识却是一窍不通。与电学相关的理论知识，他们即从未学习过，也根本不知道从何学起。在贝德克尔时代也有其他出版商，但是一本旅游指南需要实地收集大量详细信息，需要经常去各地考察，还需要聘请其他领域的旅游顾问，而这一切却并不在其他出版商的工作范围之中。

在专门技术利基的基础上建立的企业不易受到客户或供应商的威胁。无论是客户还是供应商，就算真的想要进入，最后也会因为对技术和特质都一无所知而放弃。

第三个要点是，采用专门技术战略的企业必须不断地改进自己的技术，必须在技术上始终保持领先。事实上，它必须不断地自己淘汰自己。早期的汽车公司常常抱怨代顿的德科公司和斯图加特的博世公司，因为这两家公司总是给它们施加很大压力。这两家公司推出的照明系统非常先进，以至于远远超出了当时普通汽车的需要，也超出了当时汽车厂商心目中的客户需要、期望以及支付水平，同时还超出了当时汽车厂商的装配技术范围。

虽然专门技术战略有其独特的优势，但也有严重的不足。首先，专门技术战略使运用它的企业眼光短浅。要保持它们的控制地位，公司必须学会集中精力，直接专注于它们所在的狭窄的专业领域。

其次，占据专门技术利基的厂商往往需要依赖他人把自己的产品或服务推向市场。因此，这种产品或服务只是整个产品的一个组成部分。汽车电气设备公司的优势在于顾客根本不知道它们的存在，不过这也是它们的弱点。

最后，对于占有专门技术利基的厂商而言，最大的危险莫过于它所拥有的专门技术不再是它们的独有技术，而是逐渐变成了一项普及的技术。

与其他所有生态利基一样，专门技术利基在时间和空间上受到限制。生物学告诉我们，占据某一个有利生态利基的物种，很难适应外部环境的极小变化。这对企业家的专门技术战略来说也是正确的。但是，尽管有这些局限性，专门技术战略仍然是一个非常有优势的战略。在一个快速扩张的新技术、新行业或新市场中，它也许是最具优势的战略。1920 年左右的汽车制造商现在已所剩无几了，但是电气和照明系统的生产商却悉数存活至今。所以，一旦企业获得并保持了这个位置，专门技术战略就可以避免竞争。例如，汽车买家根本不知道也不关心汽车的前灯或刹车是哪家公司的产品，他们也不会为此而四处打听。"贝德克尔"一旦成为旅游指南的同义词后，只要市场不发生急剧变化，就不必担心会有什么竞争对手试图挤入这一市场。在新技术、新行业或新市场中，专门技术战略提供了最低的失败风险。

专门市场战略

专门技术战略与专门市场战略之间最主要的区别就是：前者围绕产品或服务而建立，后者则围绕市场的专门知识而建立。在其他方面，二者基本相似。

有两家中等规模企业，一家在英格兰北部，另一家在丹麦，都专门生产烘制面包和饼干的自动烘烤炉，这些面包和饼干在许多国家非常受欢迎。数十年以来，欧洲的库克公司（Cook）和美国运通公司（American Express）（最早的两家旅游代理机构），它们一直垄断着整个旅行支票业务。

据我所知，生产烘烤炉不需要什么深奥或与众不同的技术。世界上有许多公司都能生产出与上述两家公司一样好的烘烤炉。但是，这两家公司了解市场，熟悉每一个重要的面包师，而这些重要的面包师也熟悉这两家公司。这个市场并不大，而且这两家公司的表现还算令人满意，因此没有足够的吸引力引来外人前来竞争。同样，在第二次世界大战之后旅游热潮出现以前，旅行支票的发展一直处于一个停滞不前的状态。其实，该业务的利润颇丰，因为旅行支票在被兑现之前（有时旅行支票售出以后，会过好几个月才被兑现），其发行公司，不论是库克公司还是美国运通公司，都可动用这笔资金，获取利息。由于这个市场也不够大，不足以吸引其他竞争者，而且更重要的是，旅行支票需要发行公司在全球范围内都设立分支机构，以方便旅行者前来兑现，因此，当时除了库克公司和美国运通公司外，没有其他公司愿意介入，因为它们无利可图。

带着以下问题研究一项新的发展，我们就能找到专门市场：这项新发展中有什么机遇能给我们提供一个独有的利基？我们必须如何做才能够在别人之前占据这个位置？旅行支票并不是什么重大"发明"，从本质上说，它与信用证没有什么区别，而信用证已经存在几百年了，但是旅行支票其中的新颖之处就在于：它是以标准面额发行的。库克公司和美国运通公司首先向自己的顾客发售旅行支票，随后又向普通公众发售。而且，旅行支票的持有者可以在库克公司或美国运通公司设在全球各地的分支机构或代理处兑换现金。这对于那些不想携带大量现金四处游玩以及没有资格在正规银行获得信用证的旅行者来说是非常有吸引力的。

早期的烘烤炉制造也没有什么特别先进之处，即使是在今天，烘烤炉的制造也没有什么高科技含量。英国和丹麦的那两家公司之所以能成功，就是因为它们认识到了面包和饼干的制作已从家庭转向了工厂。于是，它们开始研究工厂面包师的需要，以便能够创造自己的消费群体，生产出在杂货店和超市广受欢迎的产品。这种烘烤炉制造并不是依靠高超的技术和巧妙的设计，而是以对市场仔细的研究为基础。实际上，这种制造技术任何人都可以采用。

采用专门市场战略与采用专门技术战略有着相同的前提条件，就是首先要系统地分析新趋势、新行业或新市场；如果想要做出一种特殊的创新贡献，哪怕只是一种"新花样"，比如，把传统的信用证转变为现代的旅行支票，也需要不断地改进产品，特别是服务，只有这样，一旦获得领导地位，才能一直保持下去。

专门市场战略与专门技术战略一样有相似的局限性。它最大的威胁就是它的成功，即当这种专门市场变成了大众市场之后。

旅行支票如今已经成为一种普通商品，并且竞争非常激烈，其原因在于旅游市场已经成为一个大众市场。

香水制造行业的竞争也是如此。法国的科蒂公司（Coty）开创了现代香水工业。该公司意识到第一次世界大战改变了人们对化妆品的态度。第一次世界大战以前，只有"放荡女人"才会使用化妆品，或者经过他人允许才敢使用。第一次世界大战后，化妆品逐渐开始为人们所接受，并受到尊敬。到了 20 世纪 20 年代中期，科蒂公司几乎垄断了大西洋两岸的化妆品市场。1929 年以前，化妆品市场还一直是一个"专门市场"，一个只属于中上层人士的市场，但是，到了"经济大萧条时期"，它逐渐变成了一个真正的大众市场。这时的市场已被一分为二：一个是以昂贵的价格、专门的分销渠道及特别的包装为特色的高档品牌市场；另一个则是以大众价位在一般商场（包括超市、专卖店和药店）都可买到的大众品牌市场。在短短几年时间里，原先由科蒂公司一手控制的专门市场消失了。但是，科蒂公司对于自己是瞄准大众化妆品市场还是成为制造奢侈品牌化妆品公司犹豫不决，它仍试图滞留在一个已经不复存在的市场中，结果，从此以后它一直在风雨飘摇的市场中挣扎。

产品或服务的革新

到目前为止，本章之前所讨论的所有企业家战略，其目的都是推出一种创新。而本节所讨论的企业家战略，其战略本身就是一种创新。这些战略提及的产品或服务，它们可能已经存在了很久，但是战略将这个古老的已成型的产品或服务转换为新的东西。它改变了这些产品或服务的效用、价值和经济特征。虽然从物理角度来看，这些产品或服务并没有什么改变，但是从经济角度来看，它们却变成了不同的新事物。

本章所讨论的所有战略都有一个共同点：它们创造了自己的消费群体，这是企业的最终目的，事实上，这也是所有经济活动的最终目的。它们通过以下四种不同的方式来达到这个目的：

- 创造效用；
- 定价；
- 适应客户的现实情况；
- 向客户提供所需的价值。

创造效用

在创造效用的战略中，价格通常并不是相关的因素。该战略是否成功，应该看它是否符合顾客的需求，成功与否是看它能否回答："对顾客而言，什么才是真正的'服务'和真正的'效用'？"

每一个美国新娘都希望得到一套"上好的瓷器"。然而，由于整套瓷器太过昂贵，而且送礼的人既不知道新娘的品位，也不清楚她是否已经拥有了整套瓷器的哪个部分，于是他们最后都改送别的礼物。换言之，顾客的需求已经存在，但是缺乏效用。雷诺克斯瓷器公司（Lenox China Company）是一家中等规模的餐具制造商，它发现了这个创新机遇。雷诺克斯瓷器公司采用了一种传统的做法："结婚登记簿"。但这本"登记簿"上只允许登记订购雷诺克斯瓷器公司的瓷器。准新娘先选择一个瓷器零售商，然后告之自己喜爱哪一种雷诺克斯瓷器，并交给他一份可能送礼的宾客名单。随后，瓷器零售商开始逐个咨询这些宾客："您准备送多少钱的礼物？"并解释说："您的钱可以买到两只带托盘的咖啡杯。"或者解释道："新娘已经有全套咖啡杯茶具了，她现在需要的是甜点盘。"最后的结果是，新娘、送礼人和雷诺克斯公司皆大欢喜。

同样，这个例子没有任何高深的技术，也没有任何专利，雷诺克斯瓷器公司之所以成功的关键在于它针对顾客的需求提供服务。尽管结婚登记簿的做法非常简单（也许就是因为它的简单），但是它却使雷诺克斯瓷器公司成为最受欢迎的"优质瓷器"制造商，并成为美国发展最迅速的中型制造企业之一。

定价

许多年以来，美国人金·吉列（King Gillette）的脸庞成了全世界最熟悉的面孔。金·吉列的头像出现在向全球出售的每一个吉列剃须刀片的外包装上，每天早晨，全球有数以百万计的男士使用吉列刀片剃须。

虽然金·吉列并没有发明安全剃须刀，但是在19世纪末的几十年中，他已经申请了几十个安全剃须刀的专利。

吉列安全剃须刀的质量并没有比其他公司的产品好，而且生产成本更高。但是，吉列公司所"卖"的并不是剃须刀。他将剃须刀的零售价定为55美分，批发价定为20美分，仅为其生产成本的

1/5，所以几乎等于是赠送给顾客的。但是他的剃须刀经过特别设计，只能使用吉列公司的专利刀片，而每片刀片的制造成本不到 1 美分，他却将刀片价格定为每片 5 美分。由于每片刀片可以使用六七次，因此每刮一次脸所花的钱还不到 1 美分，还不到去理发店所花费用的 1/10。

吉列所采用的定价方法是按照顾客所购买的剃须刀定价，而不是根据制造商销售的产品定价。事实上，如果吉列的顾客以 5 美元的价格购买了其他竞争者的安全剃须刀，然后再花一两美分购买竞争者的刀片，最终还会比购买吉列刀片更便宜。吉列的顾客当然知道这一点，其实顾客比广告商或拉尔夫·纳德所想象的要聪明得多。但是吉列的定价在他们看来很合理，因为他们认为所购买的东西是一次"修面服务"，而不是某件"产品"。此外，吉列剃须刀和吉列刀片给他们带来了剃须中前所未有的愉悦感受，而这不是危险的折叠式剃须刀所能给予的，并且所支付的费用远比去附近理发店便宜。

有一个原因可以解释为什么复印机的专利权最终并没有落到大印刷生产商手中，而是落到了纽约州罗彻斯特市一家名不见经传的小公司——哈罗依德公司（Haloid）（即后来的施乐公司）手中，那是因为这些已经成功的大企业都认为复印机没有销路。大印刷生产商的计算显示，这种机器至少得卖到 4000 美元一台。当时由于复写纸的价格非常便宜，因此，它们深信没有人会花这么一大笔钱来购买这么昂贵的复印机。而且，在当时花 4000 美元买一台设备并非易事，公司主管必须写拨款申请并附投资回报计算报告，提请董事会批准。仅从这两点来看，花很高的价钱购买这样一台"小玩意儿"来帮助秘书简直是不可思议的。哈罗依德公司做了大量的技术性工作，设计出了最终的复印机。但是，它的主要成就却是在它的定价上，哈罗依德公司并没有直接销售复印机，而是销售复印机所产生出来的复印件。每一张复印件只需 5～10 美分，这无须写拨款申请。复印费用属于办公"小额备用金"，秘书可以不用上报，自行支配。这种把复印机的价格定为每张复印件 5 美分的做法就是一项真正的创新。

大多数供应商（包括公共服务机构）从未想到将定价作为一种战略。然而，通过定价战略可以让顾客愿意为他所需要购买的东西（一次修面或一份文件复印件）而不是为供应商所生产的东西付钱。虽然顾客最终支付的与商品的价格还是一样，但是如何支付是根据消费者的需求和现实情况来确定的。定价一定要符合消费者实际想要购买的东西的效用。所以，价格应该反映消费者真正得到的"价值"，而不是供应商的"成本"。

适应客户的现实情况

美国通用电气公司的大型蒸汽涡轮机之所以能够在世界市场范围内获得领先地位，是因为早在第一次世界大战以前该公司就考虑了客户的实际情况这一问题。与被电力取代的活塞发动的蒸汽机不同，蒸汽涡轮机结构非常复杂，在设计的过程中必须要具备丰富的工程技术知识，在安装和调试的时候需要相当精湛的技术水平，单个电力公司是无法做到这一点的。差不多每隔 5～10 年的时间，当电力公司建设新发电厂时，它才会决定购置一台蒸汽涡轮机。而且其技术必须时刻保持领先，因此生产商必须建立并保持一支相当庞大的技术咨询队伍，向用户提供持续的技术服务。

但是，通用电气公司很快就发现，电力公司根本不可能支付咨询服务费用。根据美国法律规定，这项开支必须征得国家公共事业委员会的同意，然而该委员会认为这些问题应该由电力公司自己解决。通用电气公司还发现，它也不能将这些咨询服务的费用追加到蒸汽涡轮机的价格中，因为公共事业委员会也是不可能同意这样做的。不过，尽管蒸汽涡轮机有很长的使用寿命，但每隔 5～7 年它必须更换一套新的叶片，而这些叶片必须从涡轮机的原制造厂商手中购买。于是，通用电气公司建立了世界上第一家为电力公司用户提供工程技术咨询的机构（尽管通用电气公司出于保守，并没有将该机构称为"工程咨询"，因为这种服务是免费的，而且被称为"仪器销售"）。于是，与竞争对手相比，通用电气公司的涡轮机价格不再是一种高价格的体现，它还把新增的咨询机构费用以及一大笔利润加到了必须经常更换的叶片价格中。10 年的时间内，所有其他蒸汽涡轮机厂商也都纷纷效仿采用这一价格体系，但是在那个时候，通用电气公司早已取得了全球市场的领导地位。

早在 19 世纪 40 年代，为了满足顾客的现实情况，产品和程序的相似设计最终导致了分期付款销售方式的产生。当时，有许多美国人发明了收割机，塞勒斯·麦考密克（Cyrus McCormick）⊖就是其中的一位。虽然当时对收割机的需求十分强烈，但是它们的产品根本销售不出去，其主要原因是农民根本无法承受这样高的购买价格。大家都清楚，农民需要两三个季度的时间才可以赚回机器的成本。可是，当时没有一家银行愿意借钱给农民用于购买这些设备。于是，塞勒斯·麦考密克引入了分期付款销售方式，农民只需在连续 3 年的时间里，将所得收入的一部分用于分期支付购买收割机的款项即可。这样，通过分期付款的方式，农民就完全有能力支付昂

⊖　1831 年，塞勒斯·麦考密克发明了收割机，随后成立了麦考密克收割公司，使美国的农业产生了革命性变革。——译者注

贵的收割机费用，而且他们也确实是这样做的。

很多制造厂商经常会谈起"非理性的顾客"（经济学家、心理学家和伦理学家也都会这样说），但事实上，在市场中根本就不存在什么"非理性的顾客"。有一句古老的谚语说得好："只有懒惰的生产制造商。"我们应该假设顾客都是理性的，只不过顾客的现实情况与生产厂商的现实情况大相径庭罢了。

向客户提供所需的价值

最后一个所要讨论的创新战略是向客户提供他们所需的"价值"，而不是提供厂商心目中的有形"产品"。这实际上是把接受客户现实情况的战略提高了一个层次，使这些现实成为客户所购买产品的一部分。

在美国中西部地区，有一家具有中等规模的公司，专门供应大型推土设备和牵引设备（如工程承包商建公路所用的推土机和拉铲挖土机；清理露天矿表层的重型设备；运煤的重型矿车等）专用的润滑油，而且占了整个市场份额的一半还要多。这家公司的主要竞争对手是一些拥有众多润滑油专家的大型石油公司。然而，该公司并不完全依靠销售润滑油来提高自己的竞争力，事实上，它所销售的是一种"保障"。而工程承包商所看重的"价值"也并不体现在润滑油上，而是能够保证工作中机器设备的正常运转。一台重型设备停止运转一个小时给承包商造成的损失远比它全年花在润滑油上的费用要高得多，而且所有工程合同中都有这样的规定：如果工程超过最后的完成期限竣工，承包商将遭受严厉的惩罚。然而，承包商在竞标时为了最终中标，都需要分秒必争，尽量压缩工期。于是，针对这样的现实情况，美国中西部这家润滑油公司具体的做法是：首先，向承包商提供一份有关其设备需要维护的分析报告书。然后，制订一套相应维护方案以及年维护费用计划，同时向它们的客户保证，一年之内设备因润滑问题而停运的时间不会超过多少小时。毋庸置疑，承包商都愿意接受此项方案。再一次证明了，承包商实际购买的并不是润滑油，而是它们的机器能够正常运转的保障，这对承包商而言，是非常有价值的。

上述例子看似相当简单，好像稍具头脑的人就应该能想出类似或相同的战略方案。然而，著名古典经济学家李嘉图（David Ricardo）曾经说过："你的企业之所以能够创造利润，并不是因为你比别人聪明，而是因为别人都比你愚蠢。"上述战略之所以能获得成功，并不是因为运用战略的人太高明，而是因为大多数厂商（包括产品制造企业和服务行业以及公共服务机构）对此都没有能够进行深入思考。这些战略之所以能获得成功，正是因为它们太"显而易见"，事情往往就是这样，越是明显就越难发现。然而，为什么采用这样战略的人又会如此稀少呢？上面的案例告诉我们，任何人只要问了这样一个问题就能在竞争中取胜："顾客真正想购买的是什么？"事实上，这根本算不上是一场竞争，因为除了他自己以外，没有其他人和他竞争。什么可以解释这一点呢？

其中一个主要原因就是经济学家通常所说的"价值"观念。每一本经济学教科书都指出顾客购买的并不是一件"产品"，而是购买该产品后能为他们带来的价值或效用。但是，每一本经济学书籍同时又马上将这一切抛诸脑后，只考虑产品的"价格"因素。它们把"价格"定义为顾客为取得某一种东西或服务的所有权而要支付的金额，而产品为顾客所带来的东西却不再被提及了。这显然不符合实际情况，可是遗憾的是，无论是产品还是服务的供应商都很容易轻信经济学家的这套理论。

"A 产品的成本是 X 元", 这句话是有一定道理的。同样, "我们要将产品的价格定为 Y 元, 用来抵消 A 产品的生产成本和资本成本, 并且还可以获得适当的利润", 这也是可以理解的。但是如果就得出这样的结论: "……因此, 顾客必须以 Y 元来购买一件 A 产品", 则是毫无道理可言的。相反, 以下结论才是正确的: "对我们而言, 顾客为每一件产品支付的金额必须是 Y 元。但是, 至于顾客会怎样支付则取决于对他而言什么最合理, 取决于该产品能为顾客带来什么样的价值或效用, 还取决于该产品是否符合他的现实情况。"

价格本身不是"定价过程", 也不是"价值"。

大多数经济学作品的读者会这样认为: "这只不过是最基本的营销理论, 除此之外别无其他。"可以肯定的是, 此种想法是完全正确的, 这的确是最基本的营销理论, 也就是要从分析顾客需要的效用、顾客要购买的东西、顾客的现实情况以及顾客所需的价值入手。但是, 为什么经过了 40 年的营销理论宣传、教育、研究, 而且也有专门从事营销工作的专业人员, 却仍然只有少数几家公司愿意接受这些市场营销理论呢? 对此, 我无法做出解释。到目前为止, 现实依旧如此, 凡是愿意把市场营销作为战略基础而加以运用的人, 就很可能以最快的速度、最小的风险获得行业或市场的领导地位。

2

第二部分

个 人 篇

务必要学会卓有成效

知识工作者的工作必须要做到卓有成效。作为知识工作者，不管他们是在企业、医院、政府机构、工会、学校工作，还是在军事机构工作，首先都必须要按时做完该做的事情。换句话说，知识工作者从事某项工作要有效率。

然而，值得注意的是，在担任管理职位的人中，真正卓有成效的管理者却并不多见。一般来说，知识工作者都才智较高、想象力丰富，并具有很高的知识水平。但是，一个人的有效性，与他的智力、想象力或知识之间，似乎没有太大的关联性。由于有才能的人没有认识到才能本身并不是成果，因此有才能的人做事往往是最没有效率的。他们也不知道这样一个事实：一个人的才能，只有通过有条理、有系统的工作，才有可能产生效益。相反地，在每一个组织中，总会有一些极为有效的勤勉人士，当别人忙得晕头转向、狼狈不堪的时候（一般人常常误以为忙碌就是有干劲的表现），那些有效的勤勉人士却像龟兔赛跑的童话故事一样，脚踏实地、一步一个脚印地率先到达目的地。

　　智力、想象力，还有知识，都是我们重要的资源。但是，资源本身具有一定的局限性，只有通过知识工作者卓有成效的工作、高的办事效率，才能将这些重要的资源转化为成果。

为什么需要有效性

　　前面所论述的，听起来都是理所当然的事情，但是事实上却并非如此。在当今这个时代，有关管理者任务的专著和论文已是汗牛充栋，但却很少有人关注管理者的有效性这一问题，这是为什么呢？

　　其原因就是"有效性"只是组织中"知识工作者"的一种特殊技能，而知识工作者直到最近才逐渐增多。

　　对"体力劳动"而言，我们所重视的只是"效率"。所谓效率，可以说是"正确地做事情"（to do things right）的能力，而不是"做正确的事情"（to get the right things done）的能力。体力劳动的成果，通常可以用数量和质量来衡量，例如，制成了多少双鞋子，这些鞋子的质量如何？近100年来，我们已经对"如何衡量体力劳动的效率和质量"这一课题有了相当的研究。现在，已经能够运用衡量体力劳动者效率的方法来促使他们的产出大大增加。

　　过去，由于所有组织多以体力劳动者的工作为主体，组织的组成人员中也以体力劳动者为主，例如，操作机器的工人，或者是前线打仗的士兵，因此，关于有效性的需要并不迫切，问题也没有像今天这样严重。位居高层的管理者只不过是下达命令，要求下属具体执行而已。并且，管理者的人数占全部工作人员的比例极低。所以，我们暂且假定他们都是卓有成效的，不管这种假设是否站得住脚。在那种情形下，我们不妨完全信任管理者的天赋，认为他们做事是有效率的，并且已具备了一般人所不容易具备的能力。

实际上，早期的知识工作者中只有极少一部分人在机构里工作，大部分人都是自行创业，最多雇用一位助手。因此，他们的工作是否有效，只与其自身有关，只会影响到他们自己。

而如今，由知识工作者构成的组织无处不在，并且都颇具规模。现代社会也正是一个由组织化的机构组成的社会，其间的每一个机构，包括军事机构，都在把管理的重心转向知识工作者。知识工作者在工作中需要使用的不是发达的肌肉或灵巧的双手，而是更多的智慧。那些受过教育，懂得使用知识、理论和理念的人逐渐取代仅有体力技能的人，成为组织中的主导力量，他们只有对组织真正有贡献，才能算是卓有成效的。

时至今日，我们已经不能再想当然地假定，凡是管理者一定都是有效的。有效性的课题已不容忽视。

关于体力劳动，包括从工程设计到质量控制，我们都已经有一套完整的衡量方法和制度，但是，这套衡量方法和制度并不能完全适用于知识工作。如果所设计的是一项错误的产品，那么尽管工程部门能迅速绘制出精美的蓝图，其结果也是极不理想的，无法达到预定的目标。只有从事"正确"的工作，才能使工作有效，然而，能否做到这一点，却是无法用衡量体力劳动的方法来予以衡量的。

我们无法对知识工作者进行严密和细致的督导，我们只能协助他们。知识工作者本人必须自己管理自己，自觉地完成任务，自觉地做出贡献，自觉地追求工作效益。

在《纽约客》（*The New Yorker*）杂志的某一期上，曾经刊载过一幅漫画。在漫画中，一间办公室玻璃门上写着"爱洁肥皂公司销售总经理史密斯"。办公室内墙壁上只有一个标语："思考"。漫画中的史密斯，双脚高高地翘在办公桌上，面孔朝天，正向天花板吐着烟圈。而此时门外刚好有两位较为年长的人走过，其中一人问另一人说："天知道史密斯是不是在思考我们的肥皂问题！"

显然，没有人知道一位知识工作者在想些什么。但是，思考却正是他的本分，既然是在思考，那他就是在工作。

知识工作者的工作动力与热情取决于他的工作是否具有有效性，以及在工作中是否能有所成就。如果工作缺乏有效性，那么他对做好工作以及做出贡献的热情很快就会消退，也就因此成为朝九晚五式的在办公室中消磨时间的人。

知识工作者的工作并不是生产本身具有效用的产品。他并不生产有形的产品，例如，挖一条水渠、制造一双鞋或一个机械的零部件，他生产的只是知识、创意和信息而已。这样的产品本身并无用途，只有通过另一位知识工作者把他的产品当作一种投入，并转化为另外一种产出，这些产品才具有实际意义。再伟大的智慧，如果不能应用在行动上，也将只是毫无意义的资源。因此，知识工作者必须做到一些体力劳动者不需要做的事，他必须具有有效性，否则他的工作毫无意义可言。而且，不是像鞋子这样有实体的产品本身能够提供效用一样，知识工作者不能仅仅考虑他的产品本身的效用。

知识工作者是一项特殊的"生产要素"，通过这项生产要素，当今一些高度发达的社会和经济实体，如美国、日本和西欧国家，才得以获得并保持了强大的竞争力。

谁是管理者

在一个现代化的组织里，如果一个知识工作者能够凭借其自身职位和具备的知识，对该组织负有做出贡献的责任，能从根本上影响到该组织的经营能力及取得的成效，那么他就是一位管理者。经营能力对组织机构而言，也许是推出一项新产品，也许是扩大在某一市场上的占有率。对医院来说，也许是为病人提供更加优质的医疗服务。一位管理者不能仅满足于服从命令，他必须能够做出有效的决策，并承担起做出贡献的责任。与其他人相比，既然管理者学识渊博，就应该具备更强的做出正确决策的能力。他的决策可能会被否决，也可能受到处分，甚至可能会丢掉现有的职位。但是，只要他还是管理者，就不能忘记自身的标准、目标和贡献。

美国报纸曾刊登过一篇有关越南战场上一位青年步兵上尉的报道，这篇报道最能清楚地说明上面所阐述的观点。

记者在采访时问道："在战场混乱的情况下，你是如何指挥下属的？"

那位青年步兵上尉回答说："在那时，我是唯一的负责人。当我的下属在丛林中遭遇敌人却不知道该采取什么行动时，我也因距离太远而无法直接下达命令。我的任务只是训练他们懂得在这种情形下应如何行动。至于实际上该如何做，应由他们根据实际情况加以判断。虽然我对胜败负有责任，但行动的决策却由战场上的每个人自己做出。"

在游击战中，每一个人都是"管理者"。

知识工作不能用数量和成本来衡量，衡量知识工作主要应视其结果而定，而不是看机构的规模有多大或管理工作有多么复杂，任务有多么艰巨。

当然，市场研究部门人数众多，可以发扬民主、集思广益，并以此来增强企业迅速成长和发展的潜能，以及获得成功的法宝。事实如果确实如此，那么雇用 200 人也划算。可是，200 人在一起工作必然会导致各种各样的问题出现，如果把这些问题带到工作中来，在争论中各不相让，主管人员就会被这些问题搞得焦头烂额，无暇顾及真正的市场研究和基本决策。他也许会整天忙于审核数字，根本没有时间考虑"我们的市场"情况到底如何。更为可怕的是，当市场发生了足以影响公司存亡的重大变化时，恐怕主管人员也会疏于察觉。

当然，在市场上单枪匹马作战的研究员，可能会非常胜任此项工作，也可能因能力有限而无法做出有效的决策。他可能会成为公司发展的知识和愿景的源泉，也可能将他的时间全部耗在繁文缛节上（一般人以为这就是研究），以至于对存在的问题视而不见、充耳不闻，更别提对研究的思考了。

在每一个知识型组织里，总会存在一些单独作战的人，虽然他们没有任何下属，但其仍然称得上是管理者。当然，像前面所提到的越南战争的例子一样，每一个人都必须要有能力随时随地做出影响整体存亡的决策，但是这样的事例毕竟为数不多。对于实验室里的化学家来说，当他决定采取研究路线甲而放弃研究路线乙的时候，也许是做了极可能在很大程度上影响公司前程的重要决策。这样一位化学家可能是实验室的负责人，也可能是一位根本没有主管职责的研究员（通常情况是这样的），甚至可能是一位初级研究员。同样地，从财务角度对某种产品进行决策，可能就是公司中资深副总裁的职责。

在本书中"管理者"这一称谓，泛指知识工作者、经理人员和专业人员，由于其职位和知识的特殊性，他们必须在工作中做一些影响整体绩效和成果的决策。然而到目前为止，对这一问题有很深认识的人还不是很多，在今天最普通的机构中，不论是在企业机构、政府机构、研究机构还是在医疗机构中，到底有多少人必须要做具有重大意义且具有决定性影响的决策？要知道所谓的知识权威实际上是与职位权威同样合法的。基于知识权威所做的决策与高级管理层所做的决策具有相同性质。

我们现在已经知道，大部分普通管理者，其工作性质与企业机构的董事长或政府机构的行政领导其实都是相同的，那就是通常所说的计划、组织、整合、激励和考核。他的管辖范围也许相当有限，但在他的辖区内，却可称得上是一位管理者。

类似地，任何一个做决策的人，其工作任务也与董事长和行政领导的工作任务是相同的。即使他的权限和管辖范围有限，甚至于他的职能或大名不会出现在组织系统中，甚至他的办公室连专用电话都没有，但他确实可以被称为是一位管理者。

只要你是一位管理者，不论职位的高低、管辖范围的大小，都必须力求所做的工作有效。

管理者必须面对的现实

每一位管理者一方面要具有有效性，另一方面却又很难实现有效性。当然，一位管理者如果不能致力于使其工作卓有成效并做出贡献，残酷的现实必将使他一事无成。

而任何一个机构的管理者所面对的现实问题都大不相同，他必须面对四种自己所不能控制的现实难题。每一种难题都是由机构的内在因素所造成的，与他的日常工作也是密不可分的。出于无奈，他不得不与这些不可避免的难题打交道。每一种现实难题都会向他施加压力，迫使他的工作难以取得成果和绩效，很难实现原有的目标。

1. 缺乏有效性的第一种现实难题就是：管理者的时间属于别人，而不属于自己。如果我们从工作的状况来定义管理者，简直可以说他是组织的囚徒。任何人都可以随时来找他，而事实上每个人也正是这样做的，经常会随时随地地来找他。似乎任何一位管理者都不可能解决这个难题，或避免这种情况发生。他不能像医生一样，告诉门外的护士小姐："半小时内不要让人打扰我。"以此来获得自己支配的时间，因为在这个时候，电话铃响了，来电话的也许是公司最大的客户，也许是市政府的一位要员，也许是他的上司，他不能不接听电话而对此置之不理。于是，接下来的半小时时间就在不知不觉中过去了。

2. 除非管理者有勇气采取行动来改变周围的一切，否则他们就往往被迫忙于"日常运作"。这是导致缺乏有效性的第二种现实难题。然而管理者却很少能从所面临的一系列工作中获取任何有价值的信息，这些接二连三的琐事更不可能向他提示问题的真正所在。对医生来说，病人诉说的病情便是关键，因为病人认为那就是重点。而一位管理者所关切的却是更加纷繁复杂的世界。哪些事情是更为重要的，是管理者必须去做的？哪些事情只会分散他的注意力？这并不是一目了然的，也不能像病人叙述所患疾病的症状那样为医生提供任何线索。

如果管理者被迎面而来的一系列琐事所掌控，那么他在不久的将来就只能穷于应付了。也许他具有了不起的才能，足以应付得了这些事务，但实际上他却是在浪费自己的精力、知识和能力，把原本可能实现的有效性耽误了。管理者需要的是一套判断标准，使他能够有针对性地去做真正重要的工作。但是，在日常事务中，却很少或者根本就找不到他们所需要的标准。

3. 使管理者缺乏有效性的第三种现实难题是：管理者本身处于一个"组织"之中。只有当别人能够利用管理者做出的贡献时，管理者才算有效。组织是能使个人才干得以增值的一种工具。个人的知识与才能一旦被组织所吸收，就可以成为其他知识工作者做好工作的动力和资源。但是，知识工作者彼此之间最难协调，正是由于他们自身都是知识工作者。每一位知识工作者都有各自的专长和兴趣。有人热衷于税务会计，有人热衷于细菌学，也有人热衷于培训市政人员。而就在隔壁办公的另一个人也许只对成本会计中的一些细枝末节感兴趣，或只注意医院的经营情况，要不就是只关注市政的法律问题。他们不是通才，每个人都需要使用别人的工作成果。

对于管理者的有效性而言，他们直接控制的下属往往并不是最重要的人物，而其他部门的人，即所谓"旁系人士"，或是管理者本人的上司，却很可能是更重要的。一位管理者如果不能与这些人主动接触，不能使这些人利用他的贡献，他本身也就无有效性可言。

4. 最后一种现实难题就是：管理者身处一个组织的"内部"，受到组织的约束。每一位管理者，不论他所在的组织是企业机构、研究机构、政府机构、大学还是军队，通常总以为组织内部的事才是与他最密切相关的。即使他要认识外部世界，也是像戴上了一副变形的眼镜，会歪曲现实。他不能亲身体验外部事物的变迁，只能通过报告的资料来了解外部世界，而报告的内容都事先经过了组织的过滤和筛选。换言之，管理者所看到的已经是经过主观加工的、高度抽象的外部世界，是已将组织的相关标准强加给外部事务，那么它就不再是客观的事实了。

具体而言，仅仅在组织的内部，不会有成果出现，一切成果都存在于组织之外。例如，企业机构的成果是通过顾客产生的。企业付出的成本和努力必须通过购买其产品或服务的顾客，才能转变为收入和利润。

在组织内部所发生的只有人工和成本。我们说企业内部的"利润中心"，其实是礼节性的称呼而已，实质上应该是"人工中心"。一个组织要产生一项既定成果，其工作量越少，表示其成绩越好，也就是所谓的效率越高。如果要用 10 万人来生产市场上需要的汽车或钢铁，那就是一项工业技术上的失败。人数越少，规模越小，内部的工作量越小，组织就越接近于完美，就越有存在的理由。而组织存在的唯一理由就是为外部环境提供良好的服务。

一个组织绝不能像单个生物体一样，以自身的生存为目的，认为如果仅仅能延续后代就算成功了。组织是社会的一种器官，只有能为外部环境做出自己的贡献，才能算有所成就。但是，当组织的规模日益扩大，并且看来逐步走向成功的时候，其内部的各种事务也将变得更多，这些事务将占据管理者更多的兴趣、精神和能力，使其难以顾及其真正的任务，无法为外界提供有效的服务。

自从计算机和信息技术问世之后，这一现象已演变得越发严重了。可以说，计算机是一种"机械白痴"，它只能处理可被量化的资料。当然，它能处理得迅速、快捷、准确和精密。自从有了计算机，从前无法获得的大量计量资料，现在可以通过它提供了。然而，通常只有组织内部的资料，才是可以量化的，如成本和生产数据、医院病人的统计数据、培训报告等。至于大多数组织外部的情况，则很难予以量化，即使能够量化，得到的也只是滞后的信息。

但这并不等于说，我们对外部信息的收集能力落后于计算机的技术能力。如果只是这一点让我们担心的话，只要改进统计工作就可以了，而且计算机也能帮助克服这一局限性。事实上，存在的真正问题是，外部情况往往是本质性的问题，难以量化，它们还不能称之为事实。所谓事实，应该是已经认定、已做分类，并且已确定其关联性的。在对其量化之前，必须先掌握一个概念，那就是：必须先从众多现象中抽象出它们的某一具体特性，并对其命名，然后才能进行计算。

对于外部情况，真正重要的不是趋势，而是趋势的转变。趋势的转变才是决定一个组织及其努力成败的关键所在。管理者必须要对这种转变有所觉察，转变是无法计量和界定的，更是无法分类的。虽然有时候分类也能产生预期数字，福特埃德塞尔牌汽车就是一个典型的例子，但这样获得的数字与实际情况已不相符了。

计算机是一种有逻辑性特征的机器，这是它的优点，但同时也是它的局限性所在。外部世界的重要情况，不能转化为可以直接用计算机（或任何其他逻辑系统）处理的资料形式。相反，人的逻辑性虽然不是特别强，但是人具有觉察能力，这也正是人的优点。

令人担忧的问题是，有了计算机之后，管理者对那些不能够转化成计算机逻辑和语言的资料，恐怕就会不再密切关注了。管理者可能会因此失去觉察力（对情况的预先判断力），而仅仅重视事实（即情况发生之后的数字）了。这样，大量的计算机信息反而会使管理者背离现实情况而走向歧途。

计算机是潜在的最有用的管理工具和手段，它最终将使管理者意识到他们与外界现实之间的距离，并帮助他们从内部事务中解脱出来，让他们拥有更多的时间来应对外部世界。然而，在短期内，难免会存在沉迷于计算机的危险，这是一个严重的问题。

计算机仅仅能反映已经存在的事实，而身为管理者，必须生存并工作于组织之内。所以，一位管理者，如果不能有意识地去努力觉察外部世界，则组织内部的事务必然会将其蒙蔽，使他们看不见真正的现实，辨不清真伪。

上面所说的四种现实难题是管理者无法改变的，也是管理者之所以存在的必要条件。因此他必须明白：如果他不致力于提高自己工作的有效性，就不可能成为卓有成效的管理者。

对有效性的认识

要提高管理者的绩效和成就，使工作达到令人满意的程度，唯一可以采取的并且行之有效的办法就是提高管理者的有效性。

我们当然可以在各个方面任用能力特别强的人，任用知识特别丰富的人。但是，我认为这两类人才毕竟很少，也难以找到。不久之后就会发现，我们试图去做的那些事，根本就是一些不可能办到的事，或者根本就是无利可图的事，我们不可能为此专门培养一批新的超人，只能运用现有的人才来经营我们的组织。

在许多涉及管理发展的书籍中，常常将"未来的经理人"描写得无所不能。这类书籍里经常这样描述：一位高级管理人员应该具有非凡的分析能力与决策能力；他应善于与他人共事、有良好的人际关系，也应了解组织与权力的关系；他擅长数学，还应该有艺术的修养和创造的天分。如此看来，我们需要的人简直就是文武全才、样样精通、无所不能。而这样的人才，实在是少之又少。事实上，根据人类的经验，容易找到的人肯定不会是全才。所以，任用的人才最多也只是在某一方面的能力表现比较优秀，某一项能力较强，而显然在其他方面的能力就免不了水平一般了。

我们必须学会这样一种建立组织的方式：若某人在某一重要领域具有一技之长，就要让他充分发挥这种特长。我们不能一味地以提高能力的标准来期望管理者的绩效，更不能期望会有全能的天才来实现绩效。我们只有通过改进工作的手段来充分发挥人的能力，而不应该期望人的能力突然提高。

通常来讲，上述原则也适用于知识方面。不管我们多么急需具有广博知识的人才，在知识改进上所花费的努力，往往大于可能获得的成效。

在"运筹学"刚刚开始流行的时候，有人提出了从事运筹学研究的学者应必备的条件。他们提出的要求是，一位运筹学者应该是一位"万能博士"。他应该熟知一切，而且对人类各方面的知识都能做最佳的运用。甚至有人说，运筹学者必须具有62门自然科学和社会科学的综合知识。如果真能找到这样一位"万能博士"，让他来研究库存水平或生产规划问题，那岂不是天大的资源浪费！

所谓经理人发展计划，当然不像培养运筹学者那样要求如此渊博的知识，但也要求经理人拥有许多方面的技能，诸如会计、人事、营销、定价和经济分析方面的能力，还有诸如心理学之类的行为科学知识，以及诸如物理学、生物学、地质学等的自然科学知识。此外，我们还希望他们懂得现代的技术发展，了解现代的国际政治经济形势。

上述的每个方面都是很广的知识领域。其中任何一项，有些人即使终生钻研也会觉得时间不够。要知道学术研究一向有越分越细的趋势，而且研究涉及的层次也是越来越高，学者只能选择很小的范围研究，谁也不敢说自己对该领域的知识比一位新闻记者懂得更多。

当然值得一提的是，我说这些并不表示一个人连各领域的一些基础知识都不需要掌握了，知识面的拓展还是有必要的。

今天有许多受过高等教育的年轻人，不论是在企业、医院还是在政府机构，他们共同的缺点就是往往以为自己精通了某一狭窄领域的专门学问而自满，对于其他根本不屑一顾。会计当然不一定需要致力于研究人际关系，工程师当然也不一定需要钻研如何促销新产品，但是，他们至少应该知道那是什么样的领域，为什么要设立那些领域，那些领域到底涉及些什么。泌尿科专家当然不一定要精通精神病学，但至少该知道精神病学是一门什么学问。农业部的专家当然不一定要精通国际法，但至少应该具备足够的国际政治常识，以免由于不恰当的农业政策损害国际关系。

但是，这种先专而后博的人与所谓的通才并不相同。通才也和天才一样，是可遇而不可求的。我们应该努力学会善用那些专精于某一领域的人。也就是说，我们必须提高有效性。我们如果不能增加资源的供应量，就应该设法增加资源的产出量。所谓有效性，就是使能力和知识资源能够产生更多、更好成果的一种手段。

有效性应该受到优先的重视，这是组织的需要。同时，有效性也是管理者实现自身目标和绩效的必要手段，因此更应该优先受到高度重视。

卓有成效可以学会吗

如果有效性是人类的一种禀性和天赋，就像音乐天赋和绘画天赋一样，那事情就会更加糟糕了，因为天才总是稀缺资源。所以，只能尽早地发掘潜在的有效人士，培养他们，让他们发挥自己的才干。但即使这样，恐怕也很难发掘到足够的人才，以满足现代社会发展的需要。实际上，如果有效性只是人类的天赋，那么今天的文明即使尚能维持，也肯定是不堪一击的，在不久的将来就会坍塌，而不复存在。当今，大型组织的文明所依赖的是大批具有一定有效性而且还可以担任管理职责的人。

如果认为卓有成效是可以学会的，那么我们直面的问题就是：卓有成效应该包括哪些内容？我们应该学些什么？该用怎样的方式学习？卓有成效是一种可以通过概念和系统学习获得的知识吗？是要像学徒那样学习才能学会的技能，还是要通过反复实践来养成的习惯？

在最近几年的时间里，我一直在不断地思索这些问题。我是一位管理顾问，常常与许多组织的管理者进行接触。卓有成效对我来说起码包括两方面的含义：第一，当管理顾问其实就是做智囊团，除此之外别无任何权力，但管理顾问却必须有效，否则将会一事无成；第二，最有效的管理顾问也得仰仗聘用机构内部人士的合作来完成工作。因此，管理顾问是否能有所贡献，是否能实现绩效，或者是否会变成一个只知道花钱而不起作用的"成本中心"，或者最多只是变成被利用的角色，这所有的一切，都视聘任机构内部人士的有效性如何而定。

然而，我终于懂得了世上并无所谓的"有效的个体"。我认识许多有效的管理者，他们性情不同，能力也迥异；他们所从事的工作不同，做事的方法也有差别；他们的个性、知识和志趣也各不相同。事实上他们几乎在每一方面都有各自的特点，但却有一项共同点：每个人都具有做好该做的事情的能力。

在我所认识和共过事的许多有效的管理者当中，有性格外向的，也有令人敬而远之的。有超然世外、卓尔不群的，也有遇人羞涩的。有的固执独断，有的随和谦恭。有的很胖，有的则很瘦，体态各样。有的生性爽朗，有的则总是心怀忧虑。有的能豪饮，有的却滴酒不沾。有的待人亲切温和，有的却冷若冰霜。也有的天生就具有令人一望便知其为"领导者"的气质，也有的其貌不扬，表面毫无吸引力。有的具有学者风度，有的却像是目不识丁的门外汉。有的具有广泛的兴趣，有的除了自身的狭窄圈子外，其他一概不懂，知之甚少。还有的虽不自私，却始终以自我为中心，而有的却落落大方，心智开放。有的则专心致力于他的本职工作，心无旁骛，也有的志趣全在事业之外，做社会工作、研究中国诗词、演唱流行歌曲。在我所认识的那些有效的管理者中，有的能够运用逻辑和分析能力，有的却主要是靠他们本身的经验和直觉。有的能轻而易举地做决策，有的却每次都一再冥思苦想，饱受折磨。

换言之，有效的管理者之间的差别，就像医生、教师和小提琴家之间一样，各有不同的类型。至于不称职的管理者，也同样各有各的不同特色。因此，有效的管理者与不称职的管理者，在类型、性格及才智方面，很难加以区分。

卓有成效的管理者有一个共同点，那就是他们在实践中都要经历一段时间的磨炼，这一磨炼过程使他们工作起来能卓有成效。不管他们是在企业机构内部，还是在政府机构、医院以及学校内部，不管他们是做什么工作的，这些训练的内容都是一样的。

反之，我也发现，一个人如果不经过这些历练的话，则无论他具有多么高的智慧才能、付出多么大的努力、拥有多么丰富的想象力和知识，也必然是一位缺乏有效性的管理者。

也就是说，有效性是一种后天养成的习惯，是一种对实践的综合。相应地，既然是一种习惯，便是可以学会的。从表面上来看，习惯是很容易理解的，一个 7 岁的小孩也懂得什么是习惯。不过要养成良好的习惯，却不是一件轻而易举的事情。习惯必须靠努力实践才能养成，就像学习乘法口诀一样。我们每天读乘法表，一遍又一遍，直到纯熟得不假思索便可脱口而出"六六三十六"，那时它就成为我们固有的习惯了。培养习惯就非得反复地实践不可，熟能生巧。

记得在小时候练习弹钢琴时，我的钢琴老师告诉我："你弹莫扎特（Mozart）的曲子时，也许不可能像钢琴家施纳贝尔（Schnabel）演奏得那样好，但是并没有理由说你不必像施纳贝尔那样地练习音阶。"回想起来，钢琴老师显然少说了一句：最伟大的钢琴家，如果不肯辛苦地练习，也一定无法演奏莫扎特的曲目。

换个角度来说那就是，没有任何理由不让普通人通过练习，来获取胜任某项工作所具备的特有能力。当然，若要把什么东西都演练到炉火纯青的地步则不是轻而易举的，那也许需要有特殊的天赋。但卓有成效这一特性所要求的只是能够胜任，只是能演奏出"音阶"来。

注 重 贡 献

有效的管理者一定要把注意力放在贡献上，并且要懂得将自己的工作与长远目标结合起来。他常常会问："对我所服务的机构而言，在绩效和成果上，我能做什么贡献？"他强调的是责任。

体现工作有效性的关键是重视贡献。这里所谈到的有效性，具体表现在以下三个方面：第一，自己的工作，包括工作的内容、工作的水平及其影响；第二，自己与他人的关系，包括和上司、同事以及下属的关系；第三，管理者所采用的各项手段，如召开会议或做报告等。

但是，大多数管理者都很难做到这一点。他们重视勤奋工作，但却忽略取得的成果。常常令他们耿耿于怀的是：所服务的组织和上司是否亏待了他们，是否应该为其认真工作。他们会抱怨自己没有职权，这种情况会导致他们做事根本没有成果，也就是没有所谓的有效性。

大型的管理顾问公司向委托机构提供服务，总是先花几天时间与委托机构的高级主管进行协商。在弄清楚委托机构的组织历史和员工情况后，管理顾问就会问道:"既然在贵公司服务,你认为你应该为公司做些什么呢?"一般来说,对方的回答总是不外乎:"我负责本公司的会计业务。""我负责销售部门的相关业务。"或者是说:"我要管理 800 多人的工作呢!"但是很少有人这样回答:"我的任务是向我们的经理提供所需要的资料,使他能够做出正确的决策。"或者是"我负责研究本公司的顾客将来需要什么产品,以此开拓更广泛的市场。"也很少有人说"我必须认真地考虑,并且要为总经理即将面临的一些决策问题准备相关的资料。"

如果一个人只知道埋头苦干,老是强调自己应有的职权,那么不论他的职位和级别有多高,也只能称其为别人的"下属"。反过来说,如果一个人重视贡献,注意对成果负责,那么,即使他位卑职小,在公司很少被重视,也应该算是"高层管理者",因为他能对整个机构的经营绩效负有一定的责任。

管理者的承诺

只有重视贡献,才能使管理者的注意力不为其自身的专长所限制,也不被其自身的技术所约束,当然也不为其自身所属的部门所局限,只有注重贡献才能看到整体绩效,同时也才能使他更加重视外部世界,而不是把目光仅仅局限在组织内部。只有外部世界才是产生成果的地方,所以,他会考虑自己的技能、专长、作用,以及所属单位与整个组织及组织目标的关系。唯有如此,他才会事事都想到顾客、服务对象和病人。事实上一个组织之所以存在,不论其产品是有实体特征的商品、政府的服务,还是健康医疗服务,最终总是为了顾客、为了服务对象或者是为了病人。因此,重视贡献的人的所作所为,包括做事的内容和方式,可能会与其他人迥然不同。

美国某一家颇具规模的公立科学研究所,几年前发生了这样一件事。该科学研究所的一位前任出版部主任退休了。早在 20 世纪 30 年代，该科学研究所成立时，这位主任就服务于出版部。但是，他本身既不是科学家，也不擅长文笔。因此，他主持出版的各种书刊常常受到批评，说是缺乏学术水平。他退休后，改由一位卓有成就的科学家来继任。当然，从此该科学研究所出版的书刊面貌为之一新，具有了很高的学术水平。然而，出乎意料的是，一向阅读该所书刊的科研团体却从此停止了订阅，这一现象令人百思不得其解。最后，一位与该研究所关系甚为密切的大学教授发现了其中的原因。这位教授告诉所长说："你们的前任出版部主任出版的书刊都是'为'我们而写的，而现在的新主任，却把我们当成了写作的对象。所以导致了现在的许多科学团体停止了订阅。"

该公立科学研究所前任主任常常自问："我能为本科学研究所做什么贡献呢？"他认为："我应该引发外界年轻科学家对本科学研究所工作的兴趣，吸引他们来参加本科学研究所的工作。"因此，他特别强调研究所内的重大事件、重大决策，甚至内部的争执。他的这种做法曾经屡次引起所长的不满，而且引发了正面冲突，但他始终坚持这一原则。他说："我们的出版物是否成功，不在于'我们'爱不爱看，而在于读者的态度，以及有多少年轻优秀的科学家因读过我们的书刊而愿意前来应征工作。"

提出"我能做什么贡献"的问题，是为了挖掘工作中尚未发掘的潜力。事实上，许多工作看起来成绩卓越，但是与潜在的贡献比起来，实在是微不可言。

知识工作者如果不能够自问"我可以做什么贡献"，他在工作中就不会有远大的理想与目标，甚至可能会搞错方向，而且特别容易对"贡献"一词有较狭隘的理解。

我们所说的"贡献"一词在不同的场合有不同的含义。任何一个组织对成效的要求往往都表现在以下三个方面：直接成果；树立新的价值观以及对这些价值观的重新确认；培养与开发未来所需要的人才。如果在成效中缺少其中的任何一个方面，那么机构就会衰败甚至垮台。因此，知识工作者若想做出些贡献，就必须在这三个方面下功夫。不过其中哪个最重要，哪个次之，那就要视知识工作者本人的性格情况以及他所处的地位和机构本身的需要而定了。

组织的直接成果通常最显而易见：在企业机构里，直接成果是指经济成果，如销售和利润；在医院里，直接成果是对病人的护理和治疗，等等。但是，有时候直接成果也不一定是十分明确的，如果连管理者自己都弄不清楚应该有什么直接成果，那也就不要指望有任何成果了。

当然，直接成果应该是最重要的。直接成果是组织存续的前提，就像每个人都需要营养物品一样。但是除了直接成果之外，一个组织还必须有价值观的承诺与实现，这就像人体除了食物之外，还少不了维生素和矿物质等其他营养物质。一个组织必须有自己的主张和思考，否则就难免解体、混乱和瘫痪。例如西尔斯公司，其价值观的承诺也许是指建立一种技术权威，也许是指为社会大众寻求最好的商品和服务，并以最低的价格和最高的质量来供给。

对于价值观的承诺，就像对直接成果做出承诺一样，有时是难以捉摸的。

美国农业部多年来曾经为两种根本相异的价值观承诺而痛苦不堪，并为做出何种抉择而犹豫不决：是为了发展农业生产力，还是为了扶植自耕农，使之成为美国农业的支柱？为了发展农业生产力，美国已经朝着农业工业化、高度机械化、大规模商业化的方向发展了。为了扶植自耕农，则必须设法保持生产力的原有普通农村形态。美国的农业政策，在这两个极端的价值承诺之间，曾经左摇右摆，不知花费了多少财力和物力。

最后，我们需要谈一下未来的发展。受人的寿命所限，一个人纵然有卓越的贡献，其贡献必定也是有一定限度的。而通常组织正是克服这种限度的工具。组织如果不能持续存在，那就是失败。因此，一个组织必须在今天就准备明天的接班人，其人力资源必须不断地更新，必须经常提高工作水平。下一代人，应能以上一代人辛苦经营的成果为起点，站在前辈的肩头上，再开创新的高峰，并在此基础上为他们的下一代准备更高的基准线。

如果一个组织仅能维持今天的视野、优势和成就，那就一定会丧失适应力。世事沧桑，一切尽在变化当中。因此，只满足于现状的企业在变幻无常的明天就会感到难以为继。

由于人可以随外界的要求而调整自己，只要管理者重视贡献，就会使它成为发展最大的动力。重视贡献的管理者还可以帮助那些与他共事的人，将眼光放得更远，这样也就提高了他们的工作水平。

　　某医院新任院长在召开第一次院务会议时，自以为这样一件棘手的事情经过讨论，已经获得可以使大家都满意的解决办法了。但这时忽然有人提出："这种办法能使布赖恩护士感到满意吗？"这个问题一经提出，会议中马上又引发了激烈的辩论，正反两方都各不相让。直到另一个更为积极的解决办法研究出来为止。

　　这位新任院长当时颇为愕然，后来他才知道，布赖恩过去曾是该院一位资深护士。她本人并没有什么特殊才能，甚至连护士长都没当过。但是，每次院中对病人护理的事情做决定时，布赖恩小姐都要问："我们对病人是否已经尽了最大努力？"凡是布赖恩小姐负责的病房中的病人，都痊愈得特别快。因此，许多年以来，在这家医院中，人人都知道了所谓"布赖恩原则"，那就是：凡事都必须先自问："为了贯彻本院的宗旨，我们是否做出了最大的贡献？"

　　虽然布赖恩小姐早已在 10 年前退休了，但她所制定的标准却一直流传至今，为医院中的同事所信守。

对于贡献的承诺，我们可以理解为对有效性的承诺。没有这项承诺，管理者就等于没有尽到自己的责任。这必将有损于其服务组织的利益，也必将有损于其同事的利益。

通常，管理者的失败因素有很多。但最为常见的原因应该是他本人作为一名知识工作者在出任一项新职位时，不能或不愿为适应新职位的需要而改变自己。自满于过去的成功经验与工作方式，其结果是必然遭到失败。职务有了改变，他所要贡献的成果也一定改变，而且新职位所要求的上述三种绩效之间的相对比重也会随之发生变化。作为一名知识工作者，如果不明白个中道理，仍然墨守成规，即便他过去是以正确的方法做正确的事情，现在也可能会是"以错误的方法做错误的事情"。

知识工作者的贡献

就知识工作者而言，重视贡献显得尤为重要。唯有如此，才能够使他的工作真正有所贡献。

知识工作者并不生产"有形物质"，他生产的只是思想、信息和概念。通常，知识工作者会是一位专业人员。作为惯例，只有当他掌握了某种专门知识之后，他的工作才能卓有成效，并有所贡献。也就是说，知识工作者必须有所专长。但是，所谓专长，本身就是片面、孤立的。一个专业人员的产出必须与其他人的产出结合在一起，才能产生成果。

但这并不是意味着专业人员应该变成"通才"，而是说专业人员必须使他本人有效，必须使他的专才有效。他必须考虑到他的产出供什么人使用，还必须了解用户应该知道些什么，并懂得什么，才能有效使用他的产出，从而产生成果。

这就是说，知识工作者总是期望有责任让别人了解自己。有些专业人员认为，门外汉应该并且可以做出努力来理解他们，甚至认为只要能够和同行的少数专业人员沟通就够了，这其实是傲慢自大的表现。即使是在大学或者研究所里，这种态度也会使专业人员的工作变得毫无效果可言，而他们的知识和学问将变成卖弄的手段（遗憾的是，目前这种态度仍然普遍存在）。如果一个人想成为管理者，换句话说，如果愿以贡献为目标，就必须使自己的"产品"，即你自身的知识能为别人所用，进而产生有形的物质产品。

卓有成效的知识工作者都明白这一点，因为他们都有想把工作干得更好的心理动力，总是想了解其他同行需要什么、发现了什么以及能理解些什么。他们会向组织内部的人员（包括他们的上司、下属，特别是其他部门的同事）提出这样的问题："为了帮助你为组织做出贡献，你需要我做些什么贡献；需要我在什么时候，以什么形式，用哪种方式来提供这些贡献呢？"

只要一位专家能肩负起为组织做出贡献的责任，就一定能使他所专攻的精湛知识配合整体目标。尽管他不一定能将几门知识整合为一，但是他一定懂得应该了解别人的需要、别人的努力方向、别人的限度和别人的理解程度，以使别人能够应用他的知识成果。即使他不能领略广大知识领域的丰富和趣味，至少也可以使他不至于沾染傲慢自大的习气。这种习气一旦沾染就会毁灭知识，损害知识的完美和效用。

正确的人际关系

在一个组织内部，自认为有天赋的知识工作者，往往并没有良好融洽的人际关系。而在自己的工作和人际关系上都比较重视贡献的知识工作者，往往都有良好的人际关系，他的工作也会因此对组织有所贡献而富有成效，这也许是所谓"良好的人际关系"的真正含义所在。在以工作或任务为主的组织环境中，如果我们不能有所贡献，那么即使能与其他人和谐相处、愉快交流，又有什么意义呢？相反地，如果能在工作上取得成绩，即使偶尔疾言厉色、口出不逊，也不至于影响到融洽的人际交往。

关于有效的人际关系，有下列四项基本要求。而若着眼于贡献，就可以满足这些条件：

- 互相沟通；
- 团队合作；
- 自我发展；
- 培养他人。

1. 互相沟通是近二十多年最引人注目的一项管理研究课题。无论是在企业界、公共行政机构，还是在军事机关、医院里，抑或是其他所有大型机构中，这个课题都备受关注。

但是，为此做出的努力却是收效甚微。虽然早在二三十年前，我们就已经知道现代组织需要沟通，也缺乏沟通，可是许多年过去了，今天的沟通工作仍然未见有多大成效。不过，至少我们已经开始了解沟通为何不易取得成效的原因了。

其原因之一就是，我们一直把沟通当成是上级对下级的事，是上司对下属所要做的。但是，事实证明仅靠上对下的单向关系，沟通永远不可能取得成效。这是我们从实践经验和沟通理论上得到的结论。上司对下属说得越严厉，下属就越听不进去，这也就是通常所说的逆反心理的表现。下属要听的是自己想听的，而不是对方所说的；下属所要做的是自己想做的，而不是对方所强制要求的。

在工作中，以贡献为重的知识工作者总是以自己的标准来要求他人，通常期望自己的下属也能以贡献为重。因此，他常常问他的下属："作为你的上司，我们的组织和我会期望你有怎样的贡献呢？我们应该期望你做些什么？怎样才能使你的知识和能力得到最大的发挥？"有了这样的检讨，才有沟通的可能性，也才容易取得成功。

只有在下属经过思考并提出自认为可以做出的贡献之后，上司才有权利和责任对他所提出的建议是否可行做出判断。我们都有这样的经历：由下属自己设定的目标，其完成情况往往会出乎上司的意料。换言之，上司和下属看问题的角度往往会迥然不同。下属越是能干，就越愿意自己承担责任，他们的所见所闻，所看到的客观现实、机会和需要，也越来越与其上司不同。这样，下属的结论和上司的期望往往是截然相反的。

当出现这种分歧时，上司和下属双方究竟谁是谁非，通常并不值得关注，因为此时的上下双方已经建立了有效的沟通机制。

2. 强调贡献有助于横向的沟通，因此能够促进团队合作。"谁需要我的产出以使它产生效益"这个问题能帮助我们意识到与管理者责任范围无关的一些人的重要性。这种认证是一个知识型组织的现实：在一个知识型的组织中，只要有可以依赖的由知识和技术不同的专业人员组成的团队，工作就能取得成效。各路英雄豪杰的合作，并主动自发，并能参照情势的逻辑和工作的需要，而不是仅仅依赖于正式的组织结构。

比如说，在一家医院里（医院也许是最复杂的一种现代知识型组织），所有护士、营养师、X光医师、药剂师、病理医师以及其他各个方面的专家，都必须协同合作。他们面对同一位病人，但谁也不觉得受了谁的管理和指挥。然而，他们必须为一个共同的目标而工作，且必须符合总的行动计划，即他们都依照主治医师的治疗处方。但是，站在组织结构的立场上，他们各有各的上司。在医疗工作方面，他们也是各自又尽其所长，以专家的身份各尽其职。同时，对一位病人的任何特殊情况及特殊需要，每一个人都必须相互告知。否则，他们的努力很有可能只会适得其反。

在一家医院里，如果每个人都已经把重视贡献养成了一种近乎天性的习惯、一种潜在的意识，则他们的协作肯定不会出现问题。反之，如果没有这种精神，则即使有最完善的制度、各式各样的委员会、会议、通告、命令，也仍然不可能形成有效的横向沟通，也不可能自然地形成一个以正确的任务为中心的工作团队。

3. 自我发展在很大程度上取决于其自身是否重视贡献。如果我们能经常反省：我对组织能有什么最大的贡献？这就相当于是说："我需要怎样的自我发展？我应该学习什么知识和技能，才有助于对组织做出贡献？我应该将我的哪些优势用在工作上？我应该为自己设定怎样的标准？"

4. 一个重视贡献的管理者必然会同时培养他人（不论是他的下属、同事，还是上司）谋求自我发展和进步。这样的管理者设定的标准一定不是他个人认定的标准，而是建立在任务需求基础之上的标准。同时，他所设定的标准，一般来说要求很高，是高度的期望，是远大的理想和目标，是具有重大影响力和冲击力的工作任务。

关于自我发展的理解，我们还知之甚少。但是，可以断言：一般人都是根据自己设定的目标和要求成长起来的，知识工作者更是如此。他们自己希望应该有怎样的成就，就会有怎样的成长。如果他们不严格要求自己，就只能原地踏步，不会有任何发展。相反，如果对自己要求很高，也会有助于他们成长为杰出的人物，而所耗费的精力也不见得比那些无所作为的人要多。

了解自身的优势和价值观

现在越来越多的劳动者和大多数的知识工作者都将需要进行自我管理。他们要懂得将自己放在最能有所贡献的地方，并不断地学习，发挥自己的优势。在长达 50 年时间的职业生涯中，他们需要保持一颗年轻的心和旺盛的精力，还需要选择适当的方法和时机改变自己所从事工作的内容、方法和时间。

知识工作者的职业生涯可能超过雇用他们的组织存在的时间，即使知识工作者尽可能地推迟参加工作的年龄（例如，他们长时间地留在学校里进修，接近 30 岁时才取得博士学位），按照发达国家现今的平均寿命，他们很可能可以活到 80 岁。他们可能需要继续参加工作，即使是做兼职工作，至少也要工作到 75 岁，或者更老。换句话说，人们的平均工作年限很可能长达 50 年，尤其是知识工作者。然而，一个成功企业的平均寿命也就只有 30 年的时间，而且在风云变幻的社会转型期，如我们现在所处的新时代，一直保持企业旺盛的生命力是不可能的。即使像大学、医院和政府机构这样长盛不衰的组织机构，在已经拉开帷幕的社会转型期也将面临急剧的变革。即使它们在激烈的竞争中能继续存在，也需要改变它们原有的组织结构、工作方式、需要的知识和雇用的员工。当然，许多企业都会销声匿迹，即使存在，它们存在的形式也会发生改变。因此，劳动者，特别是知识工作者的职业生涯逐渐会超过雇用他们的组织，而且他们需要做的工作、执行的任务和从事的职业都将不仅仅只有一个，他们需要为此做好充分的准备。

我的优势是什么

大多数人认为很清楚自己的长处所在，其实不然。他们更多的时候更清楚自己的弱点，然而即使在这方面，他们也是错多对少。可是，一个人只能在工作中发挥自己的长处，而不能靠短处创造绩效，更不用说靠根本就不存在的能力创造绩效了。

仅仅还在几十年前，人们还不知道了解自己长处的重要性。人的工作与职业，出生时就注定了。农民的儿子长大了做农民，如果他不擅长当农民所具备的技艺，那么他就什么也不是。手艺人的儿子同样也要当手艺人，依此类推，不胜枚举。但是现在，人们有更多的选择余地了，因此必须要知己所长，才可知己所属。

只有一种方法可以发现我们的长处：回馈分析法（feedback analysis）[⊖]。这种方法是：每当做出重大决策，采取重要行动时，都要事先写下你所预期的结果。9 ～ 12 个月以后，再将实际的结果与预期的结果进行对比。到现在为止，我采用这种方法已有 15 ～ 20 年了，每次对比都有意外的收获，相信每一个采用这种方法的人都有同感。

⊖ 回馈分析法，就是在你准备做一件事情之前，记录下你对结果 / 效果的期望，在事情完成之后，将实际的结果 / 效果与你的预期进行比较，通过比较，你就会发现什么事情你可以做好，什么事情你是做不好的。——译者注

　　通过这种简单的方法，在相当短的时间内（也许在两三年内），人们就可以发现自己的优势所在。要了解自己，这可能是最重要的事情了。利用这种方法，不但能够显示出，由于你所做或者未做的哪些事情妨碍了你自身优势的发挥，还可以了解到哪些工作是你不具有优势和不能涉足的领域，或者甚至是你不能胜任的。

　　在实施了回馈分析法后，我们总结出以下结论。

　　第一，集中精力发挥你自身的优势。你能够在哪些领域发挥优势，创造出优异的业绩和成果，你就属于哪些领域。

　　第二，努力增强你的优势。回馈分析法很快就能发现人们需要提高哪些方面的技能，或者必须学习哪些新知识。它可以指出哪些方面的知识和技能已经不能满足所需，需要更新，它还告诉人们在知识面上存在哪些差距。

　　为了胜任某项工作，人们通常有能力掌握任何足够的技能和知识。

　　第三，回馈分析法很快就能发现人们在哪些方面存在井底之蛙的傲慢倾向。这个结论显得尤为重要。回馈分析法很快就能帮助我们识别出这些领域。许多人，特别是在某个领域知识渊博的人，瞧不起其他领域的知识，或认为"耍小聪明"就可以不用学习了。于是，回馈分析法可以迅速发现，人们在工作中创造不出成绩的主要原因是没有掌握足够的知识，或对自己专业领域外的知识不屑一顾。

　　因此，我们需要克服井底之蛙的傲慢倾向，并努力学习能够使我们充分发挥优势的技能和知识，这是根据回馈分析法总结出的一个重要的结论。

　　我们还需要改正坏的习惯，这个结论也同样重要。坏习惯就是我们所做的或未能做的、妨碍我们发挥效率和创造绩效的事情。这些坏习惯很快就能在回馈分析法中原形毕露。

　　但是，我们通过这种方法也可以发现，由于我们不懂礼貌，我们也无法取得理想的结果。聪明的人，特别是精明强干的年轻人常常没有认识到以礼待人是组织的"润滑剂"。

回馈分析法总结出的下一个结论是：什么是不要做的事情。

通过对比结果与预期，很快就能发现哪些是你不能做的事情。它告诉我们在哪些方面缺乏最起码的能力，而且任何人都有许多最不擅长的领域。并不是每个人都能掌握一种一流的技能或知识，但是我们在许多方面都不具有任何天赋、技能，甚至连勉强做到"马马虎虎"都不容易。所以应该避免从事这些方面的工作和任务。

最后一个结论是：在改进弱点上，我们要尽可能少浪费精力。精力应该集中在具有较高能力和技能的领域。从根本不具有能力提高到中等偏下的水平所需的时间，要比从第一流的绩效提升到优秀所需的时间多得多。可是，大多数人、教师和组织都试图集中全部精力让一个一无是处的人达到中等偏下的水平。我们应该集中所有能量、资源和时间帮助一个能干的人成为最优秀的人。

我如何做事

"我如何做事"与"我的优势是什么"是同等重要的问题，对于知识工作者来说更是如此。

事实上，这个问题也许更为重要。然而，令人惊讶的是，很少有人知道如何把事情做好。我们中大多数人甚至不知道不同的人有不同的工作和做事方式。因此，他们常常在不适合自己的工作岗位上盲目地工作，也因此创造不出应有的绩效。

与一个人的优势一样，如何做事是一个人的个性问题。无论个性是"自然形成的"，还是"后天培养的"，它必定是早在进入职场之前就已经形成。因而，一个人的做事方式，就如他擅长或不擅长什么一样，都是"既定的事实",没有太大的改变余地。一个人的工作成效,不仅取决于能否做其擅长的事情,也受能否按照适合自己的工作方式工作的影响。

通过回馈分析法,可以发现我们做事方式中存在的问题,但很少能够查明原因。不过,要找到其中的原因并不难。只需要几年的工作经验,就能很快地发觉"我的工作表现如何"。这是因为决定我们取得成效的通常是几个极其普通的个性品质(personality traits)。

要了解自己的做事方式,首先要知道自己是善于阅读,还是善于倾听。很少有人知道,人们在个性品质上存在"阅读者"和"倾听者"之分,晓得自己属于哪一种的人更少,这种无知,通常会带来严重的后果。

要了解自己的做事方式,其次要掌握自己的学习方法。在这方面,甚至比善于倾听和善于阅读的问题更严重。这是因为各个地方的学校组织形式都遵循同一个假设,即学习的方式只有一种是正确的,而且适合于每一个学生。

以下举例说明每个人都有各自不同的学习方法。

贝多芬生前留下了大量草稿本,但他自己曾经说过:"在实际作曲时,我从来都不看草稿本。"当别人问他:"那么,您为什么要留下草稿本呢?"据说他的回答是:"如果不立即把曲子写下来,我可能立刻就会忘了它。在草稿本上记下曲子,就不会忘记了,但我也不会再看草稿本。"

学习的方法多种多样,有人通过记大量笔记学习,如贝多芬。但是,阿尔弗雷德·斯隆与他不同,斯隆在开会时不做任何记录。有人通过倾听自己说话进行学习,有人通过写作学习,还有人边做事边学习。在我对美国大学中成功出版过学术著作并引起轰动的教授进行的一次(非正式的)调查中,他们反复地对我说:"让学生听我讲课是我教书的原因,因为那样,我才有写作的灵感。"

掌握自知之明的所有要点当中，了解自己如何学习，可谓是最简单的一点。在我问别人"你如何学习"时，大多数人都知道答案。但当我再问"你有没有按你认识到的学习方式学习"时，肯定回答者寥寥无几。然而，按照自己认识到的学习方法学习正是一个人日后创造绩效的关键，或者更确切地说，不按自己认识到的学习方法学习，注定创造不出应有的绩效。

"我如何做事"与"我如何学习"都是首先要问的最重要的问题，但是，为了有效地管理自我，绝不能仅限于此。我们还要问："我能与别人融洽地共事吗？"或"我是不合群的人吗？"如果我们发现能与别人融洽地共事，接下来必须要问的是："我与别人保持什么样的关系才能与他们融洽地共事？"

有些人只有作为团队的一员才能发挥最大的作用。有些人可以在教练和导师的岗位上做出非常出色的成绩，而有些人则完全不胜任辅导他人的工作。

要了解自己的做事方式，最后一个重要的问题是，在压力下是否能做得很好，或者是否需要一个组织性强和有明确发展方向的环境。换句话说，就是明确自己是最适合在大企业中做"小兵"，还是最适合在小企业中当"长官"。许多人都不能游刃有余地应对这两种情况。在大企业（如在通用电气公司或花旗银行）中做得非常成功的人一到了小企业就施展不开身手了，这种例子屡见不鲜。同样，在小企业中做出显赫成绩的人一到大企业工作就如石沉大海，默默无闻了，这种例子也不胜枚举。

另一个关键性问题：我是作为决策者，还是作为顾问，才能更好地发挥我的作用呢？许多人适合当顾问，但不能承担决策的责任和压力。许多人反而需要顾问迫使他们思考，只有这样，他们才能做出决策，并根据决策迅速、自信和勇敢地采取行动。

这也解释了为什么组织中的二把手在升为一把手后常常遭遇挫折。一把手需要具有决策者的素质，在一把手的位置上，擅长决策的人经常把他们信任的人提拔为二把手，担任他们的顾问，而这些人在二把手的位置上表现得非常出色。但是，当二把手成为一把手时，他们就表现得差强人意。他们知道应该做出什么样的决策，但他们不能承担决策的责任。

切记：不要试图改变自己，这样做成功的概率会很小。相反地，你需要努力工作，改进你做事的方式。不要采用你做不到的或做得不够好的方法工作。

我的价值观是什么

为了能够有效地自我管理，最后你需要知道："我的价值观是什么？"

组织与人一样必须拥有价值观。要在组织中发挥应有的作用，个人的价值观必须与组织的价值观保持一致。个人与组织的价值观不必完全一样，但是，必须足够接近，这样才能和谐共处。否则，个人不仅会遭受挫折，而且也不会创造出优异的成绩。

一个人的优势与他的做事方式多半是相辅相成的，因为两者之间是互补的关系。但是，一个人的价值观与他的优势有时会出现不可调和的矛盾。那些做得好，甚至做得非常出色和非常成功的事情可能不符合个人的价值观。这样可能使之觉得，做得好的事情并不是什么了不起的成就，也不值得奉献毕生（或大半生）的精力。

下面谈谈我个人的经历：许多年以前，我当时也面临两难的境地，要么继续做我做得非常出色和已经成功的工作，要么坚持我的价值观。20 世纪 30 年代中期，我是伦敦一名年轻的投资银行家，在事业上一帆风顺，这份工作显然适合发挥我的优势。然而，我不认为担任任何类型的资产管理人是多么了不起的成就，我认识到，我的价值观体现在对人的研究上。我认为钱财乃身外之物，生不带来，死不带去。在最萧条的时期，我没有钱，没有工作，没有前途，但是，我选择了放弃，现在看来这是正确的选择。

　　换句话说，一个人的价值观永远是，并且也应当是最终的检验成败的标准。

我属于哪里

　　在知道前 3 个问题（"我的优势是什么，我如何做事，我的价值观是什么"）的答案后，组织中的个人，特别是知识工作者自己应该能够决定他们所属的位置。

　　大多数人无法在职业生涯的初期做出这样的决定，而且也不应该做出这样的决定。但是，大多数人，特别是天赋极高的人，实际上在 25 岁以前都不知道他们将来要干什么。然而，在那时他们应该了解自己的优势，知道自己的做事方式，更应该对自己的价值观有着清醒的认识。然后，才能够决定自己的归属。更确切地说，他们应该能够决定自己不属于哪里。如果能认识到在大型组织里实际上无法发挥自己的作用，那么在有机会进入大型组织工作时，就应该学会说"不"。如果认识到不能胜任决策者的角色，在有机会成为决策者时，就应该学会说"不"。

　　但是，在知道这 3 个问题的答案后，当面临机遇、工作机会和新的任务时，我们也可以说："是的，我愿意接受。但是，我认为这件事应该这样做，我与同事之间的关系应该是这样的。你能够希望我在这个时限内取得这样的成绩，我想我有这个能力，因为我就是这样的人。"

　　在我们的职业生涯中，成功的事业不能靠"规划"取得成功。当一个人充分地了解自己的优势、工作方法和价值观，并做好随时抓住机会的准备时，成功就是水到渠成的事了。知道自己何去何从的人，即使资质平凡，也能创造出优异的成绩。

掌握自己的时间

关于知识工作者任务的讨论，一般都从如何做计划说起。这样看来很合乎逻辑。可惜的是，知识工作者的工作计划很少有能够真正发生作用的。计划通常只是纸上谈兵，或只是良好的意愿而已，很少能够真正实现。

根据我的观察，有效的知识工作者并不是一开始就着手工作，他们往往会从时间安排上着手。他们并不以计划为起点，认识清楚自己的时间用在什么地方才是起点。然后，他们管理自己的时间，减少非生产性工作所占用的时间。最后，再将"可自由运用的时间"，由零星的集中成大块连续性的时段。这 3 个步骤是知识工作者实现有效性的基础：

- 记录时间；
- 管理时间；
- 统一安排时间。

　　有效的管理者知道，时间是一项限制因素。任何生产过程的产出量，都会受到最稀有资源的制约。而在我们称之为"工作成就"的生产过程里，最稀有的资源就是时间。

　　时间也是最特殊的一项资源。只有时间是我们租不到、借不到，也买不到，更不能以其他手段来获得的。

　　时间的供给丝毫没有弹性。不管时间的需求有多大，供给绝不可能增加。时间的供给没有价格可资调节，也无法绘制边际效用曲线。而且，时间稍纵即逝，根本无法储存。昨天的时间过去了，永远不再回来。所以，时间永远是最短缺的。

　　时间也完全没有替代品。在一定范围内，某一种资源缺少，可以另寻一种资源替代。例如铝少了，可以改用铜；劳动力可以用资金来替代。我们可以增加知识，也可以增加人力，但没有任何东西可以替代已失去的时间。

　　做任何事情都少不了时间，时间是必须具备的一个条件。任何工作都是在时间中进行的，都需要消耗时间。但是，绝大多数人当知道时间是最特殊的、无可替代的和不可或缺的资源的时候已经为时已晚。有效的管理者与其他人最大的区别就是他们非常珍惜自己的时间。

　　然而，人却往往最不善于管理自己的时间。即使在黑暗中，绝大多数人也能保持空间的感觉。但是，禁闭室内的人即使有灯光，也不能估计时间的长短。他们有时对时间估计过长，有时又估计过短。

　　所以，如果完全靠记忆，我们恐怕说不清楚自己的时间是怎样打发的。

　　有些管理者常自诩其记忆力很强，我有时请他们把自己使用时间的过程凭记忆做一下估计，并且写下来。然后，我把他们这份东西暂时保存起来。与此同时，我又请他们随时记录他们实际耗用的时间。几个星期或几个月之后，再把他们原来的估计拿出来，与他们实际的记录相对照，却发现两者之间相去甚远。

某公司的董事长十分肯定地对我说他的时间大致分成 3 个部分：1/3 用于与公司高级管理人员研讨业务；1/3 用于接待重要客户；其余 1/3 则用于参加各种社会活动。但是，等实际记录了 6 个星期之后，与他原来的估计进行比较，结果发现在上述 3 个方面，他几乎没花什么时间。原来，他所说的 3 类工作，只不过是他认为"应该"花时间的工作而已。因此，他的记忆告诉他已将时间用在这 3 个方面了。6 个星期的实际记录，显示他的时间大部分都花在调度工作上了，例如，处理他自己认识的顾客订单，打电话给工厂催货。顾客订单本来可以顺利处理的，由于他的干预，反而弄得不能准时交货。这份时间记录是由他的秘书记下来的，当秘书把记录送给他看时，他简直一点儿都不能相信。后来他的秘书又确实地做了几次记录，他才相信自己的估计靠不住，单凭记忆不能准确地确定自己的时间花在什么地方了，他开始相信那份记录的真实性。

所以，有效的管理者知道，如果要管理好自己的时间，首先应该了解自己的时间实际上是怎么耗用的。

时间的压力

管理者经常受到种种压力，迫使他不得不花费一些时间在非生产性的事务以及浪费时间的事务上。身为知识工作者，不管他是不是经理人，总有许多时间耗用于毫无贡献的工作上。大量时间都不可避免地被浪费了，而且他在组织中的地位越高，组织对他的时间要求往往越大。

有一家大公司的负责人告诉我，他在担任公司总经理的两年中，除了圣诞节和新年元旦两天之外，几乎每天晚上都有应酬。凡是宴会，都是"公事"，每一次都得花几个小时，而他又非参加不可。不管是欢送为公司服务满 50 年的老同事退休，还是宴请与公司有往来的政府官员，总经理都需要出席，参加这种宴会是他的一项任务。这位总经理对这类应酬并不抱幻想，他知道这种宴会对公司发展没什么好处，而他本人既对此没有兴趣，也不认为这有助于自我发展，但他仍然必须出席，仍然需要高兴地参加宴会。

诸如此类的时间浪费，实在不胜枚举。公司一位重要客户若打来电话，业务经理绝不敢说："等一下，我太忙了。"也许这位大客户谈的是上星期六的一场桥牌，或许是谈他的千金考上理想的大学的概率，但业务经理不能不洗耳恭听。医院院长不得不出席每一次医务会议，要不然所有医生、护士、技术人员和其他职员都会认为院长瞧不起他们。政府官员也同样得忙于应付议员的来访和了解某些情况，而那些情况也许只要随手翻一下电话簿或是《世界年鉴》（*World Almanac*），马上就可以得到。这样的事整天都在不断地发生。

非经理人员也不见得好到哪里。他们也同样会受到各种占用时间的要求的轰炸，这对于提高他们的生产力一点作用也没有，但他们却不能不应付。

每一位管理者的时间都有很大部分是被浪费掉的。表面上看起来，每件事似乎都非办不可，但实际上却毫无意义。

但是，即使是只想获得最低限度的有效性，知识工作者的绝大部分任务也需要相当多的整块时间。如果每一次所花的时间少于这个极限，事情就做不好，所花的时间就是浪费，再做就得从头开始。

举例来说，写一份报告大概得花 6 ～ 8 小时才能完成初稿。如果说每次花 15 分钟，每天 2 次，一共花上 3 个星期，虽然总时间也达到 7 小时，恐怕结果还是一张空白卷。但是如果能够关起门来，切断电话，连续做上五六个小时，一份相当不错的初稿就应该差不多了。有了这份初稿，他才能做零星的补充，才能逐句逐段地润色、修改和整理。

　　科学实验工作也与此相类似。起码需要 5 ～ 12 小时的整块时间，才能把仪器调整妥当，做成一次实验。如果中间被打断，恐怕就得重新开始。

　　每一位知识工作者，尤其是每一位管理者，要想有效就必须运用整块的时间。如果将时间分割开来零星使用，纵然时间总和相同，但其效果与整块运用时间的效果却大相径庭。

　　尤其是与他人一起工作时，这一点更为重要。与他人一起工作，正是管理者的中心工作之一。人都是时间的消费者，而大多数人也是时间的浪费者。

　　与他人只接触两三分钟，是绝不会产生什么结果的。要想与他人进行有效的沟通，顺利完成工作，总得花上足够的时间。如果一位知识工作者认为他与下属讨论一项计划、一项方针或是一项工作表现，只需 15 分钟就够了，那么他一定是自欺欺人（许多经理人员就是这样认为的）。如果你真想影响别人，那么至少需要 1 小时，甚至是更多的时间。如果你想和别人建立良好的人际关系，就需要更多的时间。

　　与其他知识工作者建立关系尤其费时。不管出于什么原因，不管在知识工作者中有没有层级与权力隔阂，不管他们是不是把自己看得过分重要，知识工作者对其上司及同事所要求的时间，往往比体力劳动者多得多。同时，由于知识工作不能用衡量体力劳动的方法来衡量，因此我们实在没有办法用三言两语说明知识工作者是否在做该做的工作，是否做得出色。对一位体力劳动者，我们可以说："标准是每小时完成 50 件，而你只做了 42 件。"但是对一位知识工作者，我们却需要坐下来与他共同讨论应该做些什么，为什么该做，然后才能弄清楚他的工作做得怎么样，是否令人满意。这就很费时间了。

　　因为知识工作者只能自己制定工作方向，所以他必须了解别人期望他做出的贡献是什么，原因是什么，对必须使用其知识成果的人的工作情况，他也要有足够的了解。因此，知识工作者需要大量的信息资料、讨论以及他人的指导，这都是极为浪费时间的。同时，他不但需要占用他上司的时间，也同样需要占用他周围同事的时间。

知识工作者要想取得成果和绩效，就必须着眼于整个组织的成果和绩效。换句话说，他还得匀出时间来，将目光由自己的工作转到成果上；由他的专业转到外部世界，因为只有外部世界才有绩效可言。

在大型组织中，如果知识工作者的绩效表现不错，往往是因为该组织的高级主管能定期地抽出时间来与他们进行交流，甚至与一些资历较浅的知识工作者交流："你认为我们组织的领导对你的工作应该了解些什么？你对我们这个组织有什么看法？你觉得我们还有哪些尚未开拓的机会？你觉得我们有哪些尚未察觉的危机？还有，你希望从我这里了解些关于组织的什么情况？"

这样的轻松交流，不管是在政府、企业、研究机构，还是在军事单位，都同样很有必要。如果没有这样的交流，知识工作者就容易丧失热情，成为得过且过的人，变成时间的奴隶，或者是只关注自己的专业领域，看不到整个组织的机会和需要。不过，进行这样的交流是很费时间的，特别是这种交流必须在不慌不忙、轻松自在的气氛下进行。只有这样，大家才会觉得"我们有足够的时间"，可以从容不迫地交流看法。这实际上意味着管理者要快速地干许多事，同时也意味着他必须腾出整块的时间来，而且中间不能有太多的中断和打扰。

人际关系和工作关系的协调确实很浪费时间。如果太匆忙了，恐怕反而会造成摩擦。然而任何组织都少不了这种协调。人数越多，协调这种相互关系所需要的时间就越长，而真正用于工作成果和绩效的时间便相对地减少了。

所以，组织规模越大，知识工作者实际可掌握的时间就越少。身为知识工作者，也因此更应该知道自己的时间用在什么地方，并且更应该妥善地运用那些可自由支配的少量时间。

同时，组织的人数越多，有关人事的决策也肯定越多。对人事问题决策得太快，就很容易铸成错误。人事决策往往需要大量的时间，因为决策所涉及的一些问题，只有在反复考虑多次之后才能看清楚。

当今工业化国家里的那些知识工作者也想过安逸悠闲的日子，但事与愿违，他们的工作时间越来越长，而且对时间的需求也越来越多，他们也越来越感觉到时间总是不那么够用。我们可以预见在未来这种趋势还将日益加剧。

形成这种趋势的一个重要原因是：今天的生活水平之所以会提高是以不断创新和变革的经济为前提的。但是，创新和变革形成了对管理者时间的过度需求。如果时间短促，所有人也就只能够思考他已经熟悉的事情，只能做他曾经一贯做过的事情。

如何诊断自己的时间

要了解时间是怎样耗用的，从而合理管理时间，我们必须先记录时间。这个道理其实我们几十年前就已经明白了。早在 20 世纪初期的科学管理时代，我们就已经知道了记录工作时间，不过那是以体力劳动为对象，不论是有技能的还是没有技能的，那时只是记录一项具体的手工活动所花费的时间。时至今日，几乎所有国家在工业管理上都学会了这种方法。

但是这种方法，我们却一直应用在时间因素并不太重要的工作上。在那些工作中，时间的利用和浪费，充其量只会对效率和成本稍有影响而已。而在某些越来越重要的工作领域，我们却没有应用这种方法，尤其是那些时间因素特别重要的知识工作，特别是管理者的工作。要知道只有在这些方面，时间的运用与浪费才是直接关系到有效性和成果的。

　　所以，要提高管理者的有效性，第一步就是记录其时间耗用的实际情况。时间记录的具体方法，我们在此不必赘述。事实上许多管理者都备有一本小册子，他们对自己所耗用的时间都有记录。其他人，像公司的董事长，请他们的秘书代为记录。更重要的是，必须在处理某一工作的"当时"立即加以记录，而不能事后凭记忆补记。

　　许多有效的管理者都经常保持这样的一份时间记录，每月定期拿出来检讨。至少，有效的管理者往往以连续三四个星期为一个时段，每天记录，一年内记录两三个时段。有了时间耗用的记录样本，他们便能自行检讨了。半年之后，他们都会发现自己的时间耗用得很乱，并浪费在种种无谓的小事上。

　　经过练习，他们在时间的利用上必有进步。但是管理时间必须持之以恒，才能避免再回到浪费的状态上去。因此，第二步就是要做有系统的时间管理。我们先要将非生产性的和浪费时间的活动找出来，尽可能将这类活动从时间表上排除出去。要做到这一步，可以试问自己下列几个诊断性的问题。

　　1. 首先要找出什么事根本不必做，然后取消这些工作。这些事做了也完全是浪费时间，无助于成果。为了找到这些浪费时间的工作或者活动，需要将时间记录拿出来，逐项地问："这件事如果不做会有什么后果？"如果认为"不会有任何影响"，那么这件事便该立刻取消。

　　然而许多大忙人，每天在做一些他们觉得难以割舍的事，比如应邀讲演、参加宴会、担任委员和列席董事会之类的事情，不知占去了他们多少时间。而这些工作，他们本身既不感兴趣，做得也根本不够精彩。然而他们不得不承受这些负担，一年又一年，就像从天而降的灾难一样躲也躲不了。其实，对付这类事情，只要审度一下对于组织有无贡献，对于他本人有无贡献，或是对于对方的组织有无贡献，如果都没有，只要谢绝就可以了。

　　前面说起的那位每晚有应酬的总经理，在经过一番检讨后，发现其中至少 1/3 的宴会根本没有参加的必要，没有公司高层管理者在场照样可以进行。有时他甚至有点哭笑不得，因为主人并不真心希望他出席。主人发来邀请，只不过是一番礼貌而已。其实主人倒真希望他在请帖回执上写个"敬谢"，而他每次敬陪，主人反而不知如何为他安排席次。

我注意到，任何一个知识工作者，无论他的级别和地位怎样，在没有人注意到的时候，他都可以把占用其 1/4 时间的事情"扔到垃圾箱"，而置之不理。

2. 接下来该问的问题是："时间记录上的哪些活动可以由别人代为参加，即使不能做到更好，也不会影响其效果？"

前面提到的总经理还发现，在他参加的宴会中，事实上有 1/3 只要有公司的高级管理人员到场即可，并非每次都要他亲自参加。主办单位只不过希望把该公司列在请客名单上而已。

但是我却从来没见过一位知识工作者，在检讨过自己的时间记录后，还不改变自己的习惯，将不必亲自处理的事交给别人。只要翻阅一下时间记录，他就能立刻发现他的时间全用在不必要的事上了，而对于确属重要的事、他自己希望做的事和他已经承诺过的事，他却没有时间来处理。其实他如果真想有所作为，要想改变这种情况，只要将可由别人做的事交给别人就可以了。

在这种情况下，"授权"这个名词，通常都被人误解了，甚至是被人曲解了。这个名词的意义应该是把可由别人做的事情交付给别人，这样才能做真正应由自己做的事——这才是有效性的一大改进。

3. 还有一种时间浪费的因素，是管理者自己可以控制并且可以消除的，这种因素是：管理者在浪费别人的时间。

这种现象并不明显，但有一个简单方法可以诊断出来这种情况是如何发生的，又是在什么时候发生的：询问你的下属。有效的管理者懂得有系统及诚恳地问他的下属："请你想想看，我常做哪些浪费你的时间而又没有效果的事情？"问这样的问题，而且问得对方敢说真话，才是真正的有效管理者的特质。

即使管理者处理的都是颇有成效的工作，其处理方式仍可能造成别人时间的浪费。

某一大企业机构的高级财务经理，深感会议浪费了太多时间。通常，不管讨论的是什么问题，他都通知财务部各单位主管全体前来开会，其结果是会议每次都拖得很长。出席会议的每一位主管，为了表示自己对问题的关切，都会提出至少一个问题，而所问的大多数问题与会议要讨论的问题无关，会议时间自然拖长了。直到有一次这位高级财务经理诚恳地问了大家，才知道大家也都认为会议太浪费时间了。可是，他又想道：每一个人在组织中都至为重要，都应该了解情况，开会时如果少请几个人，他又担心会使未被邀请的人觉得他们被忽视。

然而，现在这位财务经理终于找到了一种两全的方法，这种方法能够以不同的方式来满足其下属的地位需要。开会前，他先普遍分发一份开会通知："兹订于星期三下午3时，在四楼会议室，邀请赵钱孙李四君开会讨论下一年度的资本预算问题。如果哪位需要了解这个问题或愿意参与讨论，也请届时出席。如果无法出席，我们将于会后立刻呈送记录，并告知有关的会议决策，供各位参考并希望提供宝贵意见。"

过去每次会议都要12个人参加，花费整个一下午，而现在只要3个人和1个秘书出席，花费很少的时间就可以解决问题，会议大约1个小时的时间就可以结束了，并且没有一个人有被忽视的感觉。

许多知识工作者都意识到了哪些事情会浪费他们的时间，然而他们却不敢面对这个问题。他们怕因小失大，铸成错误。殊不知即使有了错误，也能很快弥补。能够大量削减不必要的和非生产性的工作，则工作就进行得快多了。

大胆减少自己的工作，真会出问题吗？只要看看那些管理者虽然身患重病，甚至于身有残疾，仍能干得有声有色，就可知道这种顾虑是多余的。

第二次世界大战期间，罗斯福总统的机要顾问霍普金斯先生就是一个实例。霍普金斯当年已体衰力竭，生命垂危，举步维艰，每隔一天才能办公几个小时。因此，他不得不把一切事务都撇开，仅处理真正重要的工作。但这丝毫无损于他的有效性。丘吉尔还对他钦佩备至，赞美他是一位"盖世奇才"。他完成的任务，当年美国政府无人能比。

消除浪费时间的因素

上面介绍的三种诊断性的问题是关于非生产性的和浪费时间的活动的处理，这些问题是知识工作者有一定控制力的问题。每一位知识工作者和每一位管理者都该扪心自问那些问题。但时间浪费有时也是由于管理不善和机构有缺陷引起的，身为主管也应予以同等的重视。管理不善不仅会浪费大家的时间，更重要的是会浪费主管自己的时间。由于管理不善和机构缺陷而造成的四个浪费时间的主要因素，将会在下面逐一地讨论。

1. 首先要做的是，找出由于缺乏制度或远见而产生的浪费时间的因素。我们应该注意的，是组织中一而再、再而三地出现同样的"危机"。同样的危机如果出现了第二次，就绝不应该再让它出现第三次。

工厂中每年发生的库存危机问题就属于这一类。这种问题今天固然可以用计算机来解决，而且解决得比从前更为彻底，但也比从前更加费钱了。这样的解决方法很难说是了不起的进步。

一项重复出现的危机应该总是可以预见的。因此，这类危机可以预先防止，或者可以设计成一种例行工作，使每个人都能处理。所谓例行工作，是将本来要靠专家才能处理的事，设计成无须研究判断，人人均可处理的工作。例行的工作，可以说是专家从过去的危机中学会的一种有系统、有步骤的处理方式。

重复出现的危机，并不仅限于组织的较低层次。组织中每一个部门都深受其害。

　　某一大型企业，多年来每到 12 月初，就会发生这样的危机：该公司业务的季节性很强，每年第四季度为淡季，销售和利润均不易预测。然而，按照公司规定，管理当局要在第二季度结束时提出的中期报告中，预估全年的盈余。3 个月后第四季度开始时，整个公司各部门都立刻紧张起来，为达成管理当局预估的目标而忙碌。在年底前的三五个星期之内，管理层没法做任何其他事情。然而这一危机，其实只要动一动笔便能解决：预估数字不必过于精确，只要列出一个上下范围就行了。这项措施，事实上完全符合公司董事会、股东和金融界的要求。多年以前的危机到底怎样，公司中几乎没有人知道了，这种危机现在已不复存在，而且因为管理者不必再浪费时间来配合预估成果，每年第四季的业务绩效反而比过去好了。

　　另一个例子是，罗伯特·麦克纳马拉（Robert McNamara）在 1961 年出任美国国防部部长之前，国防部内也是每年一度在春天发生定期性的危机，也就是在 6 月 30 日会计年度结束前。在五六月份，每一位管理者、军事人员或者公民，即国防部上上下下都为了要消化当年度的预算而忙碌。如果国会核定的预算不能消化，就得将剩余部分缴还国库。但在麦克纳马拉接任后，很快地看出了这根本不是问题。原来美国法律一向规定，对于必需的预算而尚未用完的部分，可以转入一个临时账户。

同一个危机如果重复出现，往往是由疏忽和懒散造成的。

多年以前，我初次做管理顾问时，常常区分不清楚一家企业机构管理的好坏，但并不是说我没有生产方面的知识。后来我才发现：一家平静无波的工厂，必是管理上了轨道。如果一家工厂常是高潮迭现，在参观者看来大家忙得不可开交，就必是管理不善。管理好的工厂，总是单调无味，没有任何刺激动人的事件。那是因为凡是可能发生的危机都早已预见，并且已经将解决办法变成例行工作了。

同理，一个管理上了轨道的组织，常是一个令人觉得兴味索然的组织。在这样的组织里，所谓"引人入胜"的事情大概就是为未来做决策，而不是轰轰烈烈地处理过去的问题。

2. 人员过多也常常造成时间的浪费。当然，人员太少，力量不够也不行，否则工作纵然完成了，其结果也肯定不尽如人意。这却不是一成不变的定律。常见的现象是人员太多，以致没有有效性。因为大家的时间可能没有花在工作上，而是用在协调人员之间的关系上了。

判断人数是否过多，有一个靠得住的标准。如果一个高级管理人员，尤其是经理，不得不将他工作时间的 1/10 花在处理所谓"人际关系"、纠纷与摩擦、争执和合作等问题上，那么这个单位的人数就过多了。人数过多，难免彼此冲突，也难免成为绩效的阻碍。在精干的组织里，人的活动空间较大，不至于互相冲突，工作时也不用每次都向别人说明。

3. 另一个常见的浪费时间的因素是组织不健全，其表现就是会议太多。

所谓会议，顾名思义，是靠集会来商议，是组织缺陷的一种补救措施。我们开会时就不能工作，工作时就不能开会，谁也不能同时既开会又工作。一个结构设计臻于理想的组织，应该没有任何会议（在今天动态的世界中，这样的组织结构当然只是理想而已）。每个人应该都能了解他的工作所必须了解的事，也应该都能随时获得他工作所必需的资源。我们之所以要开会，只是因为各有各的工作，要靠彼此合作才能完成某一特定任务。我们之所以要开会，只是因为某一情况所需的知识和经验不能全部装在一个人的头脑里，需要集思广益。

但是，会议应该是不得已的例外，不能视为常规。一个人人随时开会的组织，必然是一个谁都不能做事的组织。试着看看我们的时间记录，如果发现开会太多——参加会议的时间占总时间的 1/4 以上，那么这一定是一个浪费时间的组织。

原则上，一位知识工作者的时间绝不能让开会占用太多。会议太多，说明职位结构不当，也说明单位设置不当。会议太多，表明本应由一个职位或一个单位做的工作，分散到几个职位或几个单位去了，同时表明职责混乱以及未能将信息传送给需要信息的人员。

4. 最后一个浪费时间的因素是信息功能不健全。某家医院的院长，多年来一直为应付医院内医生的电话而苦恼。医生打电话给他，要求他为病人安排一个床位。住院部都说是没有床位了，但是这位院长几乎每次都可以找到空床位。其原因是在病人出院时，住院部不能立刻接到通知。当然，有没有床位，各病房的护士长随时都清楚，主办出院结账手续的出纳台也能随时知道。住院部的人是在每天清早 5 点办理"床位调查"工作，而通常病人大多是在上午医生查房之后才办出院手续。其实像这样的问题，只要各病房护士长在填写出院通知单给出纳台时，多填一份副本送住院部就解决了。

以上所说的种种浪费时间管理的缺点，例如，人数过多、组织不健全或

信息系统失灵等，有时是轻而易举就可以改善的，但有时也要花费很多时间
和耐心才能改善。不过，只要你肯付出努力，这种改善的效果是很大的，特
别是可以帮你省出很多时间。

统一安排可以自由支配的时间

管理者在做过了自己的时间记录和分析后，就可以试图来管理自己的时
间，并决定有多少时间可用于重要事务。换句话说，有多少时间可以自由支
配，又有多少时间可以用在确实有贡献的大事上。

但是，对于可以自由支配的时间，也不要心存太大奢望。无论一位知识
工作者怎样无情地删掉了浪费的部分，其自由支配时间仍然不会太多。

一位知识工作者的职位越高，其不能自行支配的时间也一定越多，不能
用在确实有贡献的事情上的时间也就越多。组织的规模越大，其用于维系组
织的协调一致和运行，而没有用于发挥组织功能及生产的时间也一定越多。

因此，有效的管理者知道他必须集中他的自由支配时间。他知道他需要
集中整块时间，时间分割成许多段等于没有时间。如果能够将零碎的时间集
中成大块的时间，即使只有一个工作日的 1/4，通常也足以办理几件大事。
反之，零零碎碎的时间，像通过 15 分钟或者半个小时这样时间段的累加，
纵然总数有 3/4 个工作日，也是毫无用处的。

所以，时间管理的最后一步，应该是将可由管理者自行支配的零碎时间
集中起来。

至于如何集中，则各人有各人的办法。有些高层管理者，在一星期内，
留有一天在家工作。许多杂志主编和主持研究的科学家，就常常采用这种
方法。

还有人将会议、审核、问题分析等例行工作，规定排在一星期内的某两

天中办理，如周一和周五，而将其他日子的整个上午保留下来，用于处理正常运作中真正重大的事务。

不过，话又得说回来：集中自己的时间，集中的"方法"倒在其次，重要的是时间如何用。许多人把次要的工作、非生产性的工作集中起来办理，因而为这些事情匀出一整块时间。但这样的方法并无太大的作用。因为这样的方法，不啻在心理或时间上，仍然放不下那些次要的事情，放不下那些贡献很少而又认为不能不做的事情，而几乎没有时间花费在那些他们必须做的重要事情上。结果终究还会产生新的时间压力，来占用他的自由支配时间，进而牺牲他应该做的事。几天或几星期后，他整块的自由支配时间又回来了，时间又会被那些所谓"新的问题、新的紧急事件、新的麻烦"瓜分得无影无踪了。

所有卓有成效的管理者都懂得：对时间的控制与管理不能一劳永逸。他们要持续不断地做时间记录，定期对这些记录进行分析，还必须根据自己可以自由支配时间的多少，给一些重要的活动定下必须完成的期限。

有一位极为有效的管理者身边经常带着两张这样的完成期限表。一张是有关紧急事件的，另一张是做起来自己并无兴趣但却非做不可的。每次在发现完成时间比预定期限落后时，他就可以觉察到可自由支配时间已有溜走的迹象了。

总而言之，时间是最稀有的资源。若不将时间管理好，要想管理好其他事情就只是空谈。而分析自己的时间也是系统地分析自己的工作、鉴别工作重要性的一种方法。

"认识你自己"这句充满智慧的哲言，对我们一般人来说，真是太难理解了。可是，"认识你的时间"却是任何人只要肯做就能做到的，这是通向贡献和有效性的必由之路。

有效的决策

有效的管理者不做太多的决策，他们只集中精力做一些重大的决策。他们所重视的是分辨什么问题为例行性的，什么问题为策略性的，而不重视"解决问题"。他们的决策是最高层次的、观念方面的少数重大决策，他们致力于找出情势中的常数。所以，他们给人的印象是决策往往需要宽松的时间。他们认为，操纵很多变数的决策技巧只是一种缺乏条理的思考方法。他们希望知道一项决策究竟涵盖什么，应符合哪种基本的现实。他们需要的是决策的结果，而不是决策的技巧；他们需要的是合乎情理的决策，而不是巧妙的决策。

有效的管理者知道什么时候应依据原则做决策，什么时候应依据实际的情况需要做决策。他们知道最骗人的决策，是正反两面折中的决策，而有效的管理者已经了解到分辨正反两面的差异。他们知道在整个决策过程中，最费时间的不是决策的本身，而是决策的推行。一项决策如果不能付诸行动，就称不上是真正的决策，最多只是一种良好的意愿。这就是说，有效的决策虽然以高层次的理性认识为基础，但决策的推行却必须尽可能地接近工作层面，必须力求简单。

　　在美国商业史上，有一位不大为人所知的企业家，其实也许是一位最有效的决策者。他就是20世纪初美国贝尔电话公司的总裁韦尔先生（Theodore Vail）。韦尔在1910年之前担任该公司总裁，直到20世纪20年代中期，前后将近20年。在这段时期中，韦尔创造了一个世界上最具规模、成长得最大的民营企业。

　　阿尔弗雷德·斯隆先生在1922年出任通用汽车公司总裁，那时正当韦尔先生退休之前不久。斯隆也跟韦尔相似，设计和构建了一家举世无双的大企业。他不是韦尔，他的时代也不是韦尔的时代，但是他所做的一项令人难忘的大决策——使通用公司采取分权组织制度，跟韦尔所做的大决策相比，同样是了不起的大手笔。

　　斯隆先生著有一本回忆录，书名是《我在通用汽车的岁月》（*My Years with General Motors*，1964年，纽约Doubleday公司出版）。书中说他在1922年出任总裁时，通用汽车公司的组织简直是一盘散沙，各自为政。通用汽车公司原是由几个企业合并而成，但是在合并后，各部门的主管都像是独立部落的酋长，完全不听"王命"，他们都按照自己的经营方式，仍然像经营自己的公司一样经营。

　　斯隆先生看清了问题的根本，认为这并不是因为合并才发生的过渡期间的问题，而是一家大型企业常见的问题。

决 策 过 程

韦尔和斯隆的决策的主要意义，绝不是表示决策应标新立异，也不是表示决策应有引人争议的特性，而是体现了决策的以下五个要素：

- 要确实了解问题的性质，如果问题是经常性的，那就只能通过一项建立规则或原则的决策才能解决。
- 要确实找出解决问题时必须满足的界限，换言之，应找出问题的"边界条件"。
- 仔细思考解决问题的正确方案是什么，以及这些方案必须满足哪些条件，然后再考虑必要的妥协、适应及让步事项，以期该决策能被接受。
- 决策方案要同时兼顾执行措施，让决策变成可以被贯彻的行动。
- 在执行过程中重视反馈，以印证决策的正确性及有效性。

这就是有效决策的五个要素。以下我们——予以较详细的说明。

决策中遇到的四个问题

有效的决策者首先需要辨明问题的性质，第一个要问的问题就是：这是一个一再发生的经常性问题，还是偶然的例外？换句话说，某一问题是否是另一个一再发生的问题的原因，或是否确属特殊事件，需以特殊方法解决？倘若是经常性的老毛病，就应该构建原理和原则来根治；倘若是偶然发生的例外，则应该按情况做个别的处置。

严格来说，按问题的发生情况细究起来，不只有"经常"和"例外"两类，一般可以分成四类。

第一类是真正经常性的问题。发生的个别问题只是一种表面现象。

　　管理者日常碰到的问题大部分都属于此类。例如，生产上的库存决策，严格来说不能称为决策，只能说是一种措施。这类问题是经常性的，生产方面的许多问题大都属于这种性质。

　　工厂中的生产管制及工程单位所处理的这类问题极多，每月要有好几百件。然而，分析起来，这类问题绝大部分只是一种表面现象，是一些反映基本情况的表面现象。但是，只在工厂中一个部门工作的生产部门的程序工程师及生产工程师往往很难看透这一层，他们是"身在此山中"，所以"不识庐山真面目"。有时候，也许他们每个月都会碰到类似问题，如输送蒸汽或流体的管子接头坏了。这样的问题，只有经过较长时间的分析之后，才能显示其为"经常"的性质。这时他们才能发现究竟是否由于温度或压力过高，需要汇集不同的线路，超过设备的负荷，需将接头重新设计。但是在得到这一结论之前，流程控制部门往往早已花了不少修理管子接头的时间，而并没有从根本上控制这种情况。

　　第二类问题虽然是在某一特殊情况下偶然发生的，但在实质上仍然是一项经常性问题。

　　例如，某公司接受另一家公司的建议，两家公司合并。如果该公司接受这一建议，就永远不会再接到第二次同样的建议了。对这家公司的董事会及管理机构而言，接受这种建议只能是一次性的，是一种特殊的问题。但是，细究这一问题的本质，却的确具有"经常"的性质，企业界随时可能出现这种问题。因此在考虑是否接受时，应以某些原则为基础，必须参考他人的经验。

　　第三类问题才是真正偶然的特殊事件，是唯一的特例。

　　　　1965年11月，美国的整个东北部地区，从圣劳伦斯到华盛顿一带，发生了一次全面停电。根据初步的调查，这的确是一个真正的特殊偶发事件。又例如20世纪60年代初期，因孕妇服用"沙利度胺"而产生畸形婴儿所造成的悲剧，也属于此类。但是这一类偶发事件，发生的概率只有千万分之一或亿万分之一，发生过一次之后，就不太可能再发生第二次。就像我们坐的椅子忽然间自动分解成碳、氮、氧等元素一样，是几乎不可能发生的。

但是，真正偶然性的例外事件实在少之又少。一旦发生时，我们必须扪心自问：这究竟是一次"真正的偶发事件"，还是另一种"经常事件"的首次出现？

这也就是我们要介绍的第四类问题，也就是决策过程中需要处理的最后一类事件：首次出现的"经常事件"。

以前面所举的两例来说明：美国东北部地区的停电和沙利度胺引致婴儿畸形，直到今天我们才判定其均为"经常事件"之首次出现。我们已具备现代化电力技术和医学知识，如果能寻求"经常性的解决方法"，这种停电事件和畸形婴儿的悲剧，应是不至于一再发生的。

除了上述第三类"真正偶发的特殊事件"之外，其余三类均需要一种"经常性的解决方法"。换言之，需要制定一种规则、政策或原则。一旦有了正确的原则，一切类似问题的解决就将易如反掌。换句话说，问题再度发生时，即可根据原则去处理了。只有第三类"真正偶发的特殊事件"才必须个别对待，没有原理和原则可循。

有效的决策制定者常需花费不少时间来确定问题的属性，他所面临的到底是四种类型当中的哪一种。如果类别错了，其决策必为错误的决策。

到目前为止，我们常犯的错误就是将"经常问题"视为一系列的"偶然问题"。换言之，没有了解问题症结所在的基础，其结果自然是失败和无效的。

决策应遵循的规范

决策过程的第二个主要的要素在于确实了解决策应遵循的规范。决策的目标是什么？换言之，最低限度应该达成什么目标？应该满足什么条件？用科学的术语来说，这就是所谓的"边界条件"。一项有效的决策必须符合边界条件，必须足以达成目标。

边界条件说明得越清楚和越精细，则据以做出的决策越有效，越有可能解决需要解决的问题。反过来说，如果边界条件不够明确，则所做的决策不论看起来如何了不起，都肯定是一项无效的决策。

通常，探求边界条件的方法，就是探求"解决某一问题应有什么最低需要"。通用汽车公司的斯隆先生在1922年接任总裁时想必做过这样的检讨："如果解除各独立部门的自主权，能满足本公司的需要吗？"他的答案是不能。他的问题的边界条件在于使各经营部门都具备经营能力，负起经营责任。此外，他还需要一个统一的中央管制。所以，归结起来，根据边界条件的了解，他的问题是公司组织结构的问题，不是人事协调的问题，这使他获得了最后的结论。

有效的管理者明白，一项不符合边界条件的决策，肯定是无效和不恰当的决策。不符合边界条件的决策，有时比一项符合"错误的边界条件"的决策更加误事。当然，不符合边界条件与符合错误的边界条件，两者都是错误的决策。不过，边界条件错了，还可能有修正的余地，仍然可能成为有效决策的依据。如果边界条件根本与规范相反，那么就往往难于补救了。

事实上，我们对边界条件必须保持清醒的认识，这能提醒我们一项决策什么时候应该抛弃。

在各种不同的可能决策中要识别出哪项决策最危险（所谓最危险的决策就是勉强可行的决策，唯有在一切顺利的情况下，才可能达成的决策），也必须了解其边界条件。几乎每一项决策都有其意义，但是当我们进一步探究必须满足的规范时，便可能发现各项规范有互相冲突的情况。这样的决策纵然不能说是不成功的，最多也只是大致可能成功而已。若成功需寄望于奇迹，则问题不是奇迹出现的机会太小，而是我们不能依赖奇迹。

最经典的例子当属肯尼迪总统在 1961 年发动的 "猪湾事件"（Bay of Pigs）。这个行动的第一个规范就是要推翻卡斯特罗的古巴政权。但是同时，第二个规范就是造成一种假象：美国军方没有干涉美洲其他共和国家的政权。第二个规范很显然是那么的荒谬，任何时候世界上都没有人再会相信这次入侵古巴是古巴人自发的起义。在那个时候，对于美国领导人来说，"不干涉" 的外衣确实是一件合法的必要条件。但是，这两个规范相互之间是一致的，就是想利用闪电战将岛内的卡斯特罗政权推翻，使整个古巴军事力量瘫痪。然而，在这样一个国家想进行这样的行动，无论是整个计划应该取消，还是美国应该全力支持确保入侵能够获得成功，实现的概率显然不会太高。

肯尼迪总统解释这次行动时，谈到这并不是他的错，他说他是听从了专家的意见，我们可以认为这种解释并不是他的无理。这次行动没有成功，是因为没有清楚地考虑到获得成功需要满足的边界条件，他们没有勇气去面对这样一个悲观的现实：当一个决策必须要包含两个不同的或者是实际上两个根本不一致的规范的时候，这个决策就不再是一个决策而是一个对奇迹的祈祷了。

不过，对重要的决策而言，要确定边界条件和提出规范，仅靠 "事实" 是不够的，还要看我们如何理解问题，这是一种充满风险的判断。

任何人都可能做出错误的决策，事实上任何人也确实会做出错误的决策。但是，任何人做决策，都不能不顾及边界条件。

什么是正确的

决策的第三个要素是研究"正确"的决策是什么，而不是研究"能为人接受"的决策是什么（更不是研究"谁是正确的"）。人总有采取折中办法的倾向，如果我们不知道符合规范及边界条件的"正确"决策是什么，就无法辨别正确的折中与错误的折中之间的区别，最终不免走到错误的折中的方向。

那是在 1944 年，我第一次承接一件最大的管理咨询项目时得到的教训。当时我负责研究通用汽车公司的管理结构和管理政策，阿尔弗雷德·斯隆先生是该公司董事长兼总裁。开始工作的第一天，斯隆先生便请我到他的办公室，然后对我说："我不知道我们要你研究什么，要你写什么，也不知道该得到什么结果，这些都应该是你的任务。我唯一的要求，只是希望你将你认为正确的部分写下来。你不必顾虑我们的反应，也不必担心我们不同意。尤其重要的是，你不必为了使你的建议容易为我们所接受而想到折中。在我们公司里，谈到折中，人人都会，不必劳你大驾。你当然可以折中，不过你必须先告诉我们什么是'正确的'，我们才能有'正确的折中'。"斯隆先生的这段话，我认为可以作为每一位管理者做决策时的座右铭。

所谓"折中"，实际上有两种。第一种"折中"，即俗语所谓的"半片面包总比没有面包好。"第二种"折中"，可以用古代所罗门王审判两位妇人争夺婴儿的故事来说明："与其要回半个死孩子，不如保全婴儿性命，将婴儿送与对方好。"第一种"折中"，仍能符合边界条件，因为面包本是为了充饥，半片面包仍然是面包。但是第二种"折中"，却完全不符合边界条件了：婴儿是一个生命，半个婴儿就没有生命可言，只是半个尸体了。因此，第二种"折中"完全不可行。

关于决策是否容易被他人接受的问题，如果总是要考虑如何才能被他人接受，又担心他人会反对，那就完全是浪费时间，不会有任何结果。世界上的事，你所担心的事情往往永不出现，而你从来没有担心的反对意见和困难，却可能忽然间变成极大的阻碍。这就是说，如果你一开头就问："这样做恐怕别人不肯接受吧？那么你永远就不会有结果。因为在你这样考虑时，通常总是不敢提出最重要的结论，所以你也得不到有效的答案，更不用说是正确的答案了。

付诸行动

决策的第四个要素是化决策为行动。考虑边界条件是决策过程中最困难的一步；化决策为有效的行动则是最费时的一步。然而自从决策开始，我们就应该将行动的承诺纳入决策中，否则便是纸上谈兵。

事实上，一项决策如果没有列举一条一条的具体行动步骤，并指派为某人的工作和责任，那便不能算是一项决策，最多只是一种意愿而已。

过多的政策说明令人困扰，尤其是在企业机构里更是如此：决策中没有行动的承诺，没有指定具体人员负责执行，没有指定这项决策是哪一个人的具体工作和责任。所以，组织的成员看到颁布的政策时，总不免是你看看我、我看看你，以为上司只不过是说说罢了。

若要化决策为行动，首先必须明确无误地回答下面几个重要的问题：谁应该了解这项决策？应该采取什么行动？谁采取行动？这些行动应如何进行，才能使执行的人有所遵循？特别是第一个和最后一个问题，通常最容易被人忽略，以致即使有了结果，也是灾难性的。

这里我们可以用一个事例，来说明"谁应该了解这项决策"的重要性。某一制造生产设备的大厂家，几年前决定停产某一型号的设备。这种设备本是该公司多年来的标准设备，迄今仍普遍使用，有关这种设备的订单很多，因此公司决定在未来三年继续向老客户提供这种设备。三年之后，公司才停止生产和销售这种设备。整个公司上下，谁也没有想到这一决策应该让什么人知道，甚至公司采购部门也不知道，因此仍然继续订购这种设备的零件，采购人员只知道按销货金额的一定比率购进零件。结果到了公司正式停产的那一天，库房竟积存了足够 8 ～ 10 年用的零件库存。这笔损失真是相当可观。

反　馈

决策的第五个要素是，应该在决策中建立一项信息反馈制度，以便经常对决策所预期的成果做实际的印证。

决策是由人做出的，人难免会犯错误。再了不起的决策，也不可能永远正确；即使是最有效的决策，总有一天也是会被淘汰的。

艾森豪威尔当选美国总统时，他的前任杜鲁门总统曾说："可怜的艾克，他是军人，下达命令后必须有人执行；现在他要坐在这间大办公室里了，只怕他发布命令之后，一件事也做不成。"

为什么美国总统发布的命令不能贯彻，这不是因为军事将领比总统的权力更大，其实是因为军事组织早就知道仅仅发布命令是没有用的，必须同时建立反馈制度，可以检查命令的执行。而最可靠的反馈却在于亲自视察。然而当了总统，通常只能批阅报告。批阅报告有什么用呢？在军队里，长官发了命令，总得亲自检查命令的执行，至少也得派遣代表去检查，而不会坐在总部等候报告。这不是说军人不信任下属，而是经验告诉他们，"报告或沟通"不一定靠得住。

这就是为什么营长常到食堂去亲自品尝菜肴的道理。照理说，他只要看看菜单，指示一番就可以了。但是他没有这样做，他总是要自己到食堂，看看他的官兵究竟吃些什么。

自从计算机问世以来，这个问题更加重要了。因为有了计算机，决策者和执行者之间的关系可能更加疏远。所以，如果管理者老坐在办公室，不到工作现场，他和实际情形必将越来越脱节。计算机处理的只是抽象资料，抽象资料只有经过实践的检验之后才是可靠的。否则，计算机必将引人走入歧路。

若想了解赖以做出决策的前提是否仍然有效，或者是否已经过时，是否需要重新考虑，只有亲自检查才最为可靠。尽管这不是唯一的方法，起码也是最为有效的一种方法。而且，这种前提迟早是要过时的，因为现实绝不会一成不变。

我们需要组织化的信息作为反馈。我们需要数字，也需要报告。可是如果反馈不能反映实际情况，我们又不肯亲自察看，那么我们的决策缺乏有效性也就不该怨谁了。

见解而非事实

决策是一种判断，是若干项方案中的选择。所谓选择，通常不是"是"与"非"之间的选择，最多只是"大概是正确的"与"也许是错误的"之间的选择。而绝大多数的选择都是任何一项方案均不一定比其他方案好时的选择。

大部分关于决策的著作，开宗明义，告诉读者，第一步总是说"先搜集事实"。但是卓有成效的管理者都知道，决策的过程往往不是从搜集事实开始的，而是先从其本人的见解开始的。所谓见解，乃是"尚待证实的假设"；见解不能获得证实，就毫无价值可言。但要确定什么才是事实，必须先确定相关的标准，尤其是有关的合适衡量标准。决策有效与否，这是关键所在，也是常引起争论的地方。

最后，许多教科书又说，有效的决策来自大家关于事实的一致意见，其实这也不然。正确的决策常在多种不同而且互相冲突的见解中产生，常在多种旗鼓相当、优劣互见的方案中产生。

先要搜集事实是很难做到的。因为没有相关的标准，就不可能找到什么事实。事件本身并非事实。

人总是从自己的见解开始，所以要求人们从搜集事实开始，是不符合实际的。其结果是：他所搜集的事实，必然以他自己既有的结论为根据；他既然先有了结论，必能搜集到许多事实。干过统计工作的人都能体会到这一点，所以往往最不相信统计数字。统计工作人员也许知道提供数字者的立场，也许不知道提供数字者的立场，但是他知道数字是可疑的。

因此，唯一严谨的方法，唯一可以印证某一见解是否符合实际的方法，应该以明确承认"见解为先"作为基础，这是必要的做法。有了这样的认识，才能知道我们是以"尚待证实的假设"为起点——决策程序如此，科学研究也如此。我们都知道：假设是不必辩论的，却必须经得起验证。经得起验证的假设才值得我们重视，经不起验证的，就只有放弃了。

有效的管理者鼓励大家提出见解。但在鼓励的同时，他也会叫大家深思其见解，认清其见解经过实证后的结果。因此，有效的管理者会问："要验证某一假设是否为真，我们该知道些什么？""要验证某一见解，应该有些怎样的事实？"他会培养出一种习惯：他自己这样问，也使与他共事者这样问，认清需要观察些什么、需要研究些什么和需要验证些什么。他会要求提出见解的每一个人，负责理清它们并且可以期待和寻找什么样的事实。

但是最关键的问题应该是："相关的标准是什么？"由于这一问题，很自然地会转到关于衡量的课题：问题本身的衡量和决策的衡量。只要分析一下一项真正有效的正确决策是如何达成的，我们就能发现我们为确定衡量方法所耗用的时间和精力极多。

有效的决策者通常必先假定传统的衡量方法并非适当的衡量方法。否则，他就用不着做决策了，他只略做简单的调整就可以了。传统的衡量方法反映的是昨天的决策。我们之所以需要一项新决策，正是表示过去的衡量方法已经不适合于今天了。

那么，如何才能找出适当的衡量方法呢？如本书前面所述，只有依靠"反馈"的制度。不过，这里的所谓反馈是决策前的反馈。

举例来说，人事方面的许多问题都用"平均"数字来衡量，如"平均每百人发生停工事故数""缺勤率""病假率"等。但是，一位管理者如果肯亲自出去看一看，就能发现他需要的是另外一种衡量方法。"平均数"适用于保险公司的需要，但是对人事管理的决策没有意义，甚至有时还误导人们。

以"停工事故"而言，可能大多数意外事件均发生在工厂内某一两个部门里。至于"缺勤率"，也可能大部分出现在某一个单位。甚至于"病假率"，也不见得每一部门都与"平均数"相近，可能只局限于某一部分人，如年轻女性。所以，有关人事方面的措施，如果仅以"平均数"为依据——例如据以推动全厂性的安全运动，就不见得能收到预期效果，甚至可能使情况更糟。

找出适当的衡量方法不是数学方法所能解决的，这是一项带有风险的判断。

说到判断，必须先有两项以上的方案，从其中选择一项。而且，如果说一项判断可以斩钉截铁地定其"是"与"非"，那么也不称其为判断了。唯有在多项方案中，我们需凭借深入研究才能有所决定，而且正确与否的决定还存在一定风险的时候，才称之为判断。

因此，有效的管理者一定要求先有若干种不同的衡量方案，再从其中选取最适当的一种。

制造反面意见

如果没有考虑每一个可能方案，那就会产生偏颇。

这也正说明了有效的决策者为什么故意不遵循教科书上的原则的道理。教科书上说，决策需要寻求"意见的一致"，但是他们却有意"制造"互相冲突的不同意见。

换句话说，管理者的决策不是从"众口一词"中得来的。好的决策应以互相冲突的意见为基础，从不同的观点和判断中选择。所以，除非有不同的见解，否则就不可能有决策。这是决策的首要原则。

据说，通用汽车公司总裁阿尔弗雷德·斯隆先生曾在该公司一次高层会议中说过这样一段话："诸位先生，在我看来，我们对这项决策已经有了完全一致的看法。"出席会议的委员都点头表示同意。但是他接着说："现在，我宣布会议结束，这一问题延到下次开会时再行讨论。我希望下次开会时能听到相反的意见，只有这样，我们才能得到对这项决策的真正了解。"

斯隆做决策从来不靠"直觉"，他总是强调必须用事实来检验看法。他反对一开始就先下结论，然后再寻找事实来支持这个结论。他懂得正确的决策必须建立在各种不同意见充分讨论的基础之上。

为什么应该有反面意见，主要有三种理由。

第一，唯有反面意见，才能保护决策者不致沦为组织的俘虏。在一个组织中，所有人都必有求于决策者，每个人都各有所求，都希望主管的决策能对自己有利。上至美国总统如此，下至企业机构中一位初级工程师修改某一工程设计也是如此。

唯一能突破这一陷阱，使决策者不致成为某方面的俘虏的办法，就在于引起争辩、掌握实据和经过对深思熟虑的反面意见的讨论。

第二，反面意见本身正是决策所需要的"另一种方案"。决策时只有一种方案，别无其他选择，那与赌博有什么区别？只有一种方案，失败的机会一定会很高。也许这项决策一开始就错了，也许其后因情况变化而使决策错了，如果在决策过程中原来就有若干种方案可供选择，则决策者进可攻、退可守，有多方思考和比较的余地。反之，除此以外别无他途，决策者在遇到该决策行不通的时候，就只有背水一战了。

第三，反面意见可以激发想象力。当然，纯粹为了某一问题去找答案，并不一定非有想象力不可，只有解决数学问题才最需要想象力。但是一位管理者处理问题时，不管是政治、经济、社会，还是军事，通常总是"不确定性"极高，这个时候就需要有"创造性"的解决方案来开创新的局面。这就是说，我们需要想象力，因为缺乏想象力的管理者不可能从另一个不同的、全新的角度去观察和理解。

我不得不承认，有丰富想象力的人并不是太多，但他们也不像人们想象的那么稀少。想象力需要被激发后才能充分发挥出来，否则它只能是一种潜在的、尚未开发的能力。不同意见，特别是那些经过缜密推断和反复思考的、论据充分的不同意见，便是激发想象力的最为有效的因素。

所以，有效的管理者会运用反面意见。只有这样，他才能避免为"似是而非"的看法所征服；他才能得到"替代方案"，以供他选择和决策；他也才能在万一决策行不通时不至于迷惘。同时，鼓励反面意见，可以启发他本人的想象力，启发与他共事者的想象力。反面意见能把"言之有理"者转化为"正确"，再把"正确"转化为"良好的决策"。

有效的管理者绝不认为某一行动方向为"是"，其他行动方向均为"非"。他也绝不坚持己见，以自己为"是"，以他人为"非"。有效的管理者第一步会先找出为什么各人有不同的意见。

当然，有效的管理者知道世上有蠢材，也有搞恶作剧的人。但是，他绝不会将持不同意见的人轻易地视为蠢材或捣蛋者，他总是假定任何人提出不同的意见，一定是出于至诚。所以，某人的意见纵然错了，也是由于此人所看到的现实不同，或他所关切的是另一个不同的问题。因此，有效的管理者会问："如果此人的立场果真正当、合理、有见地的话，此人的看法又将如何呢？"有效的管理者关切的是"理解"。只有在有了确切的理解之后，他才研究谁是谁非。

某家律师事务所给刚从法学院毕业的新人报到后分配的第一件工作，总是一个最棘手的案子。这种办法对新人虽然太"苛刻"，可是却使他不得不静下心来，替当事人解决问题（当然，他在研究这案子时，不能忽视对方的律师也在研究）。同时，这也是对新人的一种很好的训练。这样的训练能使新人一开始就知道办案时不能"只求自己了解本案"，而必须考虑对方律师如何了解本案，这样，新人就能从两方面来看一个案子，而将一案当成两案来思考了。只有这样，他才能对他处理的案件有真正的了解。也只有这样，他才能学会准备各种不同的对策。

我们是不是真需要一项决策

最后，有效的管理者还要再问一个问题："我们是不是真需要一项决策？"为什么要问这个问题呢？这是因为有时候不做任何新决策，可能正是最好的决策。

做一项决策像动一次外科手术。任何新的决策都不免影响既有的制度，因此多少要冒风险。外科医师不到非动手术不可的时候绝不轻言开刀，同样地，不到非做决策不可的时候，也不宜轻易做出决策。每一位决策者也正像外科医师一样，各有不同性格。有的倾向于激进，有的则偏于保守。但是，性格尽管不同，他们应当信守的原则却是统一的。

什么时候需要做决策？如果继续保持原状，不做任何决策，情况就会恶化，那就必须做出新的决策。在遇有新的机会来临时，而且这个新的机会至关重要、稍纵即逝的时候，也必须立刻做出新的决策。

决策的反面是不做任何决策，有时候不做任何改变，事情也不会出问题。我们问："保持现状，会有什么后果？"如果答案是"不会有变化"，那么我们又何必横生枝节呢？即使问题颇为恼人，但问题并不重要，也不至于有什么严重后果，我们也没有改变的必要。

　　了解这层道理的管理者恐怕不多。一位财务主管感到财务危机重重，大声疾呼要求降低成本，连细枝末节也不放过。然而从小处来降低成本，即使有成果，其成果也微不足道。举例来说，他也许发现公司里最难控制成本的地方在推销和运输部门。于是，他用了各种办法去帮助这两个部门控制成本。他发现某一有效运作的部门"多"用了两三位老职员，于是大声叫嚷裁员，不顾别人对他的印象。别人说那两三位老职员已近退休之年，予以解雇未免不近情理，但他不听。他还说："为什么要留用这几位老职员而使整个工厂受到影响呢？"

　　这次事件过去之后，公司同仁谁也不记得是他当初挽救了公司，大家只记得他公报私仇，说他跟两三位与他合不来的老职员作对，而事实就是这样。其实，2000 年前罗马律法就曾说过："行政长官不宜考虑鸡毛蒜皮之类的事情。"直到今天，我们的决策者还需要好好学习这句话。

　　我们通常所做的决策，大部分都介于必须做的决策与可以不做的决策这两者之间。我们遇到的问题，大多数并不是"随它去吧，船到桥头自然直"，但也不至于严重到不做新决策便将无可救药的程度。我们的问题，通常多是如何改进，而不是如何做真正的变革和创新。当然，这类问题还是颇值得我们重视的。这就是说，对这类问题，虽不做新决策我们同样能够生存，但有了新决策，情况也许会变得更好。

　　在这种情形下，有效的管理者会做比较：做了新决策，可能有什么收获和风险；不做又可能有什么损失。至于如何比较，通常没有一定的公式。但是，实际上只要遵循下面的两种原则就够了：

- 如果利益远大于成本及风险，就该行动；
- 行动或不行动，切忌只做一半或折中。

以外科医师为例，做一次切除扁桃体或切除阑尾（俗称割盲肠）的手术固然是冒险，但是如果只切除一半，同样是一种冒险。手术不成功，不但治不了病，反将引起更为严重的后果。所以，开刀或不开刀，不能只开一半。同样地，有效的决策者只会采取行动或不采取行动，而不会只采取一半行动。只采取一半的行动才是不折不扣的错误，是一种绝对不符合最起码的要求和边界条件的错误。

一切条件具备，现在就只等着决策了。规范已经清楚了，不同方案已经想到了，得失也衡量了。一切都已经一目了然，应该采取什么行动，也已经清清楚楚。该采取什么决策，已是明摆着的了。

不幸的是，许多人到了这一步反而犹豫起来。决策者这才"恍然大悟"，原来决策那么难受，那么不受欢迎，那么不容易。到了这一步，不但需要判断，更需要勇气。俗话说：良药苦口，这句话虽不见得是真理，但实际上良药却没有那么苦口。同样地，我们不敢说所有决策都会让人觉得痛苦，但实际上有效的决策执行起来往往会让人产生不愉快的感觉。

到了这一步，有效的管理者绝不会说："让我们再研究研究！"那只能说明这位管理者缺乏胆识。没有胆识的人可能失败一千次，有胆识的人则只失败一次。面对"再研究研究"的呼声，卓有成效的管理者会问："是不是再做一次研究就能讨论出新的方案？即使研究出新的方案，它是不是一定比现有的方案好？"如果答案是否定的（在通常情况下，都会是否定的），那么管理者就不需要再去做任何研究，他也绝不会因为自己的优柔寡断再去浪费别人的时间。

不过，如果他的确尚未了解清楚，也不会冒冒失失地决策。有效的管理者都知道希腊哲人苏格拉底所说的"守护神"，那是潜藏在人身体内的"神灵"，他不断地提醒我们："千万要小心！"但是，只要决策是正确的，就没有理由因其执行困难、因其可怕或因其麻烦而退却。暂时犹豫有时难免，但也仅仅是"暂时"而已。在我认识的许多最佳的决策者中，就有这样一位，他常说："我通常总要停下来，多想一下。"

　　决策如果真有困难，十有八九是出在不必要的细节上。至于那第 10 次，也许是决策前的思考不周，忽略了问题中某一最重要的事实，也许是有某项疏忽或失误，也许是判断错了。但是，通常在最后总能"豁然开朗"，半夜中想到了线索而突然起床，就像福尔摩斯在侦探小说中说的："对了，为什么凶手出现时，巴斯克维尔猎犬没有叫呢？"

　　但是有效的决策者不会等得太久，也许一两天，最多一两个星期。只要"守护神"不在他耳朵边，他便会尽快行动。

　　组织雇用知识工作者并不是要他去做他自己喜欢做的事。管理者的责任是要把该做的事做好，具体地说，就是要进行有效的决策。

　　因此，计算机问世后，决策将不仅仅是高层中少数几个人的事了。同样地，今天组织中的每一位知识工作者都必须是一位决策者，至少也得在决策过程中担任一个积极的、富有智慧的和自主性的角色。从前，决策只是高度专业化的职能，只由极少数几位责任分明的人物承担，其他人只是贯彻执行。在今天新的社会机构和大规模的知识组织中，几乎每一个单位都要承担决策了，虽然不能说这是他们每天必有的任务，至少也已成为他们的正常任务了。每一位知识工作者有效决策能力的高低，正决定了其工作能力的高低，至少那些身负重责的知识工作者，必须做有效的决策。

发挥沟通作用

现在，我们拥有越来越多的与别人沟通交流的手段，而这些对于在第一次世界大战时期就开始从事组织沟通问题研究的人而言是难以想象的。如今，管理沟通已经成为各类机构——商业企业、军队、公共行政管理机构、医院、大学和研究机构的学者与实际工作人员所关心的中心问题，其中，改进大型机构中的沟通更是心理学家、人际关系专家、管理者和管理学者专注研究的问题。

然而，何谓沟通呢？沟通就像神秘的独角兽一样难以捉摸。以前，环境是如此嘈杂，噪声也非常大，以致没有人能真正听清楚其他任何人的低低私语。但是，很明显的表现就是人与人之间的交流变得越来越少。

我们通过失败汲取了许多经验与教训，并了解到沟通的四项基本原则：

- 沟通是一种感知；
- 沟通是一种期望；

- 沟通产生需求；
- 沟通和信息是不相同的，而且事实上在很大程度上是对立的，但它们又是互相依存的。

沟通是感知、期望，也是需求

禅宗佛教徒、伊斯兰教的神秘主义者、犹太教的法典学家都曾经提出这样一个古老的难题："如果在森林中有一棵树倒下了，而周围并没有人听到，那么是不是没有声音呢？"现在我们知道，这个问题的正确答案应该是：没有声音。但是的确存在声波，可是如果没有人感觉到它的存在，就没有声音。声音是由感觉产生的，声音就是沟通。

这个故事可能显得平淡无奇。古代的那些神秘论者毕竟早已知道了这一点，他们也始终回答说：如果没有人听到，就没有声音。但是，这个似乎平淡无奇的说法却具有很大的实际意义。

首先，它意味着进行沟通的是信息的接收者。所谓的发送信息者，即发出信息的人并没有进行沟通，他只是发出声波，如果没有人听到，就没有沟通，有的只是噪声。发送信息者运用说、写或者唱的形式，但是并没有进行沟通。实际上，也不可能进行沟通，他只是使接收者（或者更准确地说是"感知者"）可能或不可能感知到什么。

在柏拉图的修辞学著作《斐德罗篇》（*Phaedo*，当时最早的有关修辞学的论著）中，他引用了苏格拉底的话：人们必须使用通过对方的经验能够理解的语言来进行沟通，即使用木工了解的语言同木工讲话，使用医生了解的术语同医生交流，依此类推。人们只能用接收者的语言或术语来进行沟通。其中的术语，必须以经验为依据。因此，试图向人们解释术语是什么毫无用处，如果不是以沟通者自身的经验为依据，那么这些术语实际上就超出了他们的感知能力，他们也就不能够接受和理解这些术语。

无论采取什么媒介手段，沟通的第一个问题都应该是："这些信息在接收者的感知范围之内吗？他能接收吗？"

人们很少认识到在沟通过程中可能还存在其他方面的东西。有些事情，对我们来说是如此显而易见，从感情经验来说确实如此，但却存在同我们所看到的可能完全不同的另一面——"背面"或者"侧面"，因而可能导致完全不同的感知和理解。在著名的盲人摸象的故事里，几个盲人碰到了一种新奇的动物，每一个盲人都摸到了同一头大象的不同部位——象腿、象鼻子和象肚子，得出了完全不同的结论并坚持自己的结论，这实际上就是由于各人的条件不同所导致的。如果他们不了解这一点，如果摸象肚子的那个盲人不亲自去摸一摸象腿，他们就不可能进行沟通。换言之，如果不首先了解接收者，即真正的沟通者能够看到什么以及为什么会看到这些，我们就不可能进行沟通。

通常来说，一个人所感知到的实际上是期望去感知的东西。在很大程度上，我们只是看见了期望看见的，或者听见了期望听见的东西。而在期望以外的事物，可能正是我们感觉不满意的，但这一点并不重要，虽然在绝大多数有关企业和政府机构的沟通著作中，都认为这一点很重要。真正重要的是，现实当中根本接收不到自己所不期望的东西。那些视而不见、听而不闻的东西都被忽略了，或者我们对此做出了错误的理解，把它误看成、误听成所期望的事情了。

人们往往把各种印象和刺激纳入某个期望框架之中，并竭力抵制"观念的改变"，也就是说，感知自己并不期望感知的东西，或不去感知自己期望感知的东西。当然也可以提醒人们，他们所感知的同他们所期望的东西是相反的。但是，要做到这一点，首先要了解他们期望的感知是什么，然后，还要求有一个清楚明白的信号——"这是不同的"，即打断其连续性的一种震动。但是，用微小的递增步骤使人们认识到自己所感知的并不是他们所期望的渐进式变革，那是行不通的。那样做反而会强化他们的期望并使其更为肯定：所感知的正是接收者所期望的。

因此，在能够进行沟通之前，我们必须知道接收信息的人期望看到和听到的是什么，唯有如此，才能够弄清楚是否可以利用他的期望来进行沟通，也只有通过对他的期望了解以及适当运用"转换的震动"或"觉醒"，才能够打破信息接收者的期望，并迫使其承认已经发生了他所不期望的事情。

每一个报纸编辑都知道另外一种类似的现象：用来"填补"版面的一些无关紧要的三五行的"补白"，却被很多人阅读并且记住了。为什么人们要阅读甚至记住这些小事呢？这些补缺版面的内容通常包括：在一个早被遗忘的宫廷中曾经流行每一条腿上穿不同颜色的袜子，或者烘面包的发酵粉最初是在什么时间和地点得到使用的。但是，有一点是不容置疑的，那些讲述无关紧要事件的小补白是人人都爱读的。而且，更为重要的是，除了报纸上有关重大灾难的惊人标题以外，它比其他任何东西都更易被人牢牢记住。其中的原因是：这些补白并没有提出任何阅读要求。事实上，也正是由于补白的无关紧要的性质，才使它们被人记住。

沟通始终源自动机，它肯定会要求信息接收者变成什么样的人、做某件事情或者相信某件事情。也就是说，如果沟通符合信息接收者的愿望、价值观和动机，它就是有效的，反之，就很可能根本不被接收，甚至会遭到抵制。

当然，最有力的沟通能起到"改造作用"，即改变人们的个性、价值观、信念和愿望，但这是极为罕见的，而且每一个人在内心深处都极为强烈地抵制。据《圣经》记载，即使是"上帝"，也要先把以色列扫罗王（Saul）的眼睛打瞎，然后扫罗王才相信"上帝"并使其上升到使徒保罗的同等地位。因此，想要起到沟通的改造作用，往往要求人们的降伏。

沟通和信息

沟通是一种感知，而信息是一种逻辑。因此，信息是纯粹形式上的，是没有什么意义的，是不具人格特征的，不属于人与人之间的。信息越是能摆脱人的感情、价值观、期望和感知等因素，则越有效和可靠。事实上，它就越具有信息的作用，就越有效率。

信息以沟通为先决条件。信息总是编码的，为了接收信息，信息接收者必须知道并了解其编写代码的方式，以此破解并获取信息。当然，使用信息，就更需要做到这一点了。为此，就要求有事先的协议，即要求有某种沟通，至少要使信息接收者知道信息是关于什么事情的。

总而言之，沟通重要的是感知，而不是信息。事实上，最完善的沟通可能纯粹是"分享经验"，而没有任何逻辑内容。

自上而下的沟通和自下而上的沟通

我们在研究已有的关于组织中的沟通，为什么会失败以及未来取得成功的必要条件时，从这些知识和经验中能学到什么呢？

几个世纪以来，我们都试图进行自上而下的沟通。但是，无论我们做出怎样的努力，这都是行不通的。沟通不畅的最主要原因就是这种沟通把重点放在了我们想要说的方面。换句话说，它是假定发出信息者在进行单项沟通。

这并不意味着管理者不用再努力使自己所说的或所写的更为明确、容易理解。事实上，也绝非如此。不过，这却意味着只有在我们明确自己需要表达什么以后，才能谈到如何来表达。而这是不能依靠"我同你说"来实现的，需要双方的有效交流才可以。

　　但"倾听"也行不通。梅奥的人际关系学派在 40 年以前就认识到传统沟通方法的失败，其解决办法就是增加了"倾听"。管理者不应该从"我们要讲什么"出发，而应该从下属需要知道什么、对什么感兴趣和准备接受什么出发。人际关系学派的这个处方，虽然很少被实际采用，但是直到现在仍然是一个经典的公式。

　　当然，倾听是沟通的一个先决条件，但是只有倾听还是远远不够的，也是行不通的。倾听是假定上司能够理解他听到的东西，换句话说，是假定下属能够进行沟通。但是，很难看出为什么上司做不到的事情，下属却一定能够做到。事实上，我们并没有理由来假定下属能够做到进行沟通，也同样没有理由认为倾听所造成的误解一定会比错误沟通少。此外，倾听的理论并没有把"沟通提出的要求"这一点估计在内。倾听并不能显示出下属的爱好、愿望、价值观和期望，倾听可以说明产生误解的原因，却并不能为理解打下基础。

　　当然，这并不是说倾听是错误的。正像我们说自上而下的沟通是行不通的，并不表明我们反对写得更好、说得更简单明了、使用对方的语言而不是自己的行话来进行沟通一样。事实上，认识到了沟通必须是向上的，或者不如说沟通必须从接收者出发而不是从发出者出发，这正是倾听理论的依据，是完全合理而又十分重要的，倾听只是一个出发点而已。

　　更多和更好的信息并不能解决沟通问题，也不能弥补沟通差距。相反，信息越多，则对沟通有效性的要求也就越高。换言之，信息越多，沟通双方的差距可能也越大，越要求有效沟通。

目 标 管 理

　　关于沟通，我们能够讲些什么富有建设性的东西，又能够做些什么呢?

目标管理是能够有效沟通的先决条件。目标管理要求下属仔细考虑他能够为组织以及组织中的某个单位做些什么，他的主要贡献是什么并承担些什么样的责任，下属还要把自己考虑所得出的结论告诉上司。

下属所得出的结论很少就是上司所期望的。事实上，实行目标管理的首要任务，正在于显示出上司和下属在感知方面的差异。但是，感知却体现并集中在对双方来讲都是真实的事物上。认识到他们对同一现实存在不同看法，这本身就是一种沟通。

目标管理使预定沟通接收者（在这里是指下属）获得他能够了解的经验，并使他有可能接触到实际的决策、优先次序问题、在个人想要做的和形势所要求做的之间进行抉择，尤其是使沟通接收者对决策的成效负有一定的责任。他可能不会以同上司一样的方式来看待形势，事实上也很少以同一方式来看待，甚至根本就没有必要这样做。但是，他可以因此而理解上司所面临处境的复杂性，并获悉这种复杂性并不是由上司造成的，而是形势本身造成的。

本章中提到的一些例子，可能是一些不十分重要的例子。但它们也许能够表明我们在沟通方面失败和成功的经验（大部分是失败的经验）以及在学习、记忆、感知与激励等方面的研究工作所得出的主要结论：**沟通要求共享经验**。

如果把沟通看成是从"我"到"你"，那么就不会有沟通存在。只有从"我们"中的一个成员到另一个成员，沟通才行得通。**实行沟通不应该是组织的一种手段，而应该是一种组织方式**。这可能是我们在沟通失败的案例中得出的经验、教训，也是对沟通需求的仔细斟酌得出的结论。

领导是一种工作

　　领导（leadership）这个词现今是越来越时髦了。一家大银行的人力资源副总裁曾经态度非常诚恳地打电话跟我说："我们希望你能办个研究班讲一下如何获得超凡魅力。"

　　当前，关于领导能力和领导素质的书籍、文章和会议遍布于每个角落。似乎每位 CEO 都必须看上去像一个精力充沛的联盟骑兵将军，或者会议室中的猫王埃尔维斯·普雷斯利（Elvis Presley）。

　　当然，领导能力的确非常重要。但是，现在它与我们所吹捧的领导能力有很大的不同。它与领导素质关系不大，与超凡魅力更是没什么联系，它很平淡，并不浪漫，而且有点儿枯燥乏味。领导能力的本质是一种工作表现。

　　首先，就领导能力自身性质而言，它并没有好坏之分，领导能力是一种手段。而领导能力要为什么样的目标服务才是最关键的问题。

　　有效的领导并不是依赖于超凡的魅力。艾森豪威尔、马歇尔和杜鲁门都是卓越有效的领导者，但是他们并没有什么特别的魅力。同样，康拉德·阿登纳（Konrad Adenauer）作为第二次世界大战后重建联邦德国的总理也没有什么超凡的魅力。即使于 1860 年担任美国总统的林肯也根本谈不上有什么魅力。林肯出身贫寒，来自边远地区，骨瘦如柴，举止毫无优雅可言。第二次世界大战期间的丘吉尔一副十分痛苦、遭受失败、濒临崩溃的形象，但最关键的是在战争的最后证明了他的领导是正确的。

事实上，超凡魅力正在成为领导者的梦魇，它会使领导者变得顽固，深信自己永远是正确的，而且不会改变。在古代历史上，这种事情频繁发生，亚历山大大帝是一个例外，他的过早逝世使他免于成为失败者，而留给后人的是他的卓越成就。

实际上，超凡的魅力本身并不能保证领导者的有效性。在入主白宫的总统中，肯尼迪总统可能是最有魅力的人，但他的成就并不十分显赫，很少有哪位美国总统比他的成就小。

同样，也不存在像"领导素质"或"领导个性"这样的东西。罗斯福、丘吉尔、马歇尔、艾森豪威尔、蒙哥马利、麦克阿瑟都是第二次世界大战中高效的著名领导者。但是，在他们中间几乎没有人同时拥有所谓的"个性特征"或"素质"。

工作、责任和赢得信任

既然领导能力不等同于超凡魅力和个性特征，那么，什么是领导能力呢？首先要注意的一点就是：领导是一种工作，那些最有超凡魅力的领导者对此一而再、再而三地强调，比如说，恺撒大帝、麦克阿瑟将军或者蒙哥马利将军；关于企业界的一个例子则是在 1920 ～ 1955 年，领导通用汽车公司的阿尔弗雷德·斯隆。

有效领导的基础是对组织的使命进行全面思考，并且要清晰明确地定义和建立组织使命。领导者要确立目标、明确优先权、确定并保持标准。当然，他同样需要妥协，实际上，成功的领导者总是能够痛苦地认识到，他们无法控制一切。但是在妥协之前，有效的领导者已经思考过什么是正确的，什么是值得做的。领导者的首要任务就是去大声宣布这是一个正确的选择。

目标是区分正确领导与错误领导的工具。一个人在现实约束条件下做出的妥协（可能包括政治、经济、财务或者人的约束因素）是与他的使命或目标相一致还是背离了初衷，就可以界定他是不是一个有效的领导者并起着决定性的作用。另外，他是否坚持一些基本标准（并能够事必躬亲）或者自己可以违反这些"标准"，这些决定了这个领导者身边是否有忠实的拥护者，或者只有虚伪的趋炎附势者。

领导者要将领导视为一种责任而非职位或者特权。有效的领导者从不纵容下属，但是，当出现问题时——通常这些问题会经常出现，他们不会责怪别人。如果说丘吉尔是一个能够清晰地界定使命和目标的领导者，那么，第二次世界大战期间美国军队总司令马歇尔则是一个能够承担责任的领导者。杜鲁门的名言"所有问题到我这里结束"仍然是对正确领导的最好诠释之一。

然而，正是因为有效的领导者知道他最终（而不是任何其他人）要承担责任，所以他不怕同事和下属能力出众。而那些"错误"的领导者总是发动清洗行动，生怕自己的职权地位受到威胁。但是一个有效的领导者希望自己有得力的助手，他鼓励、督促他们并且真诚地表扬他们。由于他要为同事和下属的失误最终负责，因此他将同事和下属的胜利也看成是自己的胜利，而不是看成一种威胁。领导者的个性也许很虚荣、自负——麦克阿瑟将军几乎就自负到了病态的程度；或者他很谦逊——林肯和杜鲁门谦虚地以至于几乎有点自卑情结。但是，这三位领导者都希望身边有能力出众、独立、自信的人才，他们鼓励同事和下属，并表扬和提升他们。能做到这一点的还有在欧洲战区担任最高指挥官的艾森豪威尔将军。

当然，有效的领导者都知道这样一个风险性问题：有能力的人通常都雄心勃勃。但是与领导一群庸才相比，这种风险性问题不值得一提。对于一个领导者而言，他还知道，最大的失败是在他刚去世或离职时，整个组织一下子就崩溃了，这样的公司经常出现。有效的领导者知道：领导者最重要的任务是开发人的能量并利用他们的远见卓识。

有效的领导者还需要赢得信任，否则他就不会有追随者，并且，领导者的唯一定义就是拥有跟随者。信任一个领导者并不一定要喜欢他，也不必要总是与他意见一致。信任是坚信领导者言行一致。这种信念已经流行了很多年，它叫作诚信。领导者的行为与信仰必须是一致的，至少是相互协调的。这也是一个古老的至理名言，有效的领导者不是以聪明为基础的，他是以言行一致为做事的出发点。

当我打电话把这些告诉银行的人力资源副总裁时，经过很长时间的沉默后，她说："这与我们多年来所了解的对有效经理人的要求并没什么两样啊？"

而事实就是如此，或许很多企业意识到了这些，但实际上却并没有做到。

创新的原则

所有经验丰富的医生都曾见过"如同奇迹般痊愈"的病人。例如，那些病入膏肓的患者突然间康复了。这种情况有的时候是自然发生的，有的时候是通过虔诚的祈祷治疗，或是通过某种荒谬的饮食，或者是通过黑白颠倒的作息方式。只有冥顽不化的人才会怀疑这种痊愈的发生，并将其视为"不科学"。其实，它们确实存在。然而，没有一个医生会将这种奇迹般的痊愈病历写入教科书，或在课堂上教授给医学院的学生。因为它们无法再现、传授和学习，而且这种事情也极为罕见，毕竟，绝大多数绝症患者都难逃一死。

创新是一种实践

同样，有许多创新并不是以有组织、有目的、有系统的方式发展而来的，而这些与我们下面所提到的创新有所不同。有些创新者是"缪斯的宠儿"，他们的创新是"灵光乍现"的结果，而不是依靠辛苦、有组织、有目标的工作得到的。这种创新是无法再现、传授和学习的。到目前为止，我们还没有任何一种可以教授某人成为天才的方法。

但同时，发明和创造也不像一般人所认为的那样，充满着浪漫色彩，"灵光乍现"也是非常少见的。更糟糕的是，我所知道的"灵光乍现"还没有一个转变为创新，它们只是一直停留在聪明的创意阶段。

目标明确的创新源于周密的分析、严密的系统以及辛勤的工作，这正是我所能探讨的，这可以说是创新实践的全部内容。我们之所以要将它展示出来，是因为它至少涵盖了90%的有效创新。与其他领域一样，想成为一个杰出的创新实践者，只有经过某种训练，并且立足于掌握创新规律，唯有如此，创新实践者才能进行有效的工作，创新也才会有效。

那么，代表创新训练核心的创新原则是什么？其中有几个"要做"，指必须要做的事情；还有几个"不要做"，指禁忌或尽量避免做的事情；另外，还需要满足我所说的几个"条件"。

要做的事情

1. 有目标、有系统的创新始于对机遇的分析，而对机遇的分析则始于对创新机遇的来源进行彻底的思考。在不同的领域中，不同的来源在不同的时间里有着不同的重要性。具体来说，系统化的创新就是指要关注创新机遇的七大来源。

- 意料之外的事件——意外的成功、意外的失败、意外的外部事件，即组织自己拥有的不能预见的成功和不能预见的失败，组织竞争对手拥有的不能预见的成功和不能预见的失败；
- 不协调的事件——现实状况与设想或推测的状况不一致的事件，尤其是流程的不协调性，不论是生产还是分销，或者是顾客行为的不协调性；

- 基于程序需要的创新；
- 每个人都很少注意到的工业结构和市场结构的变化；
- 人口统计数据（人口变化）；
- 在认知、意义及情绪上的变化；
- 新知识的出现（包括科学知识和非科学知识）。

我们应当对这些创新机遇的来源进行系统的分析和学习。但是，仅仅注意到所有创新的来源是不够的，我们必须有组织、有系统、有规律地对这些来源进行分析和研究，以期能够进行创新。

2. 创新既是理性的，又是感性的。因此，创新第二项要做的事情就是走出去多看、多问、多听。这种做法值得再三强调。成功的创新者往往左右大脑并用，他们会既观察外形，又观察人的行为。他们先分析出要满足某个机遇所必需的创新，然后，开始走进人群，观察顾客和用户，了解他们的期望、价值观和需求。

这样，可以了解创新的接受度和价值，可以了解到某项创新方案是否必须符合使用该创新方案的人们的期望或习惯。然后，创新者必须要考虑这样一个问题："这项创新应该对顾客有什么好处，才能使原先勉强接受它的人变得愿意使用它，并且从中看到自己的机遇呢？"不然的话，创新者极有可能面临以错误形式推出正确创新的风险。

3. 创新若要行之有效就必须简单明了，目标明确。它应该一次只做一件事情，否则就会把事情搞糟。如果它不够简单，那就无法正常操作。就像每一种新生事物都会遇到一些麻烦，如果太过复杂，就难以修正。所以，所有有效的创新都异常简单。实际上，一项创新能赢得的最大赞美莫过于人们说："这太显而易见了，为什么我就没有想到呢？"

即使是以创造新用途和开发新市场为目标的创新活动，也应该把工作重点集中在一种特定的、清晰的且经过系统设计的应用上。它还应该专注于它所满足的特定需求，或者所产生的特定效果上。

4. 有效的创新始于细微之处，它们并不宏大，只是努力去做一件具体的事而已。例如，它可能只是试图让运输工具能够依靠电力在铁轨上行驶，这可能就是促使有轨电车产生的创新。或者，只是试图将相同数量的火柴装入火柴盒中（过去是 50 根一盒），虽然它很小但也可能是一种创新，这种创新不仅使火柴自动填装机被发明出来，而且还使其瑞典发明者成为垄断世界火柴市场长达半个世纪之久的寡头。相反，那些宏伟的创意，那些旨在"掀起一场工业革命"的计划常常沦为空想。

创新最好能从小规模开始，即只需要少量资金、少量人手，而且针对有限的小市场。否则，创新者就没有充足的时间来进行成功创新所必需的调整和改变。因为在初期阶段，很少有创新是"基本正确"的。而只有当规模很小，对人员和资金的要求不高时才能进行必要的调整。

5. 最后一个"要做的事情"是，一项成功创新的最终目标是取得领导地位。它的最终目标不一定是"成为一家大企业"，事实上，没有人能够预言是否某项特定的创新最终能成就一家大企业还是绩效平平，毫无作为。但是，如果某项创新从一开始就不以获得领导地位为目标，那么它就不可能具有足够的创新性，也不可能有所建树。旨在取得一个行业或市场主导地位的战略与只期望在某个过程或市场中占据一小块"生态利基"的战略是很不相同的。所有企业家战略，即所有旨在利用创新的战略，都必须在某一个特定环境中夺取领导地位，否则其结果就只是为他人作嫁衣而已，并只能为竞争对手提供机会。

禁　　忌

以下是几个非常重要的"禁忌"。

1. 首先就是创新不要表现得太过于高深。如果创新想要达到一定规模和重要地位的话，就必须使那些普通人也能操作。毕竟，能力低下者是数量充足且取之不尽的来源。过于聪明的创新，无论是在设计上还是在使用上，几乎都注定会失败。

2. 创新不要过于多样化，不要过于分散，不能一次想做太多的事情。必须要专注！当然，这是刚才所说的"要做的事情"的推论。偏离核心的创新往往会变得相当散乱。它们将只能停留在创意阶段，而成不了创新。这个核心不一定非得是技术或知识。事实上，无论是营利组织还是公共服务组织，市场知识都比纯知识和技术提供了更好的统一核心。创新工作必须围绕一个统一的核心，否则它们就可能分崩离析。创新需要将所有的努力汇集在一起才能集中力量，进而蓄势待发，并且还要求实际执行的人员能够彼此之间相互了解。要达到这一点，同样需要一个统一的、共同的核心，而多样化和一心二用会破坏这种统一的核心。

3. 最后，不要尝试为未来进行创新，要为现在进行创新！一项创新可能会有长远的影响力，可能需要 20 年才会完全成熟。

但是仅仅能够说"25 年后将会有许多老年人需要它"，这是远远不够的。一个人还需要能够认识到"现在就有足够多的老年人为改变自己的生活而需要这项创新。当然，时间的流逝是对我们有利的，在 25 年后将会有更多的人需要这项发明"。创新活动在当前就应该能够立即得到应用，否则它很有可能只是会成为达·芬奇笔记本中的一幅绘画作品而已——只是一个"聪明的创意"，除此之外别无其他。我们当中很少有人具备达·芬奇那样的天赋，也就不可能仅仅凭借一个笔记本就可以使自己名留青史。

第一个能够充分理解第三个"禁忌"的发明家可能就是爱迪生了。1860年或 1865 年前后，与他同时代的其他电气发明家都开始了研究工作，并且最终研制出了电灯泡。但是，爱迪生却等了 10 年的时间，直到所必需的知识一应俱全之后才开始动手。1860 年（或 1865 年），研究电灯泡是为"未来"而进行的发明，但当所需的知识都出现时，换句话说，当电灯泡可以成为"现在"的产品时，爱迪生调动了他所有的力量，并组织了一批具有卓越才能的研究人员，在几年的时间里，他专心致力于这项创新机遇，最终成就了他的成功。

创新机遇有时会有很长一段时间间隔。在医药研究领域中，10 年的研究和开发工作是常有之事，一点都不算漫长。但是，没有一家制药公司会去着手做一项目前尚无医疗用途、不能立即应用于目前医疗保健的药物研究项目。

成功创新的三个条件

最后，关于创新还有三个条件，这三个条件都是显而易见的，却常常被人忽视。

1. 创新是工作。它需要知识，也往往需要大量的聪明才智。创新者显然比一般人更聪明，他们很少涉足多个创新领域。虽然爱迪生的创新才能卓尔不凡，但他所有的发明都只限于电学领域。金融领域的创新者，如纽约的花旗银行，也不可能在零售业或医疗保健领域进行创新。与其他工作一样，创新也需要才干、独创性和个人风格，但当所有条件都准备就绪时，创新就变成了辛苦、专注和有目标的工作，需要勤奋、毅力和承诺，如果缺乏这些，纵有再多的才干、独创或知识，也无济于事。

2. 要想取得成功，创新者必须立足于自己的长处。成功的创新者会先观察各种机遇，然后，他们会问："在这些机遇中，哪一个最适合我，适合这家公司，而且能够发挥我们（或我）的长处和实力？"当然，从这方面来说，创新与其他工作并无不一致的地方。但是，由于创新本身的风险以及知识和工作能力所带来的优势，因此对创新而言，依靠创新者自身的长处就显得尤为重要。此外，与其他冒险行动一样，创新也必须在思想上达成一致。在那些并不予以重视的领域上，企业不会取得什么出色的成功。例如，没有一家制药公司（通常由自认为"严肃"和具备科学意识的人士经营）会在口红或香水这类被认为是"轻浮"的行业中取得成就。同样，创新者也需要在思想上与创新机遇合拍。对他们而言，这个机遇必须是非常重要而且有意义的。否则他们不会愿意全身心投入成功创新的活动中，也不会为了创新的成功而坚持不懈、努力工作、在挫折中不气馁，而所有这一切正是成功创新所必需的。

3. 最后，创新是经济与社会活动双重作用的结果。一般而言，它是普通人（顾客、老师、农民或眼科医生等）行为的一种改变，或是一种致使人们工作或生产方式变化的程序的改变。因此，创新必须与市场紧密相连，以市场为中心，以市场为导向。

保守的创新者

一两年前，我参加了一所大学举办的探讨企业家精神的座谈会。在会上，有许多心理学家发表了自己的最新研究成果。尽管每个人的观点都各不相同，但是，他们都谈到了"企业家性格"的问题，其特征就是"有冒险倾向"。

一位在以往 25 年时间里，凭借一项基于程序的创新，在太空领域创建了一家庞大的全球性企业的著名的成功创新者兼企业家被要求对此发表意见。他说："我对诸位的大作感到困惑。与大家一样，我认识许多成功的创新者和企业家，包括我自己。我从来就不曾具有过'企业家性格'，但是，我所认识的所有成功人士都有一个共同点，而且只有这样一个共同点：他们都不是'冒险家'。他们都会首先设法确定所必须承受的风险，然后尽量将风险化解到最低限度，不然的话，就没有人会成功了。就我个人而言，如果我想成为一个冒险家，我早就投身房地产或商品贸易了，或者会如我母亲所希望的那样成为一名职业画家了。"

他的这番话与我自己的切身体验完全不谋而合。我也认识许多成功的创新者和企业家，他们中没有一个人具有"冒险倾向"。

一般人对创新者的描述，一半基于流行的心理学，一半基于好莱坞的模式，使那些创新者看起来好像是超人和圆桌骑士的混合化身。其实，在现实生活中，大多数创新者都不是什么浪漫人物，他们把大部分时间花在对流动资金的预测和规划上，而非盲目地去寻找冒险活动。

当然，创新本身是有风险的，但是，开车去超市买面包也同样有风险。根据定义，所有经济行为都是"高风险"的，但是吃老本（即不创新）比创造未来风险更大。我所认识的创新者，在确定和限制风险方面都相当成功。他们成功地、有系统地分析了创新机遇的来源，然后专注于挖掘其中一个机遇，并对它充分地加以利用，不论是那些风险小且可以被确定的机遇（如利用意外事件），还是那些风险较大但仍然可以被确定的机遇（如基于知识的创新），都无一例外。

由于情况所迫，所以成功的创新者都相当保守。他们并不是"专注于冒险"，而是"专注于机遇"。

管理你的下半生

这将是一个史无前例的突破，个人的工作生涯将超过组织的生存期限，相应地，一个全新的挑战也将随之而来，即在下半生我们应该做什么？

现在我们不再指望活到 60 岁的时候，30 岁时就职的公司仍然存在。并且，对于大多数人来说，在 40 年或 45 年中一直做同一种工作也太乏味了。他们会越做越退步，逐渐感到厌烦，失去工作的全部乐趣，"在工作岗位上退休"已经成为自己和周围所有人的负担。

然而，对那些伟大的艺术家等取得卓越成就的人来说，这种情况未必适用。最伟大的印象派画家莫奈（Claude Monet，1840—1926）即使双目几乎失明，在 80 多岁时仍旧在坚持创作，而且每天工作时间长达 12 个小时。毕加索（Pablo Picasso，1881—1973）可能是最伟大的后印象派画家，在 90 多岁高龄时仍然坚持创作，直至逝世，而且在 70 多岁时还开创了新的画派。西班牙大提琴演奏家卡萨尔斯（Pablo Casals，1876—1973）是 20 世纪最杰出的乐器演奏家，在 97 岁高龄时，他还计划演奏一个新的曲目，而就在他有一天练习时，突然去世。但是，即使在取得伟大成就的人当中，这些人也只是极个别的例外。普朗克（Max Planck，1858—1947）和爱因斯坦（Albert Einstein，1879—1955）都是现代物理学巨匠，他们在 40 岁以后都不从事重要的科学研究工作了。普朗克还另外从事过两份工作。1918 年后，60 岁的普朗克曾经负责重组德国科学界。1933 年，德国纳粹逼迫他退休。1945 年，在希特勒倒台后，年近 90 岁的普朗克再次出山重组德国科学界。而爱因斯坦在 40 多岁就退休了，他因此也引起了不小的非议。

当前，管理者的"中年危机"问题被许多人所诟病，而这种话题多半很无聊。在进入 45 岁以后，大多数管理者都已经到达了事业的巅峰，而且他们自己也非常明白这一点。20 年来的反复磨炼，让他们在工作上轻车熟路。但是，很少有人能够继续再学习，也没有多少人能在此之后做出更大的贡献，而且也只有很少一部分人希望他们所做的工作能够给自己带来挑战和满足感。

工作了 40 年的体力劳动者（如在钢铁厂或火车驾驶室中工作的工人）在达到迟暮之年以前（即达到传统的退休年龄之前）很早就已经感到力不从心了，在他们的思想中，他们的一生就这样"结束"了。如果他们的平均寿命能达到 75 岁左右，那么他们在这余下的 10 ～ 15 年中会过得很愉快，要么什么事也不做，要么打打高尔夫球、钓钓鱼、培养一些小爱好等。但是，退休后的知识工作者的一生并没有"结束"，也许他们可能有各种各样的小牢骚，但他们完全可以继续发挥余热。然而，知识工作者在 30 岁时本来感到具有挑战性的工作，在他们过了 50 岁以后就会觉得这种工作已经变成一潭死水，而且仍旧有可能继续从事这种工作 15 ～ 20 年，那么他们就不再会从这种工作中获得任何快乐。

因此，要自我管理，我们将越来越需要为自己的下半生做好准备。⊖

下半生做什么的三个选择

我们找到了关于"下半生做什么"的三个选择。

第一个选择实际是开创新的事业（如普朗克的所作所为），这经常意味着我们只要从一个组织机构更换到另一个组织机构就可以了。

美国的中层企业管理者就是这方面典型的例子。许多人在45岁或48岁时换工作，进入医院、大学或其他一些非营利组织工作。在这个年龄段的人，孩子已经长大成人，而且他们也已经攒够了退休金。当然，在许多情况下，这些人员仍旧从事与过去同样的工作。例如，在大公司担任部门领导的人到中等规模的医院担任院长。但是，越来越多的人实际上开始做不同的工作。

在美国，有很多的中年妇女在企业或当地政府中工作了20年，后来又提升到基层的管理职位，现在，当她们45岁的时候，孩子也长大成人了，她们选择进入法学院学习，三四年以后，她们可以在当地社区出任初级律师。

现在我们看到的是，在第一份工作上做得相当成功的人越来越多地开始从事第二职业。这些人大都属于精明能干的类型，他们知道如何工作，像那个进入当地社区医院工作的部门负责人。随着他们的孩子各奔前程，他们的家逐渐变得冷冷清清，因此他们需要社区，也需要有收入，最重要的是需要挑战。

⊖ 在这个主题上，鲍勃·布福德（Bob Buford）撰写的《中场休息》（*Half Time*）和《下半场赢家》（*Game Plan*）是这方面最优秀的著作。鲍勃·布福德是一位非常成功的商人，他自己开创了自己的下半生。——译者注

第二个选择是发展类型相似的事业。

有许多人，特别是那些在本职工作上做得非常成功的人，仍旧会以全职、兼职或者顾问的方式，留在他们奋斗了 20 ～ 25 年的岗位上。许多人在本职（或全职）岗位上每周需要工作 40 ～ 50 个小时。也有些人从忙忙碌碌的全职工作人员转变为兼职员工或成为顾问。他们为自己找到了一份与本职工作不矛盾的工作，通常是在非营利组织中每周另外需要工作 10 个小时。例如，他们负责管理他们的社区。他们管理受迫害妇女避难所，在当地的公共图书馆担任儿童图书管理员，在学校教育委员会担任委员。现实生活中这样的人数量很大，而且呈快速增长之势。

第三个选择是做"公益创业者"。这些人通常在本职工作上做得非常成功，他们包括商人、医生、顾问和大学教授。他们热爱自己的本职工作，但觉得现有工作不再具有挑战性，为此虽然能够继续从事原来的工作，但投入的时间越来越少，于是他们开始参与另一项新的事业，而这项事业通常是非营利事业。

可能并没有多少人能够利用好自己的下半生，大多数人可能会继续做他们现在做的事情，即对工作感到厌烦，但不得不继续例行公事和度日如年地直到在工作岗位上退休。但是，也有为数不多的人认识到，延长的职业生涯对于他们自己和社会来说都是一个机会，因此他们越来越有可能成为引领潮流的人和我们效仿的典型，其"成功故事"将越来越多地得到广泛传颂。

想要管理好你的下半生，其先决条件在于：提前做好下半生的计划。

当人们 30 年前第一次认识到平均工作寿命会越来越长，而且延长的速度会非常快的时候，许多观察家（包括我自己）都认为退休后的人们将越来越多地成为美国非营利机构的志愿者，但这种情况并没有发生。其主要原因，我认为是：如果我们在 40 岁之前没有开始从事志愿者的工作，那么在 60 岁以后也不太有可能成为志愿者。

　　同样，我认识的所有公益创业者都是在他们原有的企业达到顶峰之前，就早早地投身到第二项事业当中。一个律师在大约 35 岁时就开始作为志愿者为其所在州的学校提供法律服务。当 40 岁时，他当选为学校教育委员会委员，50 岁时，在他积累了大量财富后，开创了自己的事业，即建立和管理学校。然而，他仍旧在原来的大公司担任首席法律顾问，这份工作几乎占用了他的全部时间，而在他帮助公司的创始人创办这家公司时，还只是个年轻的律师。

　　管理好你的下半生更多地意味着：知识工作者要想更好地实现自我管理，将越来越需要他们培养或提前培养出第二种主要兴趣。

　　在每个人的生命或工作中，不可能不遭遇重大挫折。42 岁精明能干的工程师因得不到公司的重用而无法升职。同样 42 岁年富力强的学院教授认识到，即使完全有资格担任重点大学的教授，他也只能永远待在给他第一份工作的小学校里，而无法到重点大学担任教授。我们个人的家庭生活中也时常有这样那样的悲剧发生，如婚姻的破裂、中年丧子等。

　　此时，如果我们有第二种主要兴趣，事情就会不一样了。这种主要兴趣不只是另外一种爱好，精明能干但错失升职机会的工程师现在知道，他的工作做得虽然还不是很成功，但是，在本职工作以外的活动（如在当地的教会担任财务总监）中，他却做出了不菲的成绩，而且能够继续的话，将会取得更大的成就。虽然有些人的家庭破裂了，但是在本职工作以外的活动中，他们却可以拥有一个集体。

　　我们可以得出这样的结论：在一个非常重视成功的社会里，第二种主要兴趣将变得越来越重要。

　　这在人类以往的历史长河中是从未发生过的事情。正如英国的一位老者所说，绝大多数人只希望待在他们应该待的位置上，除此以外别无他求。到那时，唯一的变化就是他们在逐渐走下坡路，对于他们来说成功实际上总是虚无缥缈的事情。

在知识社会中，我们希望每个人都是成功者，但这显然是不现实的。对于大多数人来说，能避免失败就已经是最大的成功了。每个人在某个领域能够贡献自己的力量、完成重要的事情和成为重要的人物，这对其个人来说是极其重要的，同时对于他的家庭来说也是同样重要的。这意味着第二个领域，包括第二项事业、并行不悖的事业、社会公益事业和本职工作以外认真对待的兴趣，所有这些方面使我们有机会成为领导者，成为受别人尊敬的人和成功人士。

个人的革命

自我管理虽然不能够为我们带来根本性的变革和挑战，但它给我们带来的东西却是看得见的，它对于这些变革和挑战的影响也是有目共睹的。

自我管理可以认为是人事上的革命。它要求个人，特别是知识工作者展现出全新的精神面貌和做出过去没有做过的事情。这是因为，它实际上不但要求每个知识工作者都要从首席执行官的角度来思考问题和做事情，还要求知识工作者抛弃大多数人（甚至包括年轻一代）那种想当然的思维方式和行为方式，要求他们的思维和行为发生几乎 180 度的大转弯。毕竟，知识工作者第一次大量出现只有一代人的历史，我在数年前首先提出了"知识工作者"这个术语。

在体力劳动者（他们按照别人的要求做事，包括任务本身或老板的要求）向知识工作者（他们需要自己管理自己）转变的过程中，社会结构也受到了巨大的挑战。在目前的每一个社会中，即使是在最"个人主义化"的社会中，人们在潜意识上也想当然地认为：组织机构的寿命比劳动者的职业生涯长以及大多数人都原地不动。而自我管理则是以完全相反的事实为基础的：劳动者的职业生涯可能比组织机构的寿命长以及知识工作者具有很强的流动性。

在美国，人员的流动性已经被普遍接受。但是，即使在美国，由于劳动者的职业生涯比组织的生存期限要长，因此需要为与当前境况不尽相同的下半生做好准备，这种劳动者需要面对的事实其实也是一种变革。实际上，任何人都没有为自己的将来做好相应的准备。现在的任何机构也没有做好准备，比如现行的退休制度。然而，在其他发达国家中，人们不希望也不愿意接受员工的流动，而是希望员工保持稳定。

例如，在德国，以前的人们在 10 岁时，或最晚 16 岁时在职业取向上就已经定形了。如果儿童在 10 岁时不进入高级中学，那么他们就失去了任何进入大学学习的机会。大多数没有进入高级中学学习的人，将在十五六岁的时候以学徒身份成为技工、银行职员或厨师，这种学徒制度决定了这些人在以后的日子里要做的工作。要改变当初当学徒时就已经确定的职业是完全不可能的，即使在现实中没有被禁止的情况下，这种更换职业的行为也是不太可能做到的，而此种情况直到最近才有所改观。

社会的变革

在过去 50 年的时间里，那些取得最大成功的发达国家，面临的挑战也是最大的，在变革上面临的困难也最大。比如在日本，它所取得的成功在历史上可以说是前无古人、后无来者，日本人的成功在很大程度上得益于组织机构的稳定不变，即"终身雇用制"保持不变。在"终身雇用制"中，管理我们的是组织机构。当然，这种制度之所以这样认为，是因为它想当然地认为个人没有其他选择，每个人只能作为被管理的对象。

我非常希望日本能找到一个解决方案，既能保持"终身雇用制"所带来的社会稳定性、集体与社会的和谐，又能创造出知识工作和知识工作者必备的流动性。目前对于日本及其社会的和谐来说所面临的危险还不是最严重的。由于在每一个国家以及各种机制健全的社会确实需要具有这种凝聚力，因此日本的解决方案将成为各国效仿的典范，尽管如此，一个成功的日本仍将是一个必须要发生剧变的日本。

所有其他发达国家也必须这样做才能保证社会的和谐与稳定。我们可以预见：随着那些可以自我管理而且必须要自我管理的知识工作者的出现，每一个国家都在发生深刻的变化。

知识型人才

知识不像金钱那样专属于某一个人。知识并不直接体现在书籍、数据库或者是软件程序之中，在它们里面所包含的东西只能被称之为信息。知识总是通过人才得以体现，并由人来创造、修正或者改进、应用；由人来教与学，也同样地被人利用或误用。因此，在当今社会向知识社会的转变过程中把人放到了中心的位置上。在这一过程中，引发了新的挑战和新的议题，并且产生了关于知识社会的代表——知识型人才的一个前所未有的新问题。

在以往所有的社会中，知识型人才只是一种装饰物。他们代表了"Kultur"，而"Kultur"这个德文词含有畏怯和嘲弄的意思，无法被译成英文（甚至"博学的人"这个词也不足以准确地予以解释）。但是在知识社会里，知识型人才是社会的象征、标志和旗手。用社会学家的术语来说，知识型人才是社会的"原型"。他们定义了一个社会的工作能力，也体现了一个社会的价值观、信仰和承诺。如果说封建时代的骑士是中世纪初期的上流社会阶层，"资产阶级"是资本主义社会的上流社会阶层，那么在以知识为最主要资源的后资本主义社会，知识型人才将成为这个社会的主流阶层。

　　这必定会改变知识型人才的含义，也必定会改变什么是受过教育的确切含义。由此可想而知，它会使知识型人才的定义成为一个关键问题。由于知识成了主要的资源，知识型人才也就面临新的要求、挑战和责任。知识型人才现在变得举足轻重。

　　在过去 10 年或 15 年的时间里，美国学术界就"知识型人才"的问题，围绕着"是否应该存在知识型人才，能否确实存在这样的人，什么才应该被认为是教育"等一系列问题展开了一场场异常激烈的争论。

　　包括激进的争取女权运动者和其他"持反对论者"在内的各个阶层都坚持认为：不能存在知识型人才。这正是那些新虚无主义分子（"解构主义者"）的立场。另外一些人则持相反的态度。他们争辩说必须存在知识型人才，而且每个性别、民族、种族、"少数民族"都需要自己独特的文化、独特的（实际上是一种孤立主义的观点）知识型人才。但是，这些反传统主义者的论点使人联想起当时极权主义者的论点，并且他们的目标是一致的：不论是在西方被称之为"知识型人才"，还是在中国和日本被称之为"文人"，事实上，知识型人才这一概念的核心都是博学多才、知识丰富。

　　我们可以称之为"人文主义者"的对立阵营也鄙视现有的制度。事实上也确实如此，因为这种现有制度并未能培养出博学多才的知识型人才。人文主义批判家呼唤 19 世纪精神的回归，"人文艺术""古典学"、德国史学家思想的回归。到目前为止，他们没有重复 50 年前罗伯特·哈钦斯（Robert Hutchins）和莫蒂默·阿德勒（Mortimer Adler）在芝加哥大学所做的断言，即知识作为一个整体是由少数"巨著"组成。但是，他们继承了哈钦斯－阿德勒（Hutchins-Adler）的"要回到现代化以前的时代"的观点。

　　但是现在看来，争辩的两方都错了。

知识社会的核心

知识社会必须把知识型人才这一概念作为核心。它必须是一种普遍的概念，因为知识社会是指各种学科知识综合的社会，并且因为它是全球性的，在知识社会中存在货币、经济、职业、技术等全球化问题，但是最重要的是体现在信息的全球化。后资本主义社会需要有一支统一的力量。它需要有一个领导群体，这个群体能够将区域性的、特定的、不同的传统统一到一种对价值的共同认可、对概念的共识以及相互尊重上。

因此，在后资本主义社会，知识社会的需要与解构主义者、激进的争取女权运动者或反西方主义者所建议的恰恰相反。后资本主义社会所需要的是"博学多才的知识型人才"，这种观点正是解构主义者、激进的争取女权运动者或反西方主义者所坚决反对的。

知识社会需要有理想的知识型人才，但是，他们的理想与人文主义者为之奋斗的理想不同。知识型人才明确地强调，反对者试图否定优秀的传统以及作为人类遗产的智慧、美学和知识的要求是愚蠢的。但是，仅仅架起一座通往过去的桥梁是不够的，而这正是人文主义者所做的。知识型人才需要能够运用他们自身具备的丰富知识对当前有所影响，当然也要对构造未来产生影响。在对人文主义者的要求中没有对这种能力的规定，实际上没有对这种能力予以重视。但是，如果没有它，优秀的传统也只是枯燥无味的古文物收藏而已。

在瑞士籍德国诺贝尔文学奖获得者赫尔曼·黑塞（Hermann Hesse）（1877—1962）1943 年出版的小说《玻璃球游戏》（1949 年的英译本名为《地方行政官吕迪》）中，早已预测了人文主义者所想要的世界类型及其失败的原因。这本书描述了一群过着高贵而孤独生活的知识分子、艺术家和人文主义者，他们献身于优秀的传统及其智慧和美学。但是，书中的男主人公——最有才艺、成绩卓然的兄弟会会长最终决定回到污秽、冷酷、庸俗、动荡、被冲突弄得四分五裂、唯利是图的现实中。因为他认识到除非与生活的时代相关，否则他就毫无自身价值而言。

事实上，赫尔曼·黑塞在 50 多年前预见的事情在今天已经发生了。在当今，博雅教育（liberal education）[⊖]和普通教育（general education）处于危机之中，因为它们成了"玻璃球游戏"，而头脑最灵活的人抛弃它，转而追求冷酷、庸俗、唯利是图的现实生活。即使最有才华的学生欣赏博雅教育的程度丝毫也不亚于他们毕业于第一次世界大战前的曾祖父母。对于早期的那一代人来说，博雅教育和普通教育在其一生中都具有极其重要的意义。这种教育确定了他们的身份和地位。对我们这一代人中许多成员而言，虽然是毕业于第二次世界大战之前，它的影响仍然是深远的，尽管我们很快就忘记了拉丁语和希腊语。但在全球范围内，今天的学生在毕业几年之后抱怨："我非常用功学到的东西竟然毫无意义，它与我所从事的任何工作、感兴趣的任何事物、想努力成为的任何人物都没有任何联系。"但是，他们仍然想让自己的孩子进普林斯顿大学、卡尔顿大学、牛津大学、剑桥大学、东京大学、法国公立中学、德国高级中学（虽然主要是为了社会地位和有个好工作）。然而，他们在自己的生活中，却成为抛弃了博雅教育和普通教育，摒弃了人文主义者所主张的知识型人才。博雅教育没有能够使他们理解现实，更不用说把握现实了。

在当今的争论中，双方在很大程度上毫不相关。后资本主义社会比以往任何社会都更需要知识型人才，获得并享用过去的优秀遗产必将是一个必不可少的因素。事实上，这些文化遗产包含的内容必将比人文主义者为之奋斗

⊖　博雅教育的说法源于古希腊，包括七门学科，所谓大艺，即语法、修辞、逻辑、算学、几何、天文、音乐。现在，它在形式上是一种通识教育，是相对于某种实用知识或技能为目标的职业教育而言的。——译者注

的多得多，人文主义者所追求的主要还是"西方文明"和为"犹太教与基督教共有的传统"。我们需要的知识型人才必须能正确鉴赏其他优秀文化和优良传统，如中国、日本、朝鲜的绘画与陶瓷等珍贵遗产；东方的哲学家和主要宗教；既作为宗教又作为文化的伊斯兰教。知识型人才还不能像受博雅教育的人文主义者那样只有"书生气"，他们不但需要有分析能力，也同样要有训练有素的洞察力。

　　然而，西方传统仍将是社会最为核心的部分，即使仅仅为了让知识型人才能够认真看待现在、处理当今的问题，也是如此，更不用说为了谋求未来的发展了。未来可能是"后西方的"，也可能是"反西方的"，然而它绝不会是"非西方的"，也就是说未来必将和"西方"有关。它的物质文明和知识建立在西方原有的基础之上，包括西方的科学、工具、技术、生产、经济学、货币以及西方的金融和银行业务。如果不以这些西方原有的基础为起点，不能够接受和理解西方原有的发展成果，那么未来的一切都无从谈起。

　　未来的知识型人才必须为能够在一个统一世界中更好地生活做好准备，他们必须能成为"世界的公民"——要拥有远大的眼光、见识和充分的信息。但是，他们也必须要从其地方根基中汲取营养，从而丰富和培育自己的地方文化。

知识社会和组织社会

　　后资本主义社会既是知识社会，又是组织社会。两者既相互依存，又在概念、观点、价值观方面存在差异。即使不是全部知识型人才，也是其中的大多数（如前所述）作为组织成员将其知识付诸实践。知识型人才必须做好同时在两种文化中生活和工作的准备，也就是既要专注于文字和思想的"知识分子"文化，也要专注于人和工作的"经理人"文化。

知识分子把组织作为工具，组织能使他们将技术、专业知识付诸实践，经理人把知识视为实现组织运行目标的手段，这两者都是正确的。知识和实践有对立面，但是它们之间的关系是两极关系，而不是矛盾和互相排斥的关系。他们都需要对方：知识分子需要经理人，正像经理人需要知识分子一样。如果两者的需求不平衡，就会一无是处，并导致全面失败。除非由经理人起平衡作用，否则知识分子的世界将成为每个人"做自己的事"，而不存在做出任何成绩的知识分子。除非由知识分子起平衡作用，否则经理人的世界将成为官僚政治和"组织人"徒劳无功的暗淡世界。但是，如果知识分子和经理人两者相互平衡，就会有创造性和条理性，就会实现理想和完成任务。

实际上，在后资本主义社会，许多人将同时生活和工作在这两种文化中。还有许多人能（而且应该）具备接触过两种文化的工作经验，这主要通过就业初期的工作调换来实现——从专家工作岗位调换到管理工作岗位，例如，安排年轻的计算机技术人员担任项目经理和小组负责人，或要求年轻的院校教授在大学行政管理部门兼职两年。此外，为社会部门的一个机构"义务"工作的经历将给予个人观察、了解和尊重两个世界（即知识分子世界和经理人世界）的视角与平衡点。

后资本主义社会的所有知识型人才必须具备两种文化的知识，并为理解这两种文化做好准备。

技能与知识型人才

对于19世纪的知识型人才而言，技能不是知识。技能已经在大学里被讲授，它们已经成为"学科"。它们的实践者是"专业人员"，而不是"手艺人"或"工匠"。但它们不是博雅教育或普通教育的一部分，因而也不是知识的一部分。

关于技能的大学学位已经存在很长时间了。在欧洲，法学学位和医学学位可以追溯到13世纪。在欧洲大陆和美国（即使不在英国），新的工程学位（在1800年前一两年首次在拿破仑时代的法国被授予）很快为社会所接受。大多数被认为"受过教育"的人靠一种实践技能谋生——不论是作为律师、内科医师、工程师、地质学家，而且尤其在商业中也越来越被体现出来（事实上只有在英国才对没有职业的"绅士"表示尊重）。但是，他们的工作或职业被认为是一种"谋求生计"的方式，而不是一种"生活"方式。

一旦走出了办公室，技能实践者就不再谈论工作，甚至也不谈论该学科。这是行话，德国人蔑视它，说它是没完没了的闲谈。在法国，它更是受到嘲弄。沉溺于谈论行话的人被认为是愚钝、令人讨厌的人，并随即会被从"上流社会"的受邀请人名单上除名。

但是，既然技能已经成为学科知识，它们必须与知识融为一体。掌握技能的人必须变成未来知识型人才的一部分。他们读大学时非常喜欢的文科课程没有做到这一点，也无法做到这一点（事实上甚至拒绝在这方面做出努力），这正是今天的学生在几年后抛弃所学技能的原因。他们感到沮丧、失望，感到被引入歧途。他们完全有理由得出上述结论。博雅教育和普通教育没有将技能知识融入"知识领域"，因而既不是博学的，也不是普通的教育。这种教育未能很好地完成第一项任务，即产生相互理解，也即没有它就没有文明的产生。这种教育不仅没有带来统一，反而造成了分裂。

我们既不需要也不会得到精通许多种学科知识的"博学多才的人"。事实上，我们很可能变得更加专业化。但是，我们的的确确需要理解各个学科知识的能力，并且能够界定知识社会及何谓知识型人才。每种学科知识是关于什么的，它试图解决什么问题，它的中心论点和重要理论是什么，它的主要新观点是什么，它忽视的重要领域、存在的问题、面临的挑战是什么？

学科知识通向知识的途径

没有这种理解，学科知识本身就会毫无结果，实际上还会排除在"知识"之外。它们将变得骄傲自大和毫无效率。因为每一种专业知识主要的新见解都来自另一种不同的专业知识，即来自另一种学科知识。

目前，新的混沌论数学正在改变经济学和气象学。物质物理学正在深刻影响着地质学的改变；DNA 分类遗传学正在彻底改变考古学；心理、统计资料和技术分析与技能正在彻底改变历史学。美国人詹姆斯·布坎南（James M. Buchanan）因将新的经济理论应用于政治进程，并因此推翻了一个多世纪以来政治学家作为其工作基础的假定和理论，荣获 1986 年的诺贝尔经济学奖。

专业人员承担起其学科知识领域能够被充分理解的责任。不论是杂志、电影还是电视等新闻媒介都需要发挥重要的作用。但是，它们不能独自做到这一点。其他任何种类的大众化出版物也做不到这一点。学科知识必须被如实理解：严肃、缜密、苛刻。这就要求每种学科知识的带头人（从每个领域的最主要学者开始）承担起使自己的知识为人所理解的责任，并愿意为此而做不懈的努力。

在知识社会中，没有"学科知识之冠"。用中世纪伟大圣徒和哲学家圣·波拿文都拉（Saint Bonaventura）的话来说，所有学科知识都同样有价值，同样通向真理。但开拓使之通向真理的途径、开辟通向知识的道路，无疑是拥有学科知识的人的责任。他们整体上因掌握相应的学科知识而受到信任。

在我们开始从资本主义时代向未来社会过渡时，所能够尝试的一切就是去描述未来的社会和政体。

但是，我们可以希望，100年后能够写出一本即使不是命名为《知识论》，也是与此命题极为相似的书。这将意味着我们已经成功地度过了业已开始的过渡时期。对知识社会做预言将是有风险的，就像在维多利亚时代的中期，预言我们现在生活的后资本主义社会一样。

但是，有一件事是可以预言的：最大的变化将是知识领域的变化，包括知识的形式、内容、含义、责任以及关于做一个知识型人才内涵的变化。

3

社 会 篇

THE ESSENTIAL
DRUCKER

社会变革的世纪：
知识社会的兴起

在人类发展的历史上，没有哪一个世纪能够像 20 世纪那样经历过如此众多的激烈社会变革，尤其是那些根本性的社会变革。我个人认为，这些社会变革最后都会成为 20 世纪最重要的事件和人类永久的遗产。实行自由市场制度的发达国家，其人口只占地球人口的 1/5，但却成为其他地区效仿的典范。同时，它们的生产活动与劳动力、社会与政治制度在 20 世纪的最后 10 年所发生的一切变革，无论在性质上还是在数量上，都与 20 世纪初以及人类历史上以往的一切变革有着巨大的差别：它们的构成、流程、问题和结构都是不同的。

在以前的时代，哪怕是规模小得多、激烈程度小得多的社会变革，在人类的思想与精神上也会引发巨大的危机、猛烈的反抗和激烈的冲突。但 20 世纪所发生的激进的社会变革所引起的矛盾和动荡简直是微乎其微。而且，学者、政治家、新闻工作者和社会大众对它们的关注，事实上完全属于最低限度的关注。

　　当然，20 世纪也是人类历史上最残酷和最暴虐的世纪，世界大战、国内战争、令人民饱受折磨的暴君、种族清洗和种族屠杀贯穿始终。但是，按照德国人的说法，人类遭受的这些杀戮和恐惧都是由 20 世纪的独裁者造成的，他们妄图通过消灭异己、异教徒、反抗者和无辜的人民而创造极乐世界，而且人们事后才清楚地认识到，这些独裁者带来的只有毫无意义的杀戮和恐惧。希特勒和墨索里尼们业已销声匿迹了，然而在他们身后没有留下任何有价值的东西。

　　事实上，如果说 20 世纪能够证明什么的话，那就是政治的苍白无力。20 世纪发生的社会变革是由登上头版头条的政治事件引发的，还是这样的政治事件是由这些社会变革造成的，连固执己见地坚持历史决定论的人甚至也很难弄明白。但是，能产生长远影响，甚至永久影响的正是这些社会变革，它就像深海里的海水，不会因海面上的惊涛骇浪而轻易地改变流动的方向。改变我们的社会、经济、社区和政治制度的不是表面上狂风暴雨般的政治事件，而是这些社会变革。

农民和家庭佣人

　　在第一次世界大战以前，在每一个国家中，最大的群体就是农民。

　　在第一次世界大战前夕，显而易见的事实是，所有发达国家（只有北美除外）在粮食的供应上，越来越无法做到自给自足，越来越必须从非工业化和发展中国家或地区进口粮食。

　　时至今日，在实行自由市场制度的主要发达国家中，日本是唯一大量进口粮食的国家（本来没有必要这样做——它们实施的大米补贴政策不符合时代潮流，妨碍了日本现代化高产农业的发展，因此在很大程度上决定了它们存在的先天不足，不利于成为粮食生产国）。尽管城市人口不断地增加，但是今天所有其他实行自由市场制度的发达国家都成为粮食生产大国，有了大量的粮食剩余，粮食产量都是 80 年前的许多倍，其中美国的粮食产量增加了 8 ～ 10 倍。

但是，在所有实行自由市场制度的发达国家（包括日本）中，今天的农民在人口和劳动力中的比重最多只有 5%，仅仅是 80 年前的 1/10。

1900 年左右，在所有发达国家的人口和劳动力中第二大群体是住在雇主家的佣人。他们与农民一样都被认为是"自然法则"的产物。在 1910 年英国进行的人口普查中，把佣人数量少于 3 人的家庭界定为"中下层阶级"。在整个 19 世纪，与农民在人口和劳动力中的比重逐渐萎缩不同的是，在第一次世界大战前，佣人在绝对数量和比重上却逐步呈上升态势（主要是因为有大量移民涌入美国，因此佣人在美国的增长速度是没有哪个国家能够与其相提并论的。到了 1900 年，由于大部分土地被瓜分殆尽，因此对于许多初来乍到者来说，佣人的工作是他们唯一的选择）。80 年后，在发达国家，住在雇主家的佣人实际上已经绝迹。在第二次世界大战以后出生的人，即 50 岁以下的人也只能在舞台上或老电影中见到这些场景。

农民和佣人不仅是规模最庞大的社会群体，而且还是历史最悠久的社会群体。在人类历史的长河中，他们共同创造了经济和社会，创造了"文明"（佣人包括奴隶、受契约约束的佣人或帮工，在农民出现以前他们实际上已经存在几千年了。《旧约全书》（*Old Testament*）提到的祖先仍旧是四海为家的放牧者，而不是有固定居所的农民，但他们拥有大量各种各样的佣人）。

蓝领工人的崛起和没落

事实上，有一个原因，实际上也是主要原因使得此次社会变革没有造成巨大混乱，即制造业中的蓝领工人已经发展成为一个新的独立的阶级，并成为社会的主导力量。同时，到了 20 世纪初，蓝领工人却成为令社会头痛的问题，成为社会关注的焦点，整个社会也为之兴奋不已。

由于蓝领工人是历史上第一个能够组织起来以及保持组织纪律性的"下层阶级"，因此他们在 1900 年就已经成了"社会问题"。

1883 年，蓝领工人在产业工人中仍然只占一小部分。大多数是在雇用 20 ~ 30 个人的小作坊中工作的技术工人。到 1900 年，产业工人已经成为工厂中机器操作工的同义词，这些工厂雇用的工人数以百计或数以千计。这些工人实际上没有社会地位，没有政治权力，缺乏经济能力或购买力。

1900 年，甚至到了 1913 年，这些工人仍没有养老金，没有带薪假期，没有加班费，星期天或晚上工作也不能多挣钱，没有健康保险（德国除外），没有失业救济金，在工作上完全没有安全感。1884 年，奥地利政府颁布的一部法律规定成年男子每周工作 6 天，每天工作 11 个小时，这是最早颁布的、限制成年男子工作时间的法律之一。1913 年，即第一次世界大战前的一年，所有产业工人每年至少工作 3000 个小时。当时，政府仍旧禁止成立工会或最多对工会睁一只眼闭一只眼。但是，工人已经显示出了他们具有能够组织起来的能力，还具有作为一个"阶级"采取行动的能力。

20 世纪 50 年代，虽然蓝领产业工人只有在战时才实际上占大多数，但是他们在每一个发达国家都已经是人数最多的群体。他们受到不同寻常的尊重，在所有实行自由市场制度的发达国家，他们在经济上已经成为"中产阶级"。在美国，那些在实行大规模生产的行业（这些行业当时无论在什么地方都占主导地位）中工作、参加工会的产业工人事实上在收入上已经接近上层阶级的收入水平，有时甚至超过后者，他们的年收入加福利已经达到 5 万美元，在汽车制造业（如福特汽车公司）已经超过 10 万美元。在一些欧洲国家，产业工人很快也达到了这个水平。他们在工作上拥有了安全感，还有养老金、很长的带薪假期、综合失业保险或"终身雇用制"。最重要的是，他们得到了政治权力。在英国以及其他国家，工会被认为是"真正的政府"，权力大于首相和议会。

然而，1990 年，蓝领工人及其工会出现了全面和不可逆转的倒退。他们在数量上已经是少得不能再少。20 世纪 50 年代，能够呼风唤雨的蓝领工人占美国劳动力的 2/5，而到 20 世纪 90 年代初，他们已经不足 1/5，即只是 1900 年的水平，而那时，蓝领工人才刚开始出现急速增长。在其他实行自由市场制度的发达国家，蓝领工人的数量出现下滑的速度起初非常缓慢，但在 1980 年以后，许多地方都开始出现人口加速下滑的迹象。到 2000 年或 2010 年，在所有实行自由市场制度的发达国家，蓝领产业工人在全部劳动力中的比重将不会超过 1/10，或至多占 1/8。工会的权力也以同样的速度变得越来越弱。20 世纪五六十年代，在英国的煤矿工人工会面前，首相就像火柴棍一样软弱无力，而到了 20 世纪 80 年代，撒切尔（Margaret Thatcher）夫人公然藐视有组织的工人，并削弱他们的政治权力和特权，她也因此赢得了一届又一届的大选。制造业的蓝领工人及其工会与农民的下场如出一辙。

"技术人员"，即靠劳动和理论知识工作的人，已经开始取代蓝领工人的地位（例如，计算机技术人员或 X 光技师、理疗师、医学实验技师、肺部诊断技师等提供辅助医疗服务的技术人员，自 1980 年以来，他们是美国劳动力大军中增长最快的一个群体）。

制造业中的蓝领工人不再是具有凝聚力、易于识别、立场鲜明和具有自我意识的群体，他们可能不久就会成为另一个"压力集团"。

与工会组织的预测相反，产业工人的崛起没有破坏社会的稳定。相反，他们的崛起成为 20 世纪发展最稳定的社会事件，这也是农民和佣人的消失没有引发社会危机的原因。

对农民和佣人来说，在工厂工作是一个机会。在社会历史上，在工厂工作事实上是不需要背井离乡就可以大幅增加收入的第一个机会。在实行自由市场制度的发达国家中，过去的 100～150 年里，每一代人都希望比上一代人做得更好，其主要原因是农民和佣人可以成为产业工人，而且他们的确成了产业工人。

由于大量聚集在一起的产业工人形成群体，即他们工作的地点不再是小作坊或家里，而是大型工厂，因此工厂需要采取系统化的措施提高工人的生产率。1881 年，人们开始系统化地研究工作、任务和劳动工具，这样，从事手工生产或搬运工作的复合生产率每年都会提高 3%～4%。100 年以来，每个工人的生产率总共提高了将近 50 倍。没有这样的生产率，也就无从谈起在此期间所有在经济和社会上取得的成就。实际上，所有这些成就在蓝领工人身上都有所体现，其中，一半成就表现在工作时间的大幅减少（在日本，工作时间减少了 40%；在德国，工作时间减少了 50%），另一半成就表现在从事制造或搬运工作的蓝领工人的实际工资增加了 25 倍。这种情况与 19 世纪众所周知的事实大相径庭，其中包括所有"保守派"，如摩根（J. P. Morgan）、俾斯麦（Bismarck）和迪斯雷利（Disraeli）。

因此，蓝领工人的崛起理所当然地要靠和平方式，而其没落同样靠的是采用了和平的方式，并且在社会上几乎完全没有引发任何抗议浪潮、动乱和严重的混乱局面，至少在美国是这样的，这又做何解释呢？

知识工作者的崛起

对于在蓝领产业工人之后崛起的阶级，这种崛起不只是机遇，而且是挑战。新兴的、占支配地位的群体是"知识工作者"。到 20 世纪末，在美国的劳动力大军中，知识工作者的比例将达到或超过 1/3，即相当于昔日的蓝领产业工人所达到的比例，但是在战争时期的情况除外。在待遇上，大多数知识工作者至少与昔日的蓝领工人旗鼓相当，或比后者更好。同时，新出现的工作为个人带来更大的机遇和挑战。

但是，事与愿违，新的就业机会所要求的资格在绝大多数情况下是蓝领工人所不具备的条件，而蓝领工人也缺乏具备这些条件的能力。新的就业机会要求从事这些工作的人接受大量正规教育，并且具备获取和应用理论知识及分析知识的能力，要求采取不同的方式工作并具有不同的观念，最重要的是需要养成不断学习的习惯。

脱离工业生产的产业工人不能简单地像脱离农业生产的农民或脱离家务劳动的佣人从事工业生产一样从事知识工作或服务工作。

即便是在一两个完全依赖大规模生产的工厂的一些社区内，如宾夕法尼亚州西部或俄亥俄州东部的钢铁城，或位于密歇根州弗林特市的汽车城，当这些工厂破产或者裁员比例高达 2/3 时，其成人（不包括黑人）失业率却在短短的几年内就出现了回落，最后只比美国的平均失业率稍高一点。这意味着只比美国的"充分就业率"稍高一点。然而，美国的蓝领工人并没有因此有任何过激的行动。

唯一的解释是：对于非黑人的蓝领阶层而言，这种发展不是突如其来的，尽管它不受欢迎、给人带来痛苦和对工人个人及其家庭带来多么大的威胁。美国的蓝领产业工人必定已经做好了心理上的准备——价值观上的，而不是情绪上的准备，认为要求用接受正规教育和需要靠知识挣钱的工作取代靠体力劳动（无论需不需要技能）挣钱的工作是合情合理的。

造成这种局面可能性的因素有两个。第一个因素是第二次世界大战以后颁布的《美国士兵福利法案》，根据该法案的规定，每一个退伍返乡的美国老兵都可以上大学接受教育，高等教育也因此成为社会接受的"标准"，其他事情都是"次要的"。第二个因素可能是美国在第二次世界大战期间推出，并且在此后 35 年里一直实行的征兵制度，大多数在 1920 ～ 1950 年出生、达到法定年龄的美国人（现在仍旧在世的大多数美国成年人）也因此需要在军队中服几年的兵役，如果其中有人没有上过中学，他们就要被迫接受中学教育。但是，无论是何种原因，在美国，人们（除了黑人以外）都已经大体上接受知识工作取代以生产或搬运工作为主的体力劳动的事实，并认为这种转型是正确的，或至少是不可避免的。

在美国，到 1990 年左右，这种转型基本上已经完成了。但是，迄今为止，只有美国完成了这种转型。其他实行自由市场制度的发达国家，如西欧和北欧以及日本，到了 20 世纪 90 年代才刚刚开始出现转型的迹象。然而，从现在起，这样的转型肯定会在这些国家呈现加速发展之势，并且转型速度可能超过美国最初的情况。这些国家也能像美国大体上所做的那样，将这样的转型所引发的社会动乱、社会混乱和社会动荡局面控制在最低限度之内吗？或者，美国的发展结果最后会成为"美国例外论"的又一例证（就像美国的社会历史一样，特别是美国的劳工历史）吗？在日本，正规教育与受过正规教育的人至上论得到了人们的普遍认可，因此，虽然产业工人在日本仍旧还算一个新的阶级，而且在数量上只是在第二次世界大战后才超过农民和佣人的，但是，就像在美国一样，人们能够自然而然地接受产业工人的没落，并可能比美国人更容易接受。然而，实现工业化的欧洲国家又会怎么样呢？这些国家包括英国、德国、法国、比利时和意大利等。在这些国家，蓝领产业工人的文化已经存在了一个多世纪，且尽管所有证据都表明事实与人们的观念格格不入，即所有财富的创造靠的不是知识，而是蓝领工人的劳动，但这种观念仍旧是根深蒂固的。欧洲的反应会与美国黑人的反应如出一辙吗？这当然是一个关键性问题，对这个问题的回答将在很大程度上决定实行自由市场制度的欧洲发达国家的社会和经济未来。在今后大约 10 年内，人们将会找到答案。

知 识 社 会

在知识社会，知识工作者将不会占绝大多数，但是在许多国家的人口和劳动力中，包括最发达的国家，他们将是数量最庞大的群体。虽然在数量上，知识工作者比不上其他群体，但是新兴知识社会的特征、领导阶层和社会分布状况都将取决于知识工作者。他们可能不是知识社会的统治阶级，但他们已经成为领导阶层。在阶级特征、社会地位、价值观和期望上，他们与历史上曾经居于领导地位的任何群体都存在天壤之别，更不用说曾经居于统治地位的群体了。

知识工作者首先是通过正规教育获得工作、职位和社会地位的。

这种变化的第一个影响就是教育将成为知识社会的中心，学校将成为知识社会的关键性机构。每一个人需要掌握什么样的知识及具备什么样的知识组合？学习与教学的"质量"是什么？所有这些将不可避免地成为知识社会关心的主要问题和主要政治问题。我们认为，知识的获得与传播，在知识社会的政治生活中的地位与两三个世纪以来在所谓的资本主义时代中财产收入与分配的地位不相上下。事实上，这种设想可能并非是异想天开。

可以预言，我们十有八九需要重新定义我们过去所说的"受过教育的人"。

知识社会将不可避免地出现超过当前所知道的任何一个社会的竞争。其原因非常简单，即知识是无处不在、唾手可得的，是没有理由做不好的。今后，只有知识贫乏的国家，没有"贫穷"国家。任何类型的公司、行业和组织将面临同样的情况。个人也不能置身事外，事实上，在当今社会里，个人已经需要面对白热化的竞争，其激烈程度是 20 世纪初所不能及的，更不用说 19 世纪或 18 世纪的社会了。当时，大多数人都没有机会跳出天生注定的"阶级"，大多数人都摆脱不了子承父业和地位终生不变的宿命。

　　但是，对于知识工作者，无论掌握的是简单的知识，还是先进的知识；无论他们只掌握一点儿知识，还是知识渊博，他们都将是术业有专攻的。在具体应用中使用的知识只有在服务于专门用途时才会发挥有效作用。实际上，专业化程度越高，它就越有效。

　　知识工作者必然是某方面的专家，这个观点的另一层含义是：他们需要以组织成员的身份开展工作，而且这也同样重要。只有组织才能保证让知识工作者发挥作用所需要的基本连续性，才能将知识工作者的专业知识转化为绩效。

　　专业知识本身并不能产生绩效。没有诊断，外科医生就不能做好手术，而诊断基本上不是外科医生的任务，他们甚至也没有能力进行诊断。市场调研人员自己只能提供数据，要将数据变为信息，市场营销、销售、生产和服务人员都是不可或缺的，在运用知识的活动中他们发挥的作用就更大了。历史学家在独自研究自己的课题和写作的过程中，他们的效率会非常高。但是，要培养学生，还需要许多其他学科的专家，如文学、数学等专业的专家或其他方面的历史专家。这就要求专家能够在组织中发挥作用。

　　他们可能以顾问的身份与组织接触，也可能以专业服务提供者的身份与组织接触。但对于大多数知识工作者来说，都将以组织的全职或兼职雇员的身份与组织接触，包括政府机构、医院、大学、企业、工会以及任何其他类型的组织。在知识社会中，创造绩效的不是个人，个人是一个成本中心，而不是绩效中心；创造绩效的是一个组织。

雇员的社会

　　知识社会是一个以雇员为主的社会。传统社会，即制造企业和蓝领产业工人崛起前的社会，不是一个独立者的社会。托马斯·杰斐逊（Thomas

Jefferson）提出的每一个成员都是自己家庭农场的主人，全家人一起耕作不需要任何帮助的独立小农社会，这只不过是一种空想。历史上，大多数人都不是独立的，但他们不是为组织工作的，就是为业主工作的，进而成为在农场里劳作的奴隶、农奴、雇工，在手工艺人的作坊里工作的熟练工人和学徒，为商人工作的店员和售货员，拥有自由或没有自由的佣人。他们都是为"主人"工作。在制造业的蓝领工人第一次出现时，他们仍旧是为"主人"工作的。

> 在狄更斯 1854 年出版的巨著《艰难时世》中，工人是为"业主"工作的，并不是为"工厂"工作。只是在 19 世纪末，工厂才取代业主成为雇主，到了 20 世纪，公司才取代工厂成为雇主，"老板"才取代"主人"，而"老板"本身通常也是一名雇员，自己也有一个老板。

知识工作者未来将成为既有"老板"的"雇员"，又有"雇员"的"老板"。

1870 年以后出现的现代商业企业无疑是第一批被认为是典型而不是例外的现代意义上的"组织"。正因为如此，大多数人直到现在还认为"管理"（即组织的特殊机构）就是"企业管理"。

随着知识社会的出现，社会已经成为组织的社会。无论是作为组织的雇员，还是作为向组织提供服务的供应商，如律师或货运公司，我们中的大多数人都是在组织中为组织工作的，我们的效能以及我们的生活取决于是否能与组织接触。越来越多的向组织提供支持性服务的供应商本身也是组织。大约在 100 年前，美国出现了第一家律师事务所，而在此前，律师都是独自提供法律服务的。在欧洲，律师事务是在第二次世界大战之后出现的。今天，法律服务越来越多地是由日益庞大的合作企业提供的。尤其是在美国，医疗事务也是如此。知识社会是组织的社会，每一项社会任务都是在组织中并通过组织来完成的。

多数知识工作者在大部分工作时间里都将以"雇员"的角色出现。但"雇员"一词的含义已明显与传统意义有所不同，不仅英语是这样，德语、西班牙语和日语也是如此。

就个人而言，知识工作者对工作有依赖性。他们受雇于他人，领取工资或薪水，也可以被解雇。在法律上，每一个人都是"雇员"，但在集体意义上，他们是唯一的"资本家"；通过养老基金和其他储蓄（比如在美国，有共同基金），雇员越来越多地拥有生产资料。在传统的经济实体中，全部进入消费的"工资基金"与"投资基金"存在很大的差异。工业社会的大多数社会理论，无论它们是冲突的还是必要而有益的融合与平衡，都是以这样或那样的方式来基于这两者之间的关系。在知识社会中，两者实际上合二为一了。养老基金属于"延期支付的工资"，工资基金也是如此。但是，在知识社会中，养老基金即使不是资本的唯一来源，它也日益成为资本的主要来源。

在知识社会中，同样重要而且可能更重要的是雇员，即知识工作者，拥有生产工具。现在，越来越多的购买机器和工具的资金不是知识社会的真正投资。真正的投资体现在知识工作者的知识上，没有知识，无论机器有多么先进，多么复杂，也不会具有生产能力。

另外一个结论是：**由于知识社会必定是组织的社会，因此它独特的中枢机构是管理部门。**

当我们首次开始讨论管理时，这个词的意思是"企业管理"，其原因在于大型企业是第一批出现在人们视野中的新型组织。但在最近的半个世纪中，我们认识到，所有组织都需要管理——无论它们是否使用这个词。无论组织开展什么样的业务，所有管理者做的工作都是一样的。他们都必须让分别掌握不同知识的人团结在一起，共同创造绩效。他们都必须让这些人的优点在工作中体现出价值，并尽量让他们的缺点影响不到工作。他们都必须思考组织要求什么样的绩效，并据此确定组织目标。他们都有责任思考我所说的"经营之道"，即有关组织的绩效和行动的假设，以及帮助组织决定放弃某些事务的假设。他们都需要一个思考策略的机构，通过这样的策略，组织的目标能够转化为绩效。他们都必须定义组织的价值观、奖惩体制，并据此来定义组织的精神和文化。在所有组织中，管理者既需要在工作中使用和约束组织成员所拥有的管理知识，也需要了解和认识组织本身以及组织的目的、环境、市场和核心能力。

管理在实践上的应用已经拥有很长的历史。历史上最成功的管理者无疑是埃及人，他们在 4700 多年前就史无前例地用最短的时间设计并修建了金字塔。与人类在那个时期修建的任何其他工程都已经遭到了不同程度的破坏不同，当初修建的金字塔现在仍旧岿然不动。但是，作为学科，管理仅仅有 50 年的历史。大约在第一次世界大战期间，人们才第一次朦朦胧胧地感觉到管理的存在，直到第二次世界大战，它才开始初现端倪，而且在那时，美国是管理学的主要实践者。自那以后，它就成为发展最迅速的新型研究方向，对管理学的研究也成为发展最快的新学科。历史上的任何职能部门都不像最近五六十年的管理和管理者那样迅速地出现在人们的眼前，而且任何职能部门当然也不能在这么短的时间内席卷全球。

在大多数商学院里，学生学到的管理仍旧是一组方法，如预算编制的方法。与任何其他工作一样，管理拥有自己的工具和方法。但是，管理的本质不是方法和程序，就像医学的本质不是尿液分析一样，尽管尿液分析也很重要。管理的本质是让知识体现出价值。换句话说，管理是一种社会职能，在其实践中，管理真正属于一种"人文艺术"。

社 会 部 门

在知识社会中，传统社区——家庭、村庄、教区等几乎都已经销声匿迹，它们大部分被组织这个一体化的新型社会单位所取代。加入社区是命中注定的，而加入组织是自愿的。社区要求人们付出全部，而组织是实现个人目标的手段。200 年以来，人们喋喋不休地争论的热点问题是：社区是"有机的"，抑或只是人的延伸？任何人都不会说新型组织是"有机的"，很显然，组织是人为制造的产品、人类创造的作品和社会的产物。

那么，谁来完成社会工作呢？大约在 200 年以前，在所有社会中，任何社会工作都是由本地社区完成的，其中当然主要是家庭。现在，由于传统社区再也不能控制甚至牢牢地拴住它的成员，因此由传统社区完成的社会工作如同凤毛麟角一般。无论出生在哪里，也不管生来就具有什么样的社会地位和身份，人们不再保持原地不动。就其内涵而言，知识社会就是流动的社会。传统社区的所有社会职能无论是否发挥出很好的作用（实际上，大多数社会职能表现得非常糟糕），它们假设个人和家庭的位置都不会发生改变。在 19 世纪，有一句谚语："家庭是永远接纳你的地方。"因而出现社区也是大势所趋。脱离社区意味着被社区抛弃，甚至可能遭到社区的排斥。但是，知识社会的本质是流动的，无论是在人们的生活上，还是在人们所做的事情上，或是在人与人之间的关系上。

这种强烈的流动性意味着在知识社会中，社会挑战和社会工作将倍增。人们不再像脚下生了根似的丝毫动弹不得。他们再也没有能力控制他们的居住地点及其周围"邻居"的一举一动，当然也没有能力控制向他们可以提出"问题"的"邻居"。就其内涵而言，知识社会还是竞争的社会。由于每一个人都可以接触到知识，因此每一个人都可以找到自己的位置、提高自己的地位并有自己的理想。在这个社会中，能够取得成功的人比以往任何时候都多得多，但知识社会的内涵也因此说明，遭到挫折或至少离成功只有一步之遥的人也比以往任何时候都要多。不过，因为知识在工作中的应用使发达社会能够拥有此前任何社会均梦寐以求的巨大财富，所以丑恶现象也是尤其多。贫困、酗酒、虐待女性或青少年犯罪等都被视为整个社会的丑恶现象。在传统的社会里，人们认为这些丑恶现象的出现是理所当然的，但在知识社会里，它们不仅是对正义感的公然藐视，而且同样还是对社会能力及其自尊心的公开对抗。

那么，在知识社会里，由谁来处理社会工作呢？我们再也不能够对它们置之不理了。但是，传统的社区却对社会工作无可奈何。

在 20 世纪，人们已经找到了两个答案：一个是主流的答案，另一个则持异议。但实践已经证明，这两个答案都是错误的。

主流的答案可以追溯到 100 多年前，即 19 世纪 80 年代，当时，俾斯麦领导的德国向福利制国家迈出了步履蹒跚的第一步。该答案就是：社会部门的问题可以、应该，而且还必须依靠政府来解决。即使大多数人可能不再完全信任政府，它可能仍旧是大多数人接受的答案，特别是在西方的发达国家中尤其如此。但是，这个答案已经被证明是完全错误的。在各个地方，特别是在第二次世界大战以后，现代政府已经成为庞大的福利型官僚机构。今天，在每一个发达国家的预算中，用于"保障金"的支出所占的比重较大，而所谓保障金就是各种社会公益服务。然而，在发达国家中，社会不是变得更加强壮，而是变得疾病缠身，各种社会问题交织在一起。政府在社会工作中要承担起巨大的责任，如制定政策、规定标准，而且政府在相当大的程度上要承担起支付工资的责任。但是，实践证明，作为经营社会公益服务的机构，政府几乎完全是不胜任这项工作的，对此，我们现在已经找到了原因。

另外一个持异议的观点就是我首先在 1942 年提出来的，当时在拙著《工业人的未来》（*The Future of Industrial Man*）中阐述了我的观点。我提出了新型组织——50 年前指的是大型商业企业，必将成为有助于个人发现自己的地位和作用的社区，人们可以在工厂型社区中有条不紊地开展社会工作。在日本（虽然保持相当大的独立性，而且与我没有任何关系），政府机构或企业是大雇主，实际上越来越多地试图成为容纳雇员的"社区"。"终身雇用制"只是证明这种事实的一个证据。公司提供的住房、医疗保健、假期等都郑重其事地告诉日本的雇员这样一种情况，即雇主，特别是大公司，就是社区或昔日的村庄和家庭的接班人。但是，这种方式也没有起到作用。

实际上，人们越来越多地需要将雇员置于工厂型社区的管理范围内，在西方尤其如此。现在所谓的"授权"与我 50 多年前讨论的非常相似。

但这并没有创造一个社区，也没有创造一个有利于处理知识社会的社会工作结构。

事实上，几乎所有这些工作都不应该由提供就业机会的机构来完成。这些社会工作包括：提供教育或医疗保健；解决发达社会，特别是富裕社会的畸形状态或弊病，如酗酒和吸毒；解决社会无能为力和无责任感的问题，如美国城市的"下层阶级"在这方面面临的问题。

提供就业机会的机构是一种"组织"，而且将来仍旧是一种"组织"。机构与个人的关系不是将双方连接在一起的牢不可破的"社区"中"成员"的关系。

要生存下去，它需要在就业上具有灵活性。但是，知识工作者，特别是掌握先进知识的人逐渐认识到组织是实现其自身目标的工具。但是由于他们要受到组织的约束，因此他们对服从于社区型组织的任何想法都抱有抵触情绪；组织需要他们终身成为组织的一分子；组织需要他们放弃他们自身的抱负，把组织的目标和价值观作为自己的目标和价值观。这种情况在日本甚至有愈演愈烈的趋势。这也是不可避免的，之所以如此，是由于掌握知识的人拥有"生产工具"，而且无论在哪里，只要能最大限度地发挥他们的作用，取得最大的成就和得到最大的发展，他们都能拥有到这些地方工作的自由。

　　因此，对"由谁来处理社会工作"这个问题的正确回答既不是"政府"，也不是"提供就业机会的组织"，而是独立的新兴的社会部门。

　　社会部门中的这些组织越来越多地具有第二种但也同样重要的目的，即创造公民意识。现代社会和现代政治变得既庞大又复杂，因此，人们不再可能具有公民意识，即负责任地参与社会活动。作为公民，我们所能做的只是每隔几年投一次票和常年不断地纳税。

　　通过在社会部门型机构中担任志愿者，个人可以再次发挥重要作用。

　　实践证明，40 年前几乎得到普遍认可的"组织人"的概念是错误的，从普遍认可到风光不再，速度之快前所未有。事实上，人们对自己的知识工作越满意，就越需要一个开展社区活动的独立环境。

新兴的多元化社会

　　随着组织社会的出现，政府的功能受到了全面挑战。组织社会中的所有社会工作越来越多地是由组织完成的，无论是教育，还是医疗保健或清扫街道，每一个组织都对应一项社会工作，而且只对应一项社会工作，因此，社会迅速成为多元化社会。然而，我们的社会与政治理论仍旧认为，政府是社会的唯一权力中心。事实上，西方历史和政治的本质是摧毁所有其他权力中心，或至少让这些权力中心变得软弱无力。自 14 世纪以来，这种状况延续了 500 年，并在 18 世纪和 19 世纪达到了登峰造极的地步，当时（美国除外），大学或官方教会等最早出现的机构虽然已保留下来，但至今都变成了国家机构，其工作人员都成为公务员。然而，随后在世界刚刚进入 19 世纪中叶，新的权力中心开始崛起了，首先是 1870 年左右出现的现代商业企业。从此，新型组织接踵而至。

在昔日的多元化社会中，如欧洲中世纪的封建主义或十七八世纪日本江户时代的封建主义，所有多元化的组织（包括英国玫瑰战争期间的封建男爵或日本江户时代的封建领土）都试图控制其社区内发生的任何事情。它们至少试图阻止任何其他人在其势力范围内控制任何关系到社区的事情或社区的任何制度。

但是，在组织社会中，每一个新兴的组织只关心它们自己的目标和使命。这些组织不会要求对任何其他事情拥有控制权。但是，它们也不会对任何其他事情承担责任。那么，谁来关心共同的利益呢？

这个问题始终是多元化社会的中心问题。以前的多元化社会没有解决这个问题，现在，它又以不同的形式卷土重来。我们迄今为止看到的是这些机构受到的各种各样的限制，这些限制令人触目惊心，由于它们自己的使命、职能和利益触及了公共领域或违反了公共政策，因此它们在实现这些使命、职能和利益的过程中四处碰壁。最近40年来，美国相继颁布了各种反歧视的法律，包括消除种族、性别、年龄、教育和健康歧视的法律，所有这些法律都明令禁止不良的社会行为。但是，我们现在越来越多地对这些机构的"社会责任"提出质疑："除了履行它们自己的职责外，要增进公共利益，这些机构必须做哪些事情？"然而，要回答这个问题，我们就要回到遥远的多元化社会，回到封建制度下的多元化社会，虽然人们似乎都没有认识到这一点。要回答这个问题，我们就要"私人掌握公共权力"。

以美国学校为例，我们会非常清楚地认识到，对上述问题的回答会严重地影响新型组织发挥自己的作用。

新兴的多元化社会具有多元化社会的老问题，即如果在社会中占主导地位的机构只有一个目的，那么谁来对公共利益负责呢？老问题又引发了一个新问题：如何既能保持新型机构创造成就的能力，又能保持社会的凝聚力？这使一个既拥有强大的力量又能发挥作用的社会部门的应运而生变得更加重要。这是社会部门在知识社会的成就上越来越发挥决定性作用的另外一个原因，即是社会部门不会对知识社会的凝聚力产生至关重要的影响。

因此，经济利益再也不能将所有其他问题和利益整合成一个整体。在知识成为关键性经济资源后，被整合在一起的各种利益开始分崩离析，现代政治的多元化社会形态也随之开始土崩瓦解。非经济利益逐渐成为新的多元化社会形态、"特殊利益"、拥有单一目标的组织等。政治的内涵越来越多地不是"谁得到什么，什么时候以及如何得到"，而是价值观，每一种价值观都是毋庸置疑的。政治的内涵是子宫里孕育的胎儿的"生存权"，这与妇女控制自己的身体和堕胎的权利格格不入。政治的内涵是环境，并为受到压迫和歧视的群体争取平等。所有这些问题都不是经济问题，基本上都是道德问题。

在经济利益上是可以妥协的，这是经济利益成为政治基础的巨大优势。"半块面包仍旧是面包"是说得过去的。但是，在有关所罗门国王断案（the judgment of Solomon）的"圣经"故事中，"半个婴儿"不是半个孩子。半个婴儿只是一具尸骸和一块肉。在这方面没有妥协的可能。对于环境保护主义者来说，"半个濒危物种"是已经灭绝的物种。

这令现代政府的危机雪上加霜。报纸和评论员仍然趋向于从经济的角度报道华盛顿、伦敦、东京发生的事情。但是，越来越多的政治说客不再从经济利益的角度左右政府的法律和行为。这些政治说客与向他们提供资金赞助的人会从道德、精神和文化的角度游说政府通过或否决法案。在这些新的道德问题中，每一个问题都体现了一个新兴组织的利益，并且都声称是毋庸置疑的。从它们的"面包"上切下一块不是妥协，而是背信弃义。

因此，在组织社会中不存在一个将社会和社区中保持独立的组织联合在一起的一体化力量。传统的政党可能是 19 世纪最成功的政治创新，它们再也不能将不同的群体和不同的观点整合在一起，共同谋求权力。相反，它们成为不同群体斗争的战场，每一个群体都为绝对的胜利而战，而且除了敌人完全投降以外，对任何结果都不会感到满意。

这样，我们又会遇到如何组建政府，使之充分发挥作用的问题。有些国家具有保持一个强有力的独立官僚机构的传统，其中，在日本、德国和法国尤其引人注目。在这些国家中，行政机构仍旧试图把政府捆绑在一起。但是，即使在这些国家中，政府的凝聚力因特殊利益集团而变得越来越弱，其中最重要的是非经济的特殊利益集团，即道德上的特殊利益集团。

差不多在 500 年前，马基雅维利（Machiavelli）[⊖]提出了君主论。自那以后，政治学关注的主要是权力。马基雅维利与在他之后的政治学家和政治家都想当然地认为政府一旦拥有权力，就可以发挥作用，但现在人们越来越多地要应付的问题将是："哪些职能是政府可以承担的，并只有政府可以承担的，而且是政府必须承担的？""要在组织社会中承担这些职能，政府可以采取什么样的组织方式？"

21 世纪必定是社会、经济及政治动荡和挑战层出不穷的一个世纪，在最初的几十年内至少是这样。然而，社会变革的时代还没有结束，迫在眉睫的挑战可能比 20 世纪已经发生的社会变革所带来的挑战更为严峻和令人畏惧。

然而，除非我们首先解决已经属于既成事实的发展结果（即在本章的前几节提到的发展结果）所提出的挑战，否则我们甚至不会有机会解决这些明天的、迫在眉睫的新问题。如果 20 世纪是社会变革的世纪，那么，21 世纪需要成为社会和政治创新的世纪。

⊖ 马基雅维利出生于佛罗伦萨的一个没落贵族家庭，家境贫寒使他没有受到系统的教育，他是自学成才的，其政治思想的代表作是《君主论》（1513）。——译者注

企业家社会的到来

托马斯·杰斐逊在临近他漫长人生旅途的终点时感言："每一代人都需要一次新的革命洗礼。"与他同时代的德国大诗人歌德尽管是一位重要的保守派人士，在他暮年的一首诗中，也道出了同样的心声：

"理性成为胡言，恩惠变成磨难。"

杰斐逊和歌德都表达出他们那一代人对启蒙运动和法国大革命所留下的遗产不再抱有任何幻想。也许，150 年以后，他们对我们今天的遗产，对"福利国家"这个伟大的诱人承诺也会感到同样的失望。福利国家的想法起源于德意志帝国。当时的福利主要是针对穷人和残疾人的政策，可是现在却成为人人应该享受的权利，并且日益成为那些创造财富者的沉重负担。就像那些不合时宜的产品、程序和服务一样，机构、制度、政策最后也都会变得陈旧迂腐。当它们实现既定的目标或是不能按时完成目标之后，就已经宣告过时，就应该退出历史的舞台。而机制或许能够继续发挥作用，但是，当初设计它们时的假设却早已经过时，不复存在了。例如，过去 100 年来所有发达国家设计的医疗保障计划和退休方案时的人口统计假设就是如此。于是，理性成为胡言，恩惠变成磨难。

然而，从杰斐逊时代开始，人们就明白"革命"并不是解决所有问题的灵丹妙药。革命不可预测，无法指挥或控制，它常常会把权力托付给那些不合适的人。更糟糕的是，最终的革命结果总是恰恰与革命者的最初承诺相反。1826年杰斐逊死后没过几年，素有"政府与政策的伟大剖析者"之称的法国政治学家托克维尔（Alexis de Tocqueville）就指出，革命不会摧毁旧制度的枷锁，反而只会进一步强化这种枷锁。托克维尔证实，法国大革命以后，这种枷锁比法国革命以前的枷锁更紧：整个国家交由一个不受控制，而且也无法控制的官僚政府管理，所有政治、知识、艺术和经济生活都集中在巴黎这个大都市。

事实上，人们现在已经懂得"革命"的实质，其实它的存在完全是人们的一种虚幻的谬误，而且是19世纪最普遍的一种谬误。在今天，恐怕大多数人已不再对这个"神话"深信不疑。现在，人们都知道"革命"并不是一项成就，也不是新时代的黎明，它源于社会的腐朽，源于思想和制度的枯竭以及自我更新的失败。

同时，人们还知道，任何理论、价值观以及所有人类思想与技术的产物都会陈腐、僵化、过时，最后都会成为一种"磨难"。

因此，无论是社会还是经济，或是公共服务机构还是商业机构，都需要创新与企业家精神。创新与企业家精神能让任何社会、经济、行业、公共服务机构和商业机构保持高度的灵活性与自我更新的能力。首先，这是因为创新与企业家精神不摒弃原有的一切，而是采取循序渐进的方式，这次可能推出一个新产品，下次就会实施一项新政策，再下一次也许就是改善公共服务。其次，这是因为它们通常并没有事先规划，而是专注于每一个机会和各种需求。最后，这是因为它们是试验性的，如果没有产生预期的和需要的结果，就会很快消失。换言之，因为它们务实，而不教条；脚踏实地，而不好高骛远。杰斐逊希望每一代人通过革命实现的目标，其实这些都可以通过创新与企业家精神来实现。创新与企业家精神是有目的、有方向和有控制地实现目标，根本不会引起流血事件、内战、集中营或经济危机。

我们需要的是一个企业家社会。在这个社会中，创新与企业家精神是一种日常、稳定和持续的活动。正如管理已经成为当代所有机构的特定功能和组织社会的整合功能一样，创新与企业家精神也应该成为我们社会、经济和组织中维持其生命活力的主要活动。

这要求所有机构的管理者把创新与企业家精神当作企业和自己工作中一种正常的、持续的日常行为及实践活动。

计划的失效

在讨论企业家社会所需的公共政策和政府措施时，我们首先要确定哪些是无效的举措，特别是在当今无效政策如此普遍的情形下更应如此。

一般人所理解的"规划"，实际上与企业家社会和经济社会格格不入。当然，创新确实需要有明确的目的性，而企业家精神也需要用良好的管理来支持。但是，就创新的定义而言，它要求必须分权，必须要有自主权，必须要进行具体而细微的经济分析。创新最好是从小规模做起，一边试验，一边灵活地进行。事实上，就整体而言，只有越接近具体事情，才越有可能发现创新机遇。创新机遇不会出现在规划者必须处理的大量事务性工作之中。相反，偏离常规的事物中，反而蕴藏着大量创新机遇——在意外事件当中，在不协调当中，在"杯子是半满的"和"杯子是半空的"这两种不同认知当中，在程序的某个薄弱环节当中，我们都会找到创新机遇。等到偏离常规的事物可以"用统计的方式表示出来"，规划者可以察觉时，已经为时已晚了。

创新机遇一般不会随暴风雨来临，它们总是在不经意间悄然而至。

制度的摒弃

在过去 20 年中，人们的世界观和方法论发生了一个根本转变：人们认识到政府机构及其政策都是人为的，而不是上天注定的。既然是人为的，那就有一件事是可以肯定的：那些机构和政策都将很快会被淘汰。然而，许多政策的制定仍然是基于一个古老的假设，即无论政府做什么都是以人类社会的本质要求为依据的，因此是可以"永恒"的。可是结果呢，迄今为止，还没有哪一种政治体制能摒弃陈旧的、过时的、不再具有生产力的政府机构和政策。

可能现有的政策还没有发挥其应有的作用。最近，美国通过了一系列"日落法"（也称为夕阳法，sunset laws），规定政府机构或公共政策在经过一段时间后，除非重新修订，否则就自行废除。然而，这些"日落法"并没有发挥作用，其部分原因是，没有一个客观的标准来衡量一个机构或法规何时才算不起作用；还有部分原因是，没有一个有组织、有系统的废除程序；但是，最主要的原因是，我们现在还未能寻找到一个新的或替代的方法，以实现这些不起作用的机构或法规应该实现的目标。为了让"日落法"具有实际意义和实效性，政府需要制定出一套原则以及废除旧机构或法规的程序，而这种做法也将是未来我们重要的、必须尽快进行的社会创新之一。我们的社会已经做好准备接受这种重要的社会创新了。

个人面临的挑战

在企业家社会中，个人面临的巨大挑战就是需要不断地学习、再学习。对于这种挑战，应该将其视为一种机会并且要合理地加以利用。

在传统社会中，人们往往认为（或曾经认为）随着青春期的结束，学习也将告一段落，最迟也只是延续到成年。如果一个人到了21岁左右还没学到什么知识，那么他就没有必要再学下去了。而且，一个人会把21岁前学到的东西，一成不变地在以后的岁月中持续地使用。因此，传统的学徒制、传统的技艺、传统的职业，还有传统的教育制度和学校也都是基于这些假设建立起来的。在今天，技艺、职业、教育制度和学校的建立或多或少仍然建立在这些假设之上。当然，任何事情总是会有例外出现。在传统社会中，也有那么一群人在不断地学习、再学习，如那些大艺术家、大学者、禅宗信徒及修道士等。但是，由于这些特例为数甚少，因此很容易被人们忽略不计。

然而，在企业家社会中，这些"例外"却意外地成为人们学习的典范。企业家社会的正确假设是：每个人在成年以后还将学习新的知识（这样的学习也许还不止一次）。而且，5～10年以后，一个人在21岁以前所学的知识就会逐渐地被淘汰，因此，人们应该通过掌握新学问、新技能、新知识，替代或至少是更新以前所学的内容。

这一假设意味着：每个人必须要学习和再学习，这是对自我发展和事业前途的负责。人们不能再认为他们在孩提时代所学的东西可以作为一辈子的"依靠"。这些已学到的知识应该被看成是一个"平台"、一个起点，而不是一个能够依靠和休息的地方。同样，他们也应该摒弃过去的天真想法：认为只要"进入了一个职业领域"，然后沿着预计的、设计好的、充满光明的"职业路径"就能达到既定的目的地。这就是美国军队所称的"进阶过程"

（progressing in grade）。从现在开始，人们应该这样认为，即每个人必须在其工作生涯中寻找、决定并发展出许多个新"职业"。

一个人学历越高，所从事的事业就越具有创造性，在学习上所面临的挑战也就越大。木匠可能仍然认为，他在学徒期所学到的手艺足够他用上40年。而医生、工程师、化学家、冶金专家、会计人员、律师、教师、经理人员等最好应这样想：15年以后，他们所必须掌握的新知识和新技术与今天已获取的知识和技术相比，会有很大不同。事实上，他们最好是这样想的：15年以后，自己将会从事不同的新业务，拥有不同的新目标，而且在许多情况下，他们确实还将从事不同的职业。同时，只有靠自己不断地学习、再学习，不断地调整方向，才能避免被社会淘汰。而传统的准则以及"公司政策"，只会成为个人学习新知识和新技术的障碍而不是动力。

这一假设还意味着：企业家社会将挑战传统教育和学习的习惯。现今，全世界的教育体制主要是17世纪欧洲教育体制的延伸。虽然这期间经过大量的修正，但是学校和大学的基本结构仍然是300多年前的框架。现在，各级学校都需要对教育提出新的（有时是非常激进的）思维，并采取新的（有时是激进的）方法。

学龄前儿童使用计算机的热潮可能很快会消失。但是，4岁儿童已经开始接触电视，他们所期望以及急需的教学方法与50年以前的同龄儿童相比，显然是不同的。

面临"职业"选择的年轻人（也就是现在4/5的大学生），确实需要一种博雅教育。然而，这里所说的博雅教育显然与英语国家中的"博雅教育"完全不同，也不同于德国的普通教育。如果我们不愿意勇敢地面对这一挑战，就会完全失去对博雅教育的基本理解，从而将其等同于纯粹的职业化专门教育。这样做不但会危害整个社会的教育基础，最终也会危害整个社会本身。教育家也必须面对这项最大的挑战，同时，我们也要把它看成是最大的机会，那就是学校并不仅仅只是为年轻人而设立的，学校也是受过高等教育的成人继续学习的地方。

时至今日，还没有任何教育理论可以作为指导来完成这些任务。

现在也没有人像 17 世纪伟大的捷克教育改革家夸美纽斯（Johann Comenius）或教士那样，为创造出"现代"中小学和"现代"大学做出了巨大的贡献。

但是，在美国，至少这方面的实践远远走在理论之前。我认为，最近 20 年来，最积极和令人鼓舞的成就就是学校针对需要继续学习和再学习的成人，特别是那些已受过高等教育的专业人士，积极开展各种类型的教学实验（这是美国不设"教育部"以后，所带来的令人欣喜的副产品）。在这 20 年里，虽然各大学没有"总体规划"，没有"教育哲学"，而且事实上也没有得到教育机构的支持，但是，它们为已受过各类高等教育以及已经取得成就的成人所提供的继续教育和专业发展培训，已成为美国真正的"成长产业"。

企业家社会的出现，可能是人类历史上又一个重要的转折点。

自亚当·斯密 1776 年出版《国富论》以来，长达近一个世纪的自由放任（laissez-faire）时代就已经开始了。到了 1873 年，席卷全球的经济恐慌终结了这种自由放任状态，取而代之的是现代福利国家的诞生。100 年以后，众所周知，现代福利国家也走到了尽头，尽管在人口老龄化、出生率下降的冲击下，现代福利国家还不会马上寿终正寝。但是，只有在企业经济成功、生产力大幅提高的前提下，现代福利国家才能真正存活下去。尽管我们也许还能为福利的"殿堂"增添一抹亮色，如多增加一些新福利等，但福利国家的时代已经一去不复返了，即使是最顽固的自由主义者现在也这样认为。

当福利国家时代已成往事之后，是否就代表着企业家社会的到来呢？

通过社会部门
获取公民权

　　就目前形势来看，社会需求在以下两个领域逐渐呈上升趋势。其一，传统上认为是慈善事业的领域：帮助穷人、残疾人、无依无靠的人以及受害者。其二，旨在改变社区和人的各种服务领域，而且可能发展得更快。

　　在社会的过渡阶段，处于困境中的人数总会增加。数量极大的难民作为战争、社会动乱、种族、民族、政治和宗教迫害、政府无能与无情的受害者而遍布全球各地。即使现在最稳定的社会也存在一些因向知识社会转变而落伍的人。当劳动力结构和劳动技能与知识的需求发生剧烈的变化时，可能会需要一个社会一代或两代人的努力才能与之相适应。根据历史已有的经验，至少还需要大半代人的努力，才能使服务工人的生产率提高到足以向他们提供"中产阶级"的生活水平。

　　在第二个社会服务领域，社会需要将有同样的发展，而且或许比第一个领域发展得更快。在这个领域里，服务不是做善事，而是在做着试图改变社区和人的尝试。在早期，这种服务几乎无人知晓，而如今已经伴随我们 1000 年的慈善事业，只是在最近的几百年里尤其是在美国才获得了迅速发展。

今后的几十年将更加需要这些服务。一个理由是：在所有发达国家中，老人数量将迅速增加，他们中的大多数人孤单一人生活，而且想要过这种孤单的生活。另一个理由是：保健和医疗需求的日益增长，社会需要保健研究、保健教育以及越来越多的医疗和医院设施。同时，对成人继续教育的需求，以及因单亲家庭的不断增加而产生的需求也在日益增长。社区服务部门有可能成为发达国家经济中真正的"增长部门"之一，我们可以期待，对慈善事业的需求将最终重新减弱。

第 三 部 门

在过去的 40 年间，美国试图通过政府行动来解决社会问题的计划，没有一项产生过重大的效果。而独立的非营利组织所产生的结果却令人印象深刻。在一些城市，如纽约、底特律、芝加哥等，其市内公立学校一直在以惊人的速度走下坡路，但常常与公立学校同一社区的教会学校（特别是天主教教区学校）却取得了惊人的成功，尽管它的学生同样来自破裂的家庭和属于同样的种族或民族。在与酗酒和吸毒做斗争上，唯一取得成功（而且是巨大成功）的是诸如嗜酒者互诫协会、救世军或撒马利亚慈善咨询中心这些独立的组织。在使那些单身的"福利母亲"（通常是黑人或拉美人）摆脱单纯福利、重新走上工作岗位、重新建立稳定的家庭生活上，唯一取得成功的就是像密歇根州罗亚尔欧克的贾德森中心这样自治的非营利组织。人们在主要保健领域，如预防与治疗心脏病和精神病领域中的改善工作也基本上是由独立的非营利组织做的。例如，美国心脏协会或美国心理卫生协会发起和资助必要的研究，率先对医学界和公众进行预防与治疗教育。

因此，促进社会部门的自治社区组织的发展，对于政府转向并使之重新发挥作用是非常重要的一个步骤。

自治社区组织做出的最大贡献就是成为富有意义的公民权利的新中心。超级大国几乎毁掉了公民权，为了恢复它，后资本主义政体除了另外两个公认的部门，如商业企业的"私营部门"和政府的"公营部门"之外，还需要一个"第三部门"。它需要的是自治的社会部门。

在超级大国中，公民政治上的权利早已不再起作用。即使国家很小，政府事务仍高不可及，作为个人而言也无法对其产生作用。

而且从过去几十年的艰难历程中我们得知：个人可以投票，但是看不出正确的投票又有多么重要。我们还可以从几十年的艰难历程中得知：个人可以纳税，而且这还是一项非常有意义的义务。

但是，个人无法承担责任，也就无法采取行动以产生影响。没有公民权，政体将如同虚设，并可能伴随民族主义的出现；没有公民权，很有可能从爱国主义退化为沙文主义；没有公民权，不可能有负责任的承诺，而这种承诺将在创造公民权的同时，最终把人民团结起来；没有公民权，也就不可能有人在发挥其作用后而产生满足感和自豪感；没有公民权，任何一个政治单位，不管是国家还是帝国，只可能是"权力"。此时，权力成了唯一使它凝聚的力量。但是，为了能在一个迅猛变化的危险世界中行动，后资本主义政体必须重新确立公民权。

对社区的需要

同样重要的是，我们还需要恢复社区建设。传统的社区整合力正在日渐衰退，随着知识不断赋予个人的流动性，造成了传统的社区无法存在下去。进而使我们认识到，促成传统的社区团结的诱因不是基于其成员的共同点，更多的是建立在某种需要（不是由于强迫或畏惧）之上。

社区的存在是传统家庭的需要。在 19 世纪小说中我们经常看到通常所说的"破裂家庭"，在这样的家庭里，不管他们相互之间的仇恨、厌恶和害怕程度多么强烈，还是必须待在一起。正如 19 世纪的一句俗话："家庭是他们必须带你去的地方。"实际上，20 世纪以前的家庭提供了几乎所有可能的社会服务。

社区的存在是家庭依附的需要。一个人如果被家庭拒绝，那将是巨大的灾难。20 世纪 20 年代，美国戏剧和电影中一个常见的人物是残忍的父亲，他将带着私生子回家的女儿赶出家门，而这对他的女儿来说只有自杀或沦为妓女两种选择。

而如今，事实上家庭对于大多数人来讲变得更为重要了。家庭之所以变得更加重要是基于一种自愿、爱慕、忠诚和互相尊重的结合，而不是基于某种需要的结合。现在的年轻人一旦因长大而摒弃青春期的叛逆心理，就会比我这一代人更需要父母和兄弟姐妹的关怀。

尽管如此，家庭却不再是社区的组成部分。但人们确实需要社区，尤其是在无计划扩展的大城市以及在越来越多的人生活和居住的郊区。人们再也不能成为（如同以前的农村）依靠共同的利益、兴趣、职业以及同样的无知而共同生活在相同环境下的邻居。不管家庭如何紧密和团结，人们不再依靠家庭。地区和职业之间的流动性，意味着人们不再固守在他们出生、其父母和兄弟姐妹及堂（表）兄弟姐妹生活的地方和文化氛围中。后资本主义社会所需要的社区（特别是知识工作者所需要的社区）必须建立在承诺和同情之上，而不是强加的邻近和孤独。

40 年前，我就认为这种社区将会在工作场所中出现。我在 1942 年的《工业人的未来》、1950 年的《新社会》和 1954 年的《管理的实践》中，提到过工厂社区是赋予个人地位和作用、自治责任的地方。可是即使在日本，工厂社区也不能在今后长期发挥作用。实际上，日本工厂社区的建立不是单纯地基于归属感，而更多的是害怕，这一点变得日益明显。在日本实行年龄工资体系的大公司里的工人，如果在 30 岁以后失业的话就基本不能再被雇用了。

在西方，工厂社区从未生根发芽。我仍然强烈地坚持，必须使雇员拥有最大限度的责任和自治，这是我倡导工厂社区的基础。基于知识的组织必须成为以责任为基础的组织。

但是对于个人来讲，尤其是知识工作者，需要更丰富的社会生活、人际关系，并在工作之余、组织之外，即在自己专业知识领域之外做出贡献。

身为公民的志愿者

社会部门可能是能够满足这种需要的唯一一个领域。在这里，个人可以做出贡献，可以承担相应的责任，并产生足够的影响力。这些个人可以是"志愿者"。

这种状况目前正在美国进行着。

受美国宗教教派的差异性以及对州、市、县地方自治的极大重视和相对偏远的居民的社区传统的影响，美国社会活动政治化、集权化的速度逐渐减慢。结果，美国现在有近 100 万个非营利组织活跃在社会部门中。它们意味着 1/10 国民生产总值的来源，其中，公众捐款筹集的占 1/4，政府作为特定工作（如执行保健偿还计划）支付的也近 1/4，其余则依靠缴纳的各项服务费（如私立大学学生学费或现在美国任何一个博物馆能够找到的"艺术商店"赚的钱）。

这些非营利组织业已成为美国最大的雇主。50% 的美国成年人（大概有 9000 多万）每周都会以"义务工作者"（即志愿者）的身份为非营利组织工作至少 3 个小时。这些组织通常包括教会、医院、保健机构、红十字会、童子军、女童军等社区服务组织和救世军、嗜酒者互诚协会等康复服务组织以及受虐妻子的临时收容所、市中心贫民区黑人孩子的辅导场所。到 2000 年或 2010 年，这种"义务工作者"的人数将会增加到 1.2 亿，他们的平均工作时间将达到每周 5 个小时。

这些志愿者不再是"帮助者"，他们已经成为"合作者"。美国越来越多的非营利组织中出现拿工资的全职管理人员，但是，管理队伍中的其他人员更多的还是志愿者，而且正逐渐承担起管理职责。

美国天主教会发生了最大的变化。在一个大教区里女平信徒作为"教区管理者"实际上掌管着所有教区。牧师只做弥撒，并施与圣餐，而其他工作（包括教区的所有社会和社区工作）则由教区管理者领导的"义务工作者"去做。

美国志愿者队伍蓬勃发展的主要原因不是由于需求的增加，而是建立在志愿者对社区、承诺和贡献寻求的基础之上。新志愿者中绝大多数人并不是退休人员，而是来自从事特定专业的双职工家庭中年龄为三四十岁、受过良好教育、生活富裕、工作繁忙的丈夫和妻子。同时，他们热爱着自己的工作，但用人们常听到的一句话来说，他们感到有必要在"我们可以发挥作用的"地方做点事，不论是在地方教堂办读经班，教黑人孩子乘法表，还是拜访长期住院后回家的老人并帮助他们进行康复训练。

美国非营利组织为志愿者做的事，可能与志愿者本身为服务对象做的事同样重要。

女童军在美国是少数几个不分种族的组织之一。在其队伍里，女孩子不论肤色或者国籍，她们都一起工作，一起做游戏。而且，女童军在 20 世纪 70 年代开始的取消种族隔离运动中使很多母亲

（黑人、亚洲人、拉美人）以志愿者身份补充到了领导岗位上，并做出了巨大贡献。

凭借在社会部门或者通过社会部门而取得公民权，这虽然不是医治后资本主义社会和后资本主义政体各种弊病的灵丹妙药，却可能是解决这些弊病的先决条件。它恢复了作为公民权利标志的公民责任和作为社区标志的公民自豪感。

在社区和社区组织（总的来说还有公民权利）都遭受彻底损害以及事实上几乎全部被摧毁的地方是最需要恢复公民权的。这些国家的政府不仅声名狼藉，而且十分无能，还要花上很多年的时间才能完成只有政府才能完成的任务，这些任务包括管理货币和税收、掌管军队和法庭以及发展外交关系。同时，只有自治地方的非营利组织（即以志愿者为基础、发挥人们精神活力的社会部门）才能提供社会所需的服务和开发政体所需要的领导才能。

不同的社会和国家肯定会以完全不同的方式来组建其社会部门。但是，每个发达国家都需要一个自治的、自我管理的、社区组织的社会部门，并需要这个部门提供必要的社区服务，关键是需要恢复社区之间的纽带和积极的公民责任感。从历史的视角来看，社区的发展是命中注定的，在后资本主义社会和政体中，社区工作将成为其承担的义务。

从分析到感知：
新的世界观

在 1680 年左右，当时在德国工作的法国物理学家丹尼斯·帕平（Denis Papin）[⊖]（作为新教教徒，他被迫离开了自己的祖国）发明了蒸汽机。我们无法确信他是否制造了这种蒸汽机，但他设计并且组装出第一个安全阀。一代人之后，即在 1712 年，托马斯·纽科门（Thomas Newcomen）把第一台具有实用价值的蒸汽机用于英国煤矿后，使机械采煤成为可能，在此以前，地下水经常在英国煤矿中泛滥。随着纽科门蒸汽机的出现，蒸汽机时代来临了，在此后的 250 年中，技术的模式一直是机械。矿物燃料迅速成为主要能源，而动力的基本来源则在于一个恒星内所发生的一切，这个恒星就是太阳。1945 年，原子裂变及数年后的核聚变复制了太阳能量的发生方法，这使能源的利用达到了一个顶峰。1945 年，作为一种模式的机械时代走到了尽头，仅仅在一年之后，即 1946 年，第一台计算机 ENIAC 问世了，它开

⊖ 丹尼斯·帕平是法国的物理学家、数学家、发明家。——译者注

辟了一个崭新的时代，在这个时代之中，信息成为工作的组织原则。但是，信息主要是生物过程，而不是机械过程的基本原则。

很少有其他事件对文明产生的影响，可以与组织工作基本原则的改变对文明产生的影响相提并论。800年或900年之前，中国在技术、科学、文化以及整个文明上遥遥领先于任何西方国家。此后，北欧的本笃会（Benedictines）教士发现了新能量。此前，主要能量（如果不是唯一的能量）仍是一种两条腿的动物，叫作人。拉犁的是农夫的妻子，而马轭的出现使得畜力第一次有了替代人力的可能。本笃会教士又把古时的玩具水车和风车装配成第一台机器。在200年的时间内，技术的领导地位从中国转移到了西方。700年后，帕平的蒸汽机创造了一种新技术，由此产生了新的世界观——机械世界观。

1946年，随着计算机的出现，信息成为生产的组织原则。以计算机为基础的一个新的文明应运而生了。

信息的社会影响

现在，人们大量（甚至过多地）论述信息技术对物质文明、商品、服务和商业的影响。然而，信息的社会影响也是同样重要的，甚至可以说是更加重要。一个值得人们广泛关注的影响是：这方面的任何变化都引发了企业家精神的爆炸。企业家精神的浪潮于20世纪70年代末出现于美国，10年之间遍及所有发达国家。事实上，企业家精神的浪潮是自帕平300年前发明蒸汽机以来的第四次浪潮。第一次浪潮从17世纪中叶开始，到18世纪初期结束。这场变革是由"商业革命"引发的，"商业革命"就是贸易的急剧扩大，因为远洋货轮问世后，大批量货物可以被运输到遥远的地方。第二次浪潮从18世纪中叶开始，到19世纪中叶结束。这次浪潮就是我们所称的"工业革命"。尔后，在 1870 年前后开始了第三次浪潮，它是由新产业引发的——第一批新产业并不仅仅使用不同的动力，而是生产出前所未有的产品或少量生产的产品，如电、电话、电子产品、钢铁、化学产品、药品、汽车和飞机。

我们现在正处于第四次浪潮之中，它是由信息与生物技术引发的。与前几次浪潮一样，现在这次浪潮不仅仅限于"高技术"范围，它还包括"中技术""低技术"和"非技术"。与前几次浪潮一样，此次不仅仅限于新企业或小企业，而且还包括既存的大型企业，它们都体现了最大的影响与效能。如同前几次浪潮，此次也不局限于"发明"，即技术，社会创新如同"企业创新精神"，也具有同样的重要性。工业革命时代的一些社会创新（如现代军队、行政机构、邮政局和商业银行）所产生的影响与铁路或汽船所产生的影响同样重要。当然，当代的企业创新精神对社会创新（尤其是对政治、政府、教育与经济上的创新）的重要性，与对任何新技术或新物质产品的重要性是一样的。

信息对民族或国家的影响，特别是对 20 世纪过度膨胀的极权体制的影响也是有目共睹的，并受到人们的广泛关注。极权体制本身是现代传播媒介报纸、电影和广播的产物，但极权体制只有在对信息全面控制的基础上才能存在。然而，由于每个人都可以在家里通过卫星来直接接收信息（碟形天线如此之小，以至于秘密警察都无法发现它们），政府对信息的控制已不可能了。事实上，信息如同货币一样早已跨越了国界，信息并没有"国籍"。

由于信息是无国界的，因此它也能组建一个新的"跨国"团体。在这个团体中，人们虽然彼此之间并不直接见面，但仍然能进行交流，因为他们能互通信息。世界经济，尤其是货币与信贷这些"符号经济"，早已经成为非国家的跨国社会中的一员。

信息的其他社会影响也是同样重要的，但不容易被人们看到或发现。其中之一就是 20 世纪的城市可能会发生的转变。今天的城市是由 19 世纪的重大突破所创造的，这些突破使人们能乘坐火车、有轨电车、自行车和小汽车去上班，从而把人带到工作现场。城市将因 20 世纪的重大突破而出现变革，这些突破能使人的思想和信息自由流通，从而使工作移到人的面前。事实上，城市（如东京、纽约、洛杉矶、伦敦、巴黎和孟买等中心城市）存在的价值已不复存在，我们已无法使人们轻易进出城市。人们可以看到：为了去东京与纽约的办公室，必须在拥挤不堪的车厢内花费两个小时；伦敦的皮卡迪利广场上一团混乱；在洛杉矶高速公路上，每天早晚都有近两个小时的堵车现象。在有些工作中，如结算、信用卡、进行工程设计、制定保险政策和提出保险索赔或整理病历记录，我们已经开始将信息传递到人们生活或工作的地方（在城外）。越来越多的人将在自己家中工作，更多的人将在远离拥挤的中心城市的小"卫星办公室"中工作。传真机、电话、双向电视屏幕、电传、电话会议正在替代火车、汽车以及飞机。在 20 世纪 70 年代和 80 年代的所有大城市中，房地产业的兴旺与摩天大楼的大量出现并不是一种正常现象。它们所反映的是大城市衰落的开始。虽然这种衰落进程可能十分缓慢，但我们已不再需要那种辉煌的建筑，不再需要中心城市，至少不需要现在这种形式的中心城市。

城市将成为信息中心而不是工作中心，即信息（新闻、数据、音乐）由此向外传递。它如同中世纪的教堂一样，周围的农民只有在每年一两次的重大节日时才聚集到一起。而在其他时间里，教堂里除学识渊博的牧师和教堂学校以外一直空空荡荡。未来的大学能否成为传播信息的"知识中心"，而不是学生聚集的场所？

完成工作的场所本身在很大程度上决定了完成工作的方式，也极大地影响了正在进行的工作。我们可以肯定的是，社会将会产生巨大的变革，但是，至于在什么时候、如何发生变革，我们现在还只能是猜测而已。

形式与功能

如何确定某个任务或组织的适当规模，这将成为我们面临的一个重要挑战。机械系统的更大工作能力来源于按比例的增长速度，更大的能量意味着更大的产出：越大越好，但这并不适用于生物系统，在生物系统中，规模取决于功能。

蟑螂变得过大或大象变得过小都是不符合生物规律的。生物学家总喜欢说："老鼠知道如何才能成为一只成功的老鼠。"老鼠是否比人更聪明？这是一个愚蠢的问题。在如何成功这一点上，老鼠胜过其他动物，其中包括人。在以信息为基础的社会中，规模成了一种"功能"，是一个受制于功能的变量，而不是独立的变量。事实上，信息的特征已表明，最小的有效规模最佳，只有在某项任务无法用其他办法完成时，"越大"才会"越好"。

为了进行有效的交流，信息及其含义都是不可或缺的。信息的含义需要沟通，如果那个人用一种我不懂的语言与我通话，纵然话音清楚无比也没有任何意义。除非我理解那种语言，否则就没有"意义"——气象学家完全理解的信息可以让化学家感到莫名其妙。但是，如果组织过于庞大，沟通的效果就会不理想。沟通需要经常不断地重申，需要理解能力，还要有共同性。"我理解这个信息的含义，是因为我知道我们在东京的人，或在伦敦的人，或在北京的人是如何想的。""我知道"是把"信息"转变为"交流"的催化剂。

从大萧条初期一直到 20 世纪 70 年代，在这 50 年间，世界的潮流趋向于集中与大规模。1929 年以前，医生除了动手术之外，并不让花钱看病的人住进医院。20 世纪 20 年代以前的婴儿很少降生在医院，大部分生在家里。直到 20 世纪 30 年代，美国高等教育的动力仍然在于中小型规模的文科学院。第二次世界大战之后，这种动力不断地转向大规模的大学和更加庞大的"研究大学"。政府也出现类似的变化,第二次世界大战后,庞大的规模也成为商业界趋之若鹜的目标,每一家公司都必须要成为"拥有10亿美元资产的公司"。

20世纪70年代,这种趋势开始发生变化,规模庞大不再是合格政府的标志。在卫生领域,我们断言:能在医院外做的事,尽量在医院之外进行。在20世纪70年代前的美国,病情不重的精神病人被认为不应该住院。自那时以来,对他人不构成威胁的精神病人都被拒之医院门外(这样做未必总有很好的效果)。我们已经不再崇拜规模,这种崇拜是20世纪最初75年的特点,在第二次世界大战后尤为明显。我们迅速重组与"解散"大型企业。尤其在美国,我们正在分散政府的任务,将其交给地方政府。我们正在对政府的任务(尤其是政府在地方社区中的任务)进行"私有化",并将其承包给外来小规模的承包者。

因此,完成某项任务的恰当规模越来越成为一个核心问题。这项工作最适合于蜜蜂、老鼠、鹿,还是大象?所有这些动物都是需要的,但各自的任务与生态环境又不相同。完成某项任务和发挥某种作用需要信息。恰当的规模就是最能有效地处理这种信息的规模。传统的组织是由命令和控制集合在一起的,而以信息为基础的组织"框架"将是信息系统的最佳选择。

从分析到感知

技术并非天生的,而是人为的,它并非涉及工具,而是涉及人的工作、生活与思维方式。与达尔文同时发现进化论的阿尔弗雷德·拉塞尔·华莱士曾说过:"人是唯一能进行有方向和有目的地进化的动物,人能制造工具。"但是,正是由于技术是人的能力的一种延伸,基础技术的变革总是既反映了我们的世界观,反过来又改变这种世界观。

计算机是关于机械世界的分析性和概念性世界观的最终反映，这种世界观产生于丹尼斯·帕平时代，即 17 世纪后期。帕平的朋友数学家和哲学家莱布尼茨（Gottfried Leibniz）发现，所有的数都可以用 1 和 0 这两个"数字"来表达。它之所以成为可能，是因为罗素（Bertrand Russell）和怀特海（Alfred N. Whitehead）合著的《数学原理》（*Principia Mathematica*），使这种分析从数字扩展到逻辑，这本著作表明，任何概念如果准确无误，而且能够变成"数据"，那么它就可以通过 1 和 0 来表达。

这是分析与概念模式的胜利，这种模式可以追溯到帕平的老师笛卡儿（René Descartes）时期，然而，计算机也迫使我们超越这种模式。"信息"本身确实是分析性和概念性的，并且信息是每一种生物过程的组织原则。现代生物学认为，生命是"遗传密码"的体现，而这种"遗传密码"就是有程序的信息。事实上，没有产生出超自然现象的神秘的现实"生命"的唯一定义就是：它是由信息组织起来的物质。生物过程并不是分析过程。在机械现象中，整体等于各部分之和，因而能被分析理解。但是，生物现象是众多的"整体"。这些整体并不等于各部分之和。信息的确是一种概念，而其意义却不是概念，而是感知。

在丹尼斯·帕平与其同代人为数学家和哲学家所构建的世界观中，感知是一种"直觉知识"，或是欺骗性的，或是神秘的、难以捉摸的和不可思议的。科学并未否认其存在（尽管有许多科学家否认它），但科学否认其合理性。分析家宣称，"直觉"既不能被传授，也不能通过训练获得。机械世界观认为感知并不是"严密"的，它只能被归属于"生活中更美好的事物"，我们没有这种东西也可以。我们在学校讲授"艺术欣赏"是为了使人们沉迷于愉快之中。我们并不把艺术作为一门严肃和高要求的学科来讲授，对艺术家来说则不然。

但在生物世界中，感知是核心。它可以（而且必须）获得训练和发展。

我们听到的不是"c""a""t"，我们听见的是"cat"（猫）。用现代术语来讲"c""a""t"是"信息单位"，是一种分析。事实上，计算机不能做需要理解的任何事情，除非它能超越信息单位。这就是所谓"专业系统"的全部含义，它力图把感知经验纳入计算机逻辑和分析过程之中，这种感知经验来自对整个任务和主题内容的理解。

事实上，早在计算机出现之前，我们就已开始向感性知识转变。100年以前，即19世纪90年代，完形心理学（configuration psychology），或者称为格式塔心理学（gestalt psychology）[⊖]首先认识到，人具有理解能力，我们听到的是"cat"，而不是"c""a""t"。自那时以来，差不多所有心理学（无论是发展心理学、行为心理学，还是医学心理学）都已从分析转向感知。即使是后弗洛伊德的"分析心理学"也正在变成"感知心理学"。它试图去理解人，而不是去理解他的机制，即"动力"。在政府与商业规划中，我们越来越多地谈论"方案"。在这种方案中，感知是出发点。当然，任何"生态学"都是感知的，而不是分析的。在生态学中，进行观察与理解的对象是"整体"，而"部分"只存在于对整体的观察之中。

大约50年前，美国的第一所大学（佛蒙特州的本宁顿学院）开始讲授艺术的制作（绘画、雕刻、制陶、演奏乐器），将其作为博雅教育的组成部分。当时这种大胆和别出心裁的创新是有悖于所有大学的传统惯例的。而在今天，每一所美国大学都这样做了。40年前，公众普遍拒绝抽象的现代绘画。而今天，在展出这些现代画家作品的博物馆与美术馆中，人山人海，并且这些作品通常能够以创纪录的高价售出。现代绘画中的"现代性"在于：它试图表现的是画家的看法，而不是参观者的看法。它表达的是某种意蕴，而不是单纯的描绘。

⊖　完形心理学又称格式塔心理学，是西方现代心理学的主要流派之一。——译者注

　　300 年前，笛卡儿说过："我思故我在。"而现在我们还应该再加一句："我知故我在。"自笛卡儿以来，人的思维重点在于概念，我们将不断地在概念与感知之间寻求平衡点。确实，新现实是各种各样的新形态，如新多元主义的动力的失衡。多层次的跨国经济与跨国生态学迫切需要"受过教育的人"的新模型。这些新形态要求我们在做出分析的时候还要获得感知。《管理新现实》一书的目的不仅在于使人们了解，而且还在于使人们思索。

　　在笛卡儿和他的同时代人伽利略（Galileo）为机械世界观奠定了科学基础后，过了 100 多年，康德（Immamuel Kant）才创造出形成一种新的世界观的形而上学。他 1781 年出版的《纯粹理性批判》（*Critique of Pure Reason*）一书，统治西方哲学世界长达一个多世纪之久。这本书甚至还为康德的对手——尼采（Friedrich Nietzsche）界定了有意义的问题。事实上，连 20 世纪上半叶的维特根斯坦（Ludwig Wittgenstein）也接受康德对"知识"所做的定义，然而，现代哲学家已不再注重康德所关注的事。他们以符号、象征、模式、神话、语言来处理形式。他们处理感知，因此，从机械世界向生物世界的转变最终需要的是新的哲学综合。康德或许会称之为 Einsicht 或者是纯粹感知批判（critique of pure perception）。

后记

未来的挑战

　　时至今日，尚不能确切地说，未来的社会和经济将会是何种形态，我们仍然在其转型期中挣扎着。与绝大多数人的想法大相径庭的是，此次转型期和在它之前发生于 19 世纪的那两次转型期（第一次发生在 19 世纪三四十年代，在此期间出现了铁路、邮政服务、电报、摄影、有限责任公司和投资银行；第二次发生在 19 世纪七八十年代，在此期间出现了钢铁工业、电灯、电力、人造器官、缝纫机和洗衣机、中央暖气系统、地铁、电梯以及办公大楼和摩天大厦、配有电话和打字机的现代化办公室、商业公司和商业银行）有着极其明显的相似性。这两个时期都有些自相矛盾之处在困扰着我们：经济的迅速扩张和逐渐加大的收支不平衡。然而，即便是如此，我们还是不能确切地说未来将会是什么样子的，只能说以最大的可能性来辨别其主要的、最重要的特征以及一些最重要的挑战。

　　首先要说的事情是（仍然和绝大多数人的想法不同），未来的社会和经济不是经济膨胀，也不是我们脑海中所理解的一个进行商品和服务交换的自由市场。相反，这些市场可能会缩水，因为未来的社会部门必定会在卫生保健和教育领域成长起来，它们在过去和将来都不可能会是自由市场。明天的"自由市场"是信息的流动而不是单纯的交易。这样，未来必将是一个全世界范围内的自由市场。这对于所有公共机构来说都有深刻的含义，并不是仅仅局限于商业。例如，它意味着任何领域的任何组织（不仅仅是商业组织）都将会面对全球化的竞争。

这同样意味着重力与权力的中心都是消费者。在最近的 30 年，权力中心从供应商转移到生产商，又转移到销售商。在未来 30 年，它肯定会以消费者为中心，其简单的原因就是：现在的消费者有权获得全球范围内的信息。

我们还可以预测，并且这个预测还会有很大的可能性，在生产交换方面将会持续地并以一个不断加速的节奏降低。从第一次世界大战之后开始，否则就从 19 世纪后期开始，原材料产品特别是与制成品有关的农业产品的购买力开始迅速下降。在 20 世纪里，它每年以 1% 的速度降低，这就意味着在 2000 年农产品的销售量仅为 1900 年的 1/3。自 1960 年以来，在交易方面，相对于知识产品，制成品的相对购买力开始下降。1960～2000 年，制成品的价格经过通货膨胀后开始调整，几乎下降了 3/5，也就是 60%。同时，两者主要的知识产品（卫生保健和教育）的价格几乎与通货膨胀的速度一样翻了三番。到了 2000 年制成品购买力仅为知识产品的 1/5，而这种知识产品仅有 40 年的发展历程。

但是，可以非常肯定的是，未来的社会和经济将会有一个与现今完全不同的社会局面。那将是一个知识社会，拥有与其相对应的知识工作者，这些知识工作者是劳动力中最大的单一部分和最昂贵的部分。事实上，在发达国家，这一切正在发生。

最后，可以近乎确切地说，在经济社会中我们所面临的挑战是管理方面的挑战，它必须依靠个人来解决。政府的角色可能是帮助者或者是阻碍者。而这些工作本身并不是政府可以完成的，它们必须通过个人组织来完成，包括商业企业和非政府的非营利组织以及个人。政府将会变得更加普遍深入、有力和易于扩张。然而，它的效力越来越依赖于管理者和专业人员在他们自己的非政府组织与生活中的表现。

我希望本书能够让未来的管理者、经理人和专业人员理解他们所继承的社会和经济，能够给他们一些解决在未来社会和经济中所面临困难的工具。

彼得·德鲁克

2001 年春

于加利福尼亚州克莱蒙特

华章经典 · 管理

ISBN	书 名	价 格	作 者
978-7-111-59411-6	论领导力	50.00	（美）詹姆斯 G. 马奇 蒂里·韦尔
978-7-111-59308-9	自由竞争的未来	65.00	（美）C.K.普拉哈拉德 文卡特·拉马斯瓦米
978-7-111-41732-3	科学管理原理（珍藏版）	30.00	（美）弗雷德里克·泰勒
978-7-111-41814-6	权力与影响力（珍藏版）	39.00	（美）约翰 P. 科特
978-7-111-41878-8	管理行为（珍藏版）	59.00	（美）赫伯特 A. 西蒙
978-7-111-41900-6	彼得原理（珍藏版）	35.00	（美）劳伦斯·彼得 雷蒙德·赫尔
978-7-111-42280-8	工业管理与一般管理 （珍藏版）	35.00	（法）亨利·法约尔
978-7-111-42276-1	经理人员的职能（珍藏版）	49.00	（美）切斯特 I.巴纳德
978-7-111-53046-6	转危为安	69.00	（美）W.爱德华·戴明
978-7-111-42247-1	马斯洛论管理（珍藏版）	50.00	（美）亚伯拉罕·马斯洛 德博拉 C. 斯蒂芬斯 加里·海尔
978-7-111-42275-4	Z理论（珍藏版）	40.00	（美）威廉 大内
978-7-111-45355-0	戴明的新经济观	39.00	（美）W. 爱德华·戴明
978-7-111-42277-8	决策是如何产生的 （珍藏版）	40.00	（美）詹姆斯 G.马奇
978-7-111-52690-2	组织与管理	40.00	（美）切斯特·巴纳德
978-7-111-53285-9	工业文明的社会问题	40.00	（美）乔治·埃尔顿·梅奥
978-7-111-42263-1	组织（珍藏版）	45.00	（美）詹姆斯·马奇 赫伯特·西蒙

德鲁克管理经典

编号	书号	书名	定价
	德鲁克管理经典		
1	978-7-111-28077-4	工业人的未来(珍藏版)	￥36.00
2	978-7-111-28075-0	公司的概念(珍藏版)	￥39.00
3	978-7-111-28078-1	新社会(珍藏版)	￥49.00
4	978-7-111-28074-3	管理的实践(珍藏版)	￥49.00
5	978-7-111-28073-6	管理的实践(中英文双语典藏版、珍藏版)	￥86.00
6	978-7-111-28072-9	成果管理(珍藏版)	￥46.00
7	978-7-111-28071-2	卓有成效的管理者(珍藏版)	￥30.00
8	978-7-111-28070-5	卓有成效的管理者(中英文双语 珍藏版)	￥40.00
9	978-7-111-28069-9	管理:使命.责任.实务(使命篇)(珍藏版)	￥60.00
10	978-7-111-28067-5	管理:使命.责任.实务(实务篇)(珍藏版)	￥46.00
11	978-7-111-28068-2	管理:使命.责任.实务(责任篇)(珍藏版)	￥39.00
12	978-7-111-28079-8	旁观者:管理大师德鲁克回忆录(珍藏版)	￥39.00
13	978-7-111-28066-8	动荡时代的管理(珍藏版)	￥36.00
14	978-7-111-28065-1	创新与企业家精神(珍藏版)	￥49.00
15	978-7-111-28064-4	管理前沿(珍藏版)	￥42.00
16	978-7-111-28063-7	非营利组织的管理(珍藏版)	￥36.00
17	978-7-111-28062-0	管理未来(珍藏版)	￥42.00
18	978-7-111-28061-3	巨变时代的管理(珍藏版)	￥42.00
19	978-7-111-28060-6	21世纪的管理挑战(珍藏版)	￥30.00
20	978-7-111-28059-0	21世纪的管理挑战(中英文双语典藏版、珍藏版)	￥42.00
21	978-7-111-28058-3	德鲁克管理思想精要(珍藏版)	￥46.00
22	978-7-111-28057-6	下一个社会的管理(珍藏版)	￥36.00
23	978-7-111-28080-4	功能社会:德鲁克自选集(珍藏版)	￥40.00
24	978-7-111-28517-5	管理(下册)(原书修订版)	￥49.00
25	978-7-111-28515-1	管理(上册)(原书修订版)	￥39.00
26	978-7-111-28359-1	德鲁克经典管理案例解析(原书最新修订版)	￥36.00
27	978-7-111-37733-7	卓有成效管理者的实践	￥36.00
28	978-7-111-44339-1	行善的诱惑	￥29.00
29	978-7-111-45029-0	德鲁克看中国与日本	￥39.00
30	978-7-111-46700-7	最后的完美世界	￥39.00
31	978-7-111-47543-9	管理新现实	￥39.00
32	978-7-111-48566-7	人与绩效:德鲁克管理精华	￥59.00
33	978-7-111-52122-8	养老金革命	￥39.00
34	978-7-111-54922-2	卓有成效的领导者:德鲁克52周教练指南	￥49.00
35	978-7-111-54065-6	已经发生的未来	￥39.00
36	978-7-111-56348-8	德鲁克论管理	￥39.00
	德鲁克论管理		
1	978-7-111-28076-7	大师的轨迹:探索德鲁克的世界	￥29.00
2	978-7-111-23177-6	德鲁克的最后忠告	￥36.00
3	978-7-111-27690-6	走近德鲁克	￥32.00
4	978-7-111-28468-0	德鲁克实践在中国	￥38.00
5	978-7-111-28462-8	德鲁克管理思想解读	￥49.00
6	978-7-111-28469-7	百年德鲁克	￥38.00
7	978-7-111-30025-0	德鲁克教你经营完美人生	￥26.00
8	978-7-111-35091-0	德鲁克论领导力:现代管理学之父的新教诲	￥39.00
9	978-7-111-45189-1	卓有成效的个人管理	￥29.00
10	978-7-111-45191-4	卓有成效的组织管理	￥29.00
11	978-7-111-45188-4	卓有成效的变革管理	￥29.00
12	978-7-111-45190-7	卓有成效的社会管理	￥29.00
13	978-7-111-44748-1	德鲁克的十七堂管理课	￥49.00
14	978-7-111-47266-7	德鲁克思想的管理实践	￥49.00
15	978-7-111-52138-9	英雄领导力:以正直和荣耀进行领导	￥45.00